QIYE
QUWEI ZHANLUE
JUECELUN

企业区位战略决策论

郝云宏
曲 亮 吴 波 著
肖 迪 包 兴

浙江工商大学出版社

本书为：
浙江省社科规划项目(项目编号:08HZC303Z、09CGJJ007YB)成果
浙江省属高校人文社会科学重点研究基地（浙江工商大学企业管理学)重点项目成果

总　序

企业和家庭是构建这个社会最为重要的生产性组织，前者创造的是社会财富，后者则是人口的摇篮。围绕这两个特殊的组织，不同的人文和社科领域都派生出了大量的研究成果，都努力为解释客观现实以及有效地预测未来服务，管理学也正是其中之一。

作为经历了中国经济飞速发展和历史变革特殊时期的管理学研究，最为显著的特征就是始终与变换的环境紧密联系。回顾过去30多年的历程，中国经历了改革开放为基本表现形式的经济、社会重大转型，对于社会组织而言，这无疑是本质性的制度变革，从经济社会主体的构成到整个经济社会的制度环境，都发生了巨大的变迁；而国际环境也经历了全球经济高速发展到金融危机的大起大落，从各国政府、区域联盟到国际企业都处于巨大的压力和变革之中，这无疑给管理学研究提供了异常丰富的素材，也为管理学研究平添了许多压力。从某种意义而言，“管理是由这个社会20%的人员所从事，但是却肩负着其余80%人员的福祉”。

作为承载管理学教学和科研任务的高校，如何在变革的时代有效地发挥自身的价值，以知识和人才为途径传递学者对时代呼唤的响应就是一个非常值得思考的论题。这个论题有三个层次的问题：我们应该关注谁？我们关注他们什么？我们如何关注？

管理学研究的对象很广泛，涵盖了宏观、中观和微观的现实全景，由于现有的管理学研究更多地从属于工商管理专业，因此企业就成为关注的焦点。基于企业，我们确实可以打开一扇观察世界的窗口。以往的主流研究强调企业的股东属性，因此立足企业的所有者。我们分析和探讨了价值链各个环节以及不同时期企业的生存和发展问题。在丰硕的研究成果中，我们逐渐认识到，企业问题的复杂性使得我们必须从一个更为广泛的范畴去审视管理学本身，这个问题在公司治理研究中尤为明显。公司治理是管理学的经典研究领域之一，也是指导现实企业发展的有力工具。公司治理文献长期关注的是经理人与投资者之间的利益冲突以及相应的治理结构和治理机制。基于代理成本问题的分析，Jensen 和 Meckling（1976）的开创性工作引发了对公司治理中管理层激励的规范性思考，而 Townsend（1979）则第一次尝试以最优契约的方式解决外部投资者与经理之间的利益冲突。这对于古典企业是非常有效的，但是现代企业基于企业规模和风险规避的需要将股权进行分散和交叉，股东由个体转变为一个群体，经典管理研究的诸多成果遭到质疑。

按照 Shleifer 和 Vishny（1997）、Pagano 和 Roell（1998）等的研究结果发现控制性投资者（例如股份公司的大股东等）凭借其实际控制权，以合法或者法庭很难证实其非法的方式，谋取私人利益，使分散投资者（小股东）的利益受到损害，以至在这些公司中，基本的代理问题不是在经理人与投资者之间，而是在控制性投资者与其他分散投资者之间。Johnson、LaPort 等（2000）甚至把大股东利用金字塔式的股权结构，把低层企业的资金转移到高层企业，从而使小股东利益受到侵害的行为称为隧道行为（tunneling）。这些成果已经证实，尽管都是企业的所有者，但是不同股东之间还存在着复杂的协调关系，股东利益群体产生了分化。

与此同时，对于企业就是股东所有的争论也不断升级，特别是在我国社会主义市场经济体制下，如何理解公有制与市场经济之间的微观机理，就成了管理学理论研究的历史使命。尽管以布莱尔(Blair，1995，1996)为代表的学者主张将利益相关者纳入分析主体，认为这些利益相关者在企业中注入了一定专用性投资后，他们或许分担了一定的企业经营风险，所以应该分享公司的控制权。但是在一般经营情况下，企业的外部非决策类利益相关者如政府和债权人、消费者等是不需要参与企业经营的，一种"隐形"的委托—代理关系将企业的实际控制权授权给内部的股东和经理层。但是当企业处于特殊状态时，如创业期或濒临破产时，债权人或政府就要参与治理。在此基础上，在利益相关者思想的影响下，企业现有的所有权和经营权表现为货币资本、异质性人力资本和环境所有者在内的要素所有权，企业已经成为社会利益主体在微观层面博弈的平台，因此所有的利益相关者都不可避免地步入我们研究的视野，而管理学对于这些主体的共性归纳就是——组织，也就是我们应该关注的主体。

将组织再次作为我们关注的核心主体，首先要思考的问题就是其存在的意义是什么。斯坦福大学的杰弗里·菲佛和杰勒尔德·R.萨兰基克教授所著的《组织的外部控制——对组织资源依赖的分析》一书中指出，"组织是充满巨大的力量和能量的社会工具，其存在的意义在于提供一个场所或框架，组织行为参与者用自身的诱使因素与组织的贡献相互交换的场所"，为了实现这个意义，组织的唯一目标就是生存。"为了生存，组织需要资源，为了获取资源，组织就必须与控制管理的组织相互交往，在这一意义上，组织就会依赖它们的环境。由于组织对它需要的资源没有控制力，资源需求就会成为问题并具有不确定性。组织为了获取资源而与其他组织进行交易，资源控制权使得其他组织具有对组织的控制权，组织的生存在一定程度上取决于组织对环境偶然性进行管理的能力。因此大多数组织活动的焦点在于通过交换协商来确保所需资源的供给。”

从上述分析中我们可以发现生存是组织存在的唯一目标,而战略就成为实现该目标的有效途径。因此,战略就成为我们关注组织的重要特征。当前中国企业都力求通过制订和执行有效的战略决策来获取竞争优势，进而在复杂的市场环境中寻求生存和发展，因此对于战略管理理论的研究和应用也达到了一个前所未有的高度。战略管理分析强调企业与环境的互动，对于环境的普遍认识是将其划分为宏观环境、行业环境和企业内部环境。经典战略管理理论更侧重于行业环境分析指导下的企业定位研究和企业内部环境分析指导下的企业能力研究,相对弱化宏观环境对于企业经营战略的影响。事实上,新时期的中国企业战略决策研究必须强调特殊历史环境下宏观环境对于企业战略发展的影响，应该将宏观环境进行具体的分类，区分体现中国转型经济发展特色的情境因素和适应全球化新经济发展的时代特征，进而对企业战略分析提出全新的视角解析。

组织在变、环境在变、管理实践在变,管理学研究也同样需要变,这种变就是创新。创新不仅仅是一种内容的体现,更是我们的一种态度。管理学发展的方向就是利用创新的手段将管理理论与组织实践紧密结合的过程,就是利用创新的态度将管理学不断推向前沿的过程。

作为首批浙江省重点人文社科基地，浙江工商大学企业管理学是浙江工商大学的优势学科，包含了工商管理、财务管理、信息管理多个研究方向,其中在公司治理、组织行为学、集群企业发展以及供应链管理等学术领域成果丰硕。“组织·战略·创新”学术文集收集了近期基地青年博士的研究成果，基本都是在其博士论文基础上深化完善的结晶,具有较高的学术价值和实践指导意义。

曲亮博士所著的《转型期企业响应地方政府行为的策略研究》,对中国企业当前面对的管理情境进行了解读,将转型过程中企业与地方政府的博弈过程作为研究的核心命题。在研究的过程中,该书对企业理论进行了梳理,提出了基于资源依赖观的企业实体理论和中国转型阶段理论,通过理论建模对一些关键性的结论进行了推导和证明,并采用历史研究的方法,以30多年中国工业发展历程对国有企业和民营企业在成长历程中的策略进行了归纳和总结,进一步完善了理论模型和假设。面对未来的企业发展,该书采用非完全利益共同群体的合作博弈模型分析了企业和地方政府形成合作关系的必要条件,并从组织创新的角度,提出了产业中间型组织对于企业和地方政府之间合作的风险缓冲和枢纽作用。该书不仅仅是战略管理领域的著作,对于从事地方政府行为研究和转型经济学研究的学者也有较高的参考价值。

肖迪博士所著的《基于结构分析的供应链之间竞争行为的研究》,在对供应链结构分类的基础上,综合运用博弈论、库存理论、图论、变分不等式以及最优化方法对不同拓扑结构和权力结构下供应链之间的价格竞争和服务水平竞争进行了总结、归纳、拓展。在研究过程中,该书基于不同的需求假设(确定性需求和随机性需求)、不同函数形式(线性函数和非线性函数)、不同供应链拓扑结构(独立、交叉和网状)、不同权力结构(上游作为领导者、下游作为领导者以及无领导者)等多种假设条件,深入讨论了该条件下供应链之间的竞争行为,提出供应链的运作并非处在真空中,供应链间往往存在着复杂的竞争关系,甚至比供应链中企业间的竞争更加激烈。该书从供应链拓扑结构和权力结构的视角分析了供应链之间在价格、库存、服务以及成本等方面的竞争行为,能够为供应链竞争行为的研究者提供参考，也可以为供应链的成员企业，尤其是核心企业在竞争环境下进行供应链管理提供有益的借鉴。

从国栋博士所著的《IT外包风险评价模型与控制策略研究》，针对现有IT外包风险研究中的风险分析不够深入清晰、风险评价不够科学合理以及风险控制策略不够完备有效等问题，结合交易成本理论和模糊群决策(Fuzzy Group Decision Making，简称FGDM)等方法，对企业IT外包风险机制、评价方法和控制策略进行了系统性的构建。该书深入分析了IT外包风险的作用机理和内在联系，提高了评价的可靠性和效率，且探讨了允许分类错误可变情况下的企业IT外包风险评价问题，进一步提高了评价的鲁棒性、可靠性和决策效率，并为决策者提供了选择精度水平做出正确决策的便利。此外，该书提出了风险控制策略组合，基于VPFRS的风险监控集成螺旋模型以VPFRS的知识发现方法为中心，能够将历史数据中的知识转化为容易理解的规则，便于决策者在监控过程中做出准确判断，从而提高了控制策略的针对性和有效性，达到了控制IT外包的风险。该书在理论上丰富了IT外包风险的方法论，在实践中协助供应商建立全面的风险管理指导体系，提升服务质量和全球市场竞争力，同时，成果可直接应用于相关产业的政府决策和管理过程，对完善服务管理模式、提高相关产业的整体竞争力和创造新的国民经济增长点都具有重要的实际意义。

温廼博士所著的《浙江省民营企业的跨行业战略转型》，基于2008年开始的发端于美国的全球性金融危机背景，探讨了众多的中小浙商企业在面对外贸订单减少、效益下降，处于半停产甚至停产的巨大挑战的情况下，如何充分利用已经拥有的技术能力和市场，果断地进行跨行业战略转型，走出一条具有浙商特色的求生之路。该书以浙江金洲集团等浙江民营企业作为主要的研究对象，分析浙商企业进行跨行业战略转型的背景条件、转型战术等内容，并总结我国民营企业跨行业战略转型的成功经验。该书不仅在理论上对转型情况进行了深入细致的分析，更能为浙江省乃至全国的民营企业应对金融危机提供了合理化建议及实际操作的指导，帮助民营企业选择适合其企业的方式来应对金融危机的冲击。

金杨华教授所著的《组织公正理论与实践——中国情境下社会交换关系的作用》，是国内第一本较为系统研究组织公正的专著。该书从理论和实证两个方面对中国情境下的组织公正问题进行了详尽的阐述，指出体现个体与组织多重交换关系合意性的组织公正会对员工心理与行为产生重要影响，是社会公正的基础和组织可持续发展的内在要求。在系统研究现有组织公正理论的基础上，该书从中国文化背景下组织公正的维度与构思检验、社会交换关系与组织公正关系、组织公正与员工关系管理策略等方面进行了实证研究，通过深入浅出的案例分析，分析了在我国特有的情境模式下，如何实现组织的公平与公正。该书不仅在理论上有较大贡献，更为如何在实践中实现组织公正提供了具体路径。

包兴博士的《大型运作系统的应急管理研究》是从运作管理角度来研究企业应急管理中少有的理论分析读物。过去10多年里，极端气候、人为恐怖事件频频爆发，已对许多企业的正常运营造成了巨大的冲击，世界各地的政府、企业和学者开始意识到应急管理的重要性。然而，当前运营管理领域中关于应对非常态下应急管理的研究非常缺乏，管理者几乎找不到一个系统的理论去指导实践。正是基于该原因，该书将电力、石化等大型运作系统的能力应急管理作为研究的对象，定性、定量地对运作系统能力应急管理进行了研究，重点对突发事件后运作系统能力的应急协调机制进行研究。该书作为教育部青年基金资助项目，为应急管理领域的研究者提供了一个运营管理研究的视角，同时对于电力、石化和通信等大型企业管理者在突发事件发生之前进行一些预防性准备和突发事件发生之后的应急管理具有一定的借鉴意义。

程兆谦副教授所著的《浙商文化的维度结构、形成机制与对企业的影响研究》，在文化理论、文化与经济发展、企业家与经济发展、创业等理论整合的基础上，构建了“地域文化—企业家—企业”理论分析框架，并以此为模型，通过浙商文化维度的提取与验证，检验了“浙江文化—浙商企业家—浙商企业”链条的存在。该书不仅在浙商文化维度方面做出了规范细致的研究，还系统地阐述了“浙商”形成的文化基础，采用逻辑链的形式形象地表达出内在的机理，并通过例证检验和分析了其中的影响机制，为浙商文化的发展和浙商企业家的进一步成长指明了方向。

郝云宏教授所著的《企业区位战略决策论》对于战略管理领域研究拓展而言是一个较为新颖的尝试。该书在区域间协调发展的基础上对区域内的微观治理结构问题进行深入研究，提出区域治理结构和企业成长系统演进这两个全新理念，构建一个旨在提高区域竞争力和可持续发展水平的区域内企业、政府和产业结构三者之间的协调发展机制。以此作为理论基础，该书提出了企业在环境中的适应性生命周期假说，指出企业与区域中的政府和产业结构存在着双向的适应性，企业的成长系统呈现出演化的特征，企业的区位战略决策正是面对区域治理结构的应对性策略产物。该书进而构建微观层面的企业区位战略分析框架，形成区位分析和产业分析相结合的战略选择组合，丰富了现有战略管理的分析框架，并结合中国国情对一些具有典型特征的案例进行实证分析。

“组织·战略·创新”学术文集既是我们向国内的管理学界同行及企业界朋友传递我们关注和研究企业管理理论信息的一个平台，也是为我国有志于研究企业管理理论的同行搭建一个交流平台。我们希望借助这个属于我们大家的平台，开展学者之间、学者与企业家之间的交流,在推进管理学研究和教学工作的同时,更好地为企业实践服务,愿更多的同行支持我们的工作。

浙江工商大学工商管理学院院长、教授、博士生导师

郝云宏

2010年初夏

前　言

企业区位战略是指在企业产业发展战略的基础上，针对企业与区位之间的互动关系而进行的区位甄别、嵌入、迁移、共生等战略决策的统称。本书对区域内的微观治理结构问题进行深入研究，提出区域治理结构和企业成长系统演进这两个全新理念，构建一个旨在提高区域竞争力和可持续发展水平的区域内企业、政府和产业结构三者之间的协调发展机制。以此作为理论基础，我们提出了企业在区域环境中的适应性生命周期假说，指出企业与区域中的政府和产业结构存在着双向的适应性，企业的成长系统呈现出演化的特征，企业的区位战略决策正是面对区域治理结构的应对性策略的产物。本书进而构建微观层面的企业区位战略分析框架，形成区位分析和产业分析相结合的战略选择组合，丰富现有战略管理的分析框架，并结合中国国情对一些具有典型特征的案例进行实证分析。

通过构建政府、企业、居民三个区域行为主体的效用函数，可揭示出政府和企业之间通过资源配置契约建立联系，企业通过雇员和提供产品同居民建立契约关系，社会财富也在三个主体之间形成了再次分配，这就是区域经济发展的微观机理，即区域三个主体之间的效用满足过程。企业区位战略决策与企业产业战略是相辅相成，彼此衔接的，而区位选择的关键在于满足地方政府的行为偏好，因此就本质而言，企业区位选择问题是企业与地方政府之间的博弈问题。如果某一区域已经达到了生产性饱和，政府行为偏好将发生改变，企业也将选择跨区域生产。即企业同区域资源之间是一个双向适配的过程，企业存在区域适应性生命周期，其成长系统呈现出演化的特征，企业的区位战略决策正是面对区域治理结构的应对性策略的产物。

基于上述理论基础，我们构建了从企业区位战略决策的分析，到企业区位战略内容的确定，最后到企业区位战略的绩效评价的整体战略制订框架体系。企业区位战略决策过程的核心是企业与地方政府之间的冲突化解、寻求合作的过程；企业区位战略内容则包括企业区位的甄别战略、企业区位的嵌入策略以及企业区位的迁移策略，这是贯彻于企业与区位适配发展的生命周期的核心战略。同时企业与区位之间的关系还存在协调发展的关系，以及创新的拓展战略。企业战略绩效的评价拥有多个视角，本书从统计学角度，系统工程学角度、系统控制论的角度及模糊数学、灰色系统理论、神经网络等角度构建绩效评价体系，并对我国国家高新区经济效益进行了综合评价研究。

企业区位甄别是指企业经济决策主体为了追求自身经济利益最大化，根据自身需要和各种约束条件，对多个可能的地域空间进行综合评价，并确定最优的地理位置，以实现预期目标的过程。区位甄别对于所有企业都是具有重要意义的战略性问题，卓越的区位甄别能力是企业持续稳定发展的有力保障。不可否认的是，区位甄别受到诸多因素的影响，尤其是在当今动荡的商业环境下，企业的区位甄别受到全球化、知识经济、制造与服务相融合等力量的影响，使得原本复杂的问题更加难解。因此，如何在纷繁的头绪中删繁就简，为企业找到切实可行的区位甄别战略显得尤为重要。首先，考虑到企业在不同的发展阶段所关注的区位甄别要素存在较大差异，为了使企业能够把握重点，我们将各要素按照宏观、中观、微观三个层面进行分析。在一般情况下，企业在发展初期对微观及中观要素较为重视；企业的发展阶段越高，其对宏观层面的要素会投入越来越多的关注。在此基础上，我们提出了企业区位甄别的决策框架，并为企业提供了切实可行的各要素权重确定方法和备选区位评估方法。其次，企业区位甄别没有通用的公式，这是因为区位决策会受到情境要素的影响。我们认为，企业类型和企业发展阶段是区位甄别中最重要的情境要素，前者决定了企业区位甄别是以成本为导向还是以顾客为导向，后者则决定了企业区位甄别采用宽视角还是窄视角。根据对情境要素的分析，我们提出了区位甄别的权变机制，并为四类典型企业提供了区位甄别模式。最后，通过对海尔及Seven-Eleven的深入剖析进一步说明了企业区位甄别的战略框架和需要重点考虑的要素。

区位嵌入战略是企业成长必须解决的问题。企业区位嵌入战略是指企业选择特定区位之后所进行的区位融入战略，以有效获得区位所拥有的各种资源。由于特定区位所提供的资源并不是随着企业在该区位的落脚而自然获得，这就要求企业对自身的区位嵌入/融入战略进行详细的规划。企业区位嵌入存在两种基本模式，即机械模式和有机模式。机械模式有利于企业获得成本降低、知识溢出和集体学习优势，即区域集聚效应，但是却不可避免地带来本地锁定的问题；有机模式则有利于企业获得外地的新知识，为企业带来新的成长机会，但是却面临较大的不确定性。在此基础上，我们进一步识别了企业区位嵌入模式选择的两大情境要素，分别是外部环境不确定性和内部能力动态性，并分析了这两大情境要素对企业区位嵌入模式选择的权变影响，最终识别了企业区位嵌入模式选择的四种基本模型。最后，以浙江制造企业为研究对象进行了深入的案例分析，研究证实了我们所提出的企业区位嵌入模式选择的基本逻辑。

随着企业的不断成长和发展，企业在利用初始区位优势的同时，也开始放宽眼界，尝试着通过迁移以利用不同区位所拥有的资源，进而实现跨区域协同发展。企业区位迁移是企业进行区位再选择的战略决策，包括整体迁移与部分迁移、探索性迁移与利用型迁移、群体迁移与个体迁移等不同的表现形式。然而，企业区位迁移在为企业带来新资源的同时，也使企业丧失了原有的区位资源禀赋，这就要求我们对企业的迁移策略进行深入研究。首先，企业区位迁移不是一个简单的决策，而是一个系统的过程，是一个根据内外部条件变化而进行区位再选择的过程，是为了获得目标区位所具备的对企业成长有价值的稀缺资源的过程。基于理论研究以及对企业实践的观察，我们把企业的迁移过程分为三个关键的决策节点，分别是企业区位迁移动因与目标区位选择、外迁企业在迁入地的资源获取以及外迁企业的跨区域资源整合。其次，我们识别了影响企业区位迁移的三类情境因素。区域层面的要素决定了目标区域是否具备企业成长所需的各种资源；嵌入层面的要素则决定了企业能否接近(access)相应的资源；企业层面的要素，特别是知识/能力要素，决定了企业能否真正获得相应的资源。只有有效掌控这三类要素，企业才能在区位迁移的三个关键节点做出合理决策，才能有效获得迁入地资源，才能实现企业的跨区域协同成长。最后，我们分别以慈溪家电企业、合肥家电企业以及正泰集团为对象进行的案例研究进一步证实了上文所提出的企业区位迁移逻辑。当然，在企业区位迁移领域还存在大量有待深入研究的问题，特别是影响企业区位迁移的三类情境要素之间的相互作用关系。

企业区位共生战略是指作为复杂系统的企业和区域

通过建立一种相关适应、不断演化的种群关系，实现资源之间的交互，进而实现两个有机体协调发展的目的。借助共生这个种群生物学的概念来探讨企业的战略问题是一种换位思考的尝试，面对复杂的企业决策问题，不能仅仅立足企业自身的视角而应放在一个更为宽泛的范畴来深一步思考企业的生存与发展问题。首先，我们认为企业与区位是两个相关独立又具有联系的复杂系统，两者之间的关系可以用共生的分析框架加以思考，应该寻求一个长期可持续发展的状态。由于两者之间属性和状态存在差异，因此其共生的模式也存在差异性，但是可以从共生单元、模式以及介质的维度来分析和预测两者的关系。其次，我们识别了企业与区位之间的三种共生模式。企业与区位之间存在寄生关系、偏利共生和互惠共生三种不同的模式，企业与区位之间的理想模式是互惠共生，但是由于历史发展和区位资源的差异性，会呈现出寄生和偏利共生的非均衡模式，但是通过演进的视角以及两者之间的资源交互将能够朝着互惠共生的方向发展。最后，我们以两个案例分析了企业与区位之间的共生关系，可以发现无论立足省级层面还是开发区层面，企业和区位之间都可以采用共生的分析框架进行分析，其中作为区位这个抽象概念，地方政府是一个非常重要的主体，企业和区位的共生发展，很大程度上是企业和地方政府之间的博弈结果，因此立足共生的分析框架，深入分析企业和地方政府之间的关系将是一个值得进一步思考的问题。

企业区位创新，在此我们将其界定为：企业在不抛弃原有的区域地理位置的基础上正确评估宏观和微观环境之后产生新思想、新概念，在新思路的指导下克服一系列困难后在内部或外部建立起新的既符合经济价值评判标准又符合社会价值评判标准的联系，并以新的联系覆盖、替代旧有的联系，从这个角度创造了全新的企业生存发展环境。创新是企业蓬勃发展和基业长青的重要构成要素之一,然而综观国内外诸多企业的创新之路,却明显地发现:尽管创新能够给企业带来巨大的收益,但同样也让企业承受巨大的成本压力和风险。创新是否有可遵循的模式呢?本书就企业创新模式和企业创新的区位条件两个方面对企业区位创新战略进行了深入的分析,将企业区位创新模式分为自主创新模式、模仿创新模式和合作创新模式三大类,并通过分析融资环境、技术知识、知识产权、教育投入等外部因素构建企业区位条件,以便企业能够深入分析和评估自身的创新能力及区位条件支持创新的能力。最后,结合美国硅谷、绍兴纺织等案例进行剖析,以便向区域政府提供一个可以给企业创造创新环境的区位管理方面的借鉴。

郝云宏

2010年10月

目录

第一章

■ 企业区位战略的引入

第一节 研究问题提出

改革开放以来,分权化的制度安排调动了地方政府发展本地经济的积极性,各级地方政府开始在制度、基础设施、投资环境、资本、人才、技术、原材料以及来自于上级政府的倾斜性的地区优惠政策等方面展开了竞争。但体制转型时期的种种特征和制度上的不完善,使地方政府的行为表现出明显不同于西方发达国家分权化体制下地方政府行为的特点。地方政府在过渡时期往往替代企业成为市场竞争的主角,而企业则较多地依附于地方政府寻求发展;作为对资源配置起基础性作用的市场机制而言,当前地方政府的区域政策和企业的战略行为也大大影响了市场对于要素和产品的空间配置和优化效率,进而会对地区产业的进入壁垒和退出障碍产生偏离于有效配置方向的扭曲,其直接结果就是对于区域产业组织的结构和层次难以发挥有效的引导和配置作用,失去对于资源配置的基础性作用,减缓我国市场经济发展的进程。伴随着企业成长,与地方政府行为相对应,区位决策在企业的战略管理中也发挥着越来越重要的作用。经典的基于产业分析的战略管理分析框架，难以直接为企业发展提供区位战略策略以及相应的分析框架，由此产生了对企业战略管理理论的新要求。

从理论上说，企业的区位战略决策问题，特别是从区域治理结构的角度进行的分析是涉及战略管理理论、公共管理理论、公司治理理论以及区域经济学和决策控制理论的综合性课题。近年来，许多学者从多个角度对企业的区位战略选择问题进行了分析，产生了多种理论和对策，然而现有的微观层面的理论和对策比较专注于将企业的产业定位和资源获取作为战略发展的方向，忽视了企业与政府、产业结构在区域经济中的互动；中观层面的理论和对策往往着眼于公共行政管理改革，相对忽略地方政府辖区内企业主体和产业结构的利益导向；宏观层面的理论和对策关注的是国际视野的区位战略选择，从比较优势和要素禀赋的角度强调战略选择问题，而忽视了一个国家范围内的企业区位战略选择。本项目研究充分考虑区域内企业、政府和市场组织之间的互动联系，围绕提升区域竞争力和可持续发展水平这一目标，剖析区域内部企业、产业结构和政府三者之间的互动关系和区域间的协调界面，构建了一个解释区域微观治理机制的一般框架，并以此为理论基础，构建涵盖区位和产业的战略分析框架，为企业提供更为丰富的战略模式选择，为企业融入区域一体化和国际化提供理论和对策上的支持，力求从战略管理和区域发展理论等多角度对企业的区位战略决策问题研究有所创新。

从现实角度看，深入分析区域治理环境下的企业区位发展问题，尽快在中国建立起涵盖企业、市场和地方政府的区域治理结构，一方面可以有效地为抑制地方政府过度干预经济而产生的地方政府企业化、企业竞争寻租化、要素市场分割化、产业结构趋同化、资源配置等级化等弊端提供有力的理论支持和对策建议；另一方面，可以为解决企业在不同发展时期对于区位选择的理论困惑，为企业融入区域一体化，参与国际化竞争，提供有力的支持。

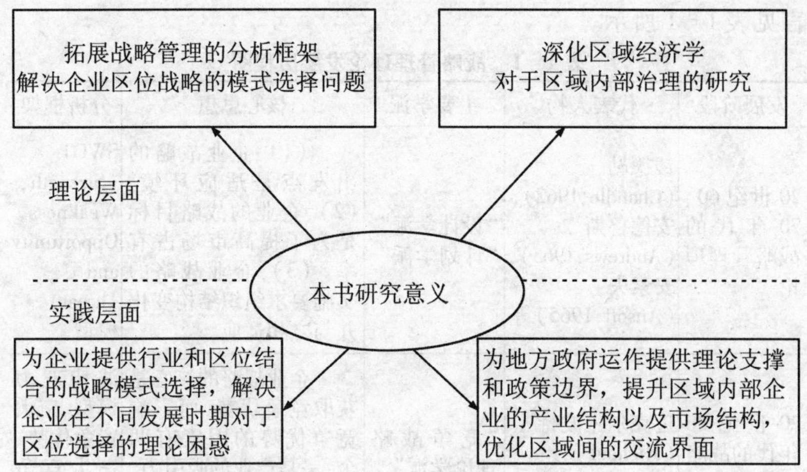

图1-1 本书研究意义总结图

第二节 相关研究综述

面对企业的区位战略决策问题,国内外的众多学者在经历了较长的研究后,已经奠定了较为坚实的理论基础,同时也积累了丰富的实践经验。这些研究成果主要可以归结为三个不同的研究视角,即立足于微观层面的企业战略管理研究视角、立足于中观层面的地方政府行为研究视角以及立足于宏观层面的要素流动与配置的市场行为研究视角。这三个不同层次的研究视角实际上面对的是影响企业区位战略决策的三类主体:企业本身、政府和投资者(要素所有者)。

一、立足于战略管理视角的研究现状

企业战略理论研究时间并不长,自 20 世纪 60 年代到现在仅有半个世纪。从时间跨度来看,主要经历了以下四个发展阶段,概括而

言见表1-1所示。

表1-1 战略管理理论发展历程图

发展阶段	代表人物	主要学派	核心思想	分析框架
20世纪60、70年代的战略管理理论	钱德勒(Chandle,1962),安德鲁斯(Andrews,1965),安索夫(Ansoff,1965)等	“设计学派”“计划学派”	(1)企业战略的出发点是适应环境。(2)企业的战略目标是为了提高市场占有率。(3)企业战略的实施要求组织结构变化并与之相适应。	SWOT(Strength, Weakness, Opportunity and Threat)模型
20世纪80年代的战略管理理论	迈克尔·波特(Michael E. Porter,1980)等	“竞争战略理论学派”	企业战略的核心是获取竞争优势,而影响竞争优势的因素有两个:一是产业的吸引力,二是企业在产业中的相对竞争地位。	波特五力模型、三大竞争优势、三大竞争战略、价值链管理
20世纪90年代早期的战略管理理论	普拉哈拉德和哈默(Prahalad C K、Hamel C,1990),David J. Collins、Cynthia A. Motgomery(1995)等	“核心能力学派”“资源学派”	(1)“核心能力学派”认为企业内部条件对于保持竞争优势以及获取超额利润起决定性作用。(2)企业的资源观认为价值的评估不能局限于企业内部,而且要将企业置身于其所在的产业环境。	核心竞争力分析
20世纪90年代后期战略管理理论的新发展	穆尔(James F. Moore,1996)等	“进化学派”	“商业生态系统”打破了传统的以行业划分为前提的战略理论的限制,力求以“共同进化”代替狭隘的以行业为基础的战略设计。	商业生态系统分析

此外,众多战略管理学者还进行了大量实证研究。Schmalensee(1985)通过大样本的二手数据验证了行业差异对绩效有重要影响;而Cool和Schendel(1988)则在其研究中发现在美国制药行业中,同一战略群组内的企业间存在系统的、显著的绩效差异。类似的研究还有Jacobson(1988)、Wernerfelt和Montgomery(1988)、Hansen和

Wernerfelt(1989)、Amit 和 Schoemaker(1993)、Powell(1996)、Spanos 和 Lioukas(2001)、Makhija(2003)等。但由于样本选择和计量方法的差异,最终难以形成结论性的研究成果。

我国的学者在沿革国外学者的研究脉络上,提出了一些改进性的创新观点,如立足于复杂科学和不稳定理论的新战略理论(倪峻,1999),权变的导向观点(权小妍、董大海、刘瑞明,2005)等,但都没有产生更为革命性的理论创新。国内的一些研究工业区位的学者,如李小建(1999、2002、2004、2009)、费洪平(1993)、苗长虹(1997、2002、2009)等,从传统的工业区位论入手,注重了区域环境对企业发展的影响。在区域环境对企业发展影响的研究中,学者们集中探讨了区域资源状况、市场条件、产业环境、文化制度等因素对企业投资区位选择、空间组织等企业活动的影响,首先站在企业的立场上研究企业如何利用区域环境形成竞争优势,将企业战略与区域环境结合起来,研究企业如何通过制订合适的发展战略整合区域优势因素,形成战略优势,这是一个刚刚兴起的研究方向。

可见,国内外对于战略管理的研究,始终坚持产业定位和资源要素对于企业竞争优势的重要作用,而相对忽视了区位要素对于企业发展的重要影响,特别是缺乏树立企业是在特定的区域治理结构下发展的观点,仅仅将区位作为影响企业成本的环境变量来考虑,而没有深入思考地方政府行为和区域产业(组织和结构)给企业发展带来的决定性影响。这些都是现有的战略管理分析框架和分析结论中所不能解决的,而它们恰恰又是在区域经济一体化和国际化发展过程中,企业战略所必须考虑的重大问题,因此,经典的战略管理范式暴露出了其局限性。

二、立足于地方政府行为视角的研究现状

(一)国外研究现状分析

针对地方政府行为对于企业区位战略决策的影响问题,国外的众多学者在经历了较长的研究后,已经奠定了较为坚实的理论基础,同时也积累了丰富的实践经验。在众多的研究成果中主要可以归结

为以下两个不同的研究视角。

第一,立足于行政管理视角,以地方政府为研究主体,采用新古典的分析框架将问题聚焦在地方政府竞争,注重政治过程和经济过程的统一。公共物品的提供是政府竞争的核心内容之一。因此,能够纳入现代政府竞争分析框架的新古典的有助于说明政府竞争的内容,主要是关于公共物品的提供方面的。有关政府竞争可追溯到亚当·斯密(1776),他分析了政府税收对可移动要素和不可移动要素的影响,进而对君主和社会收入的影响。这一研究为以后研究政府竞争的作用机制和效应提供了有益的启示。维克塞尔和林达尔的模型试图找出民主国家选定公共产品产出的合理水平和决定人们之间税负合理分布所需的原则和决策章程。布雷顿在其 1996 年出版的《竞争性政府》一书中,其分析就是采用了基于这一模型的"维克塞尔-林达尔效率"(Wicksell-Lindahl eficiency)。萨缪尔森(1982)在维克塞尔 - 林达尔模型的基础上进一步建立了公共品供给模型,确立了公共品最佳供给条件。维克塞尔 - 林达尔模型主要是模仿私人物品在市场调节下完成供求均衡的路径,来确定公共物品均衡的位置(即有效供应的水平)及其实现条件,这一模型是从一个区域内部来考虑公共物品的供给问题的。而阿波尔特(1999)则在考虑有其他辖区存在而且两个辖区之间存在竞争的状况下,研究其在公共物品的提供上会形成什么样的影响,并提出了辖区政府间竞争分析模型。西伯特(1990)的模型所关注的是两国间最优政府活动模型,它所要回答的问题是制度竞争是否会导致零管制。新古典理论总是以制度作为给定的条件而抽象掉了制度,从而形成一种"制度真空"(institutional nirvana)。也就是说,新古典分析法是一种制度真空分析法(nirvana approach)。因此就引发了另一个注重制度和过程的进化论分析框架。

第二,立足于制度分析视角,以地方政府的制度(政策)为研究主体,采用进化论的分析框架将地方政府竞争归结为政府制度的竞争。在熊彼特(1934)、威廉姆森(1970、1975、1979、1981)、艾尔奇安(1950)、法雷尔(1970)、哈耶克(1988)等学者的努力下形成了进化论分析框架,这一框架在分析的前提和假设上突破了新古典的瓶颈,引入了制度要素，肯定了有限理性和信息不对称。进化论认为，经济发展过程是一个马尔科夫过程，即某一时期一个行业的状况决定它在下一时期状况的概率分布，即存在路径依赖现象。在政府间竞争中，也存在着路径依赖性，即某一时期政府体系的竞争格局和竞争力状况决定了一个政府的竞争力在下一时期的状况。除了路径依赖，政府竞争还体现在制度选择上。对于两个地方政府来说，制度竞争之所以重要，是因为遵循最有利（或更有利）的制度的地方政府，在竞争当中会比那些行为方式不利的地方政府占有优势。伯恩斯（2000）解释了这一原因，他认为，选择过程的进行分两种途径：其一是通过造成使某种行动无法发生的环境，或者使这种行动的发生代价高昂，这是一种强制途径；其二是通过资源配置进行，有选择地分配资源是个体或群体行动的重要功能。由此可见政府竞争的本质在于制度的依赖和选择，而且政府间竞争规则是不断进化的，是伴随竞争博弈规则的进化而进行的。

制度视角的研究弥补了新古典分析法中对“制度”这一关键因素的忽略，其假设更贴近实际情况，揭示了政府作为“裁判”和“球员”双重身份的角色，如何在博弈中影响着企业区位战略的制订。两个视角的研究如表1－2所示。

表1－2　国外地方政府竞争与企业战略研究

研究视角	代表人物	主要观点
立足于行政管理视角，以地方政府为研究主体，采用新古典理论的分析框架，关注地方政府竞争，强调政治过程和经济过程的统一	亚当·斯密（1776）、布雷顿（1996）、萨缪尔森（1982）、阿波尔特（1999）、西伯特（1990）	新古典的政府竞争研究试图找出民主国家选定公共产品产出的合理水平，并提出了辖区政府间竞争分析模型
立足于制度分析视角，以地方政府的制度（政策）为研究主体，采用进化论的分析框架，将地方政府竞争归结为政府制度的竞争	熊彼特（1934）、威廉姆森（1970、1975、1979、1981）、艾尔奇安（1950）、法雷尔（1970）、哈耶克（1988）、伯恩斯（2000）	进化论认为，在政府间竞争中，存在着路径依赖性并体现在制度选择方面，是伴随竞争博弈规则的进化而进行的

国外的官方以及半官方机构同样关注政府的角色定位问题。世

界银行发布的《1997 年世界发展报告:变革世界中的政府》就从政府角度提出了具有建设性的命题,如政府能力的界定在于它能否有效地从事和推动公共事务等。

(二) 国内研究现状分析

我国对于地方政府行为的研究继承了现代政府竞争理论的分析框架,更多地综合了新古典和进化论的观点和方法,立足于转型期政府对于区域经济发展的战略布局和区域政策的变化探讨企业的发展战略,并从多个角度对这一问题展开分析。

在肯定地方政府行为合理性和必要性的前提下(郝云宏、王淑贤,1999),何梦笔(2001)继承和发展了布雷顿(1996)和阿波尔特(1999)等人的政府竞争理论,并对政府竞争理论进行了系统的阐述,用来分析中国这样一个转型大国的政府竞争。这一理论分析范式包括纵向和横向的竞争:这意味着任何一个政府机构都与上级机构在资源和控制权的分配上处于互相竞争的状况,同时,这个政府机构又与类似机构在横向的层面上展开竞争。分析政府间竞争的框架条件包括初始结构条件、政治体制、政治文化和对外经济关系等。何梦笔(2001)、李扬和冯兴元(2001、2002)等应用政府间竞争理论分析了中国地方政府竞争与公共产品融资问题。柯武刚和史漫飞(2000)是从国与国之间以及一国内部各政区之间两个层次来分析制度竞争的,探讨了制度竞争过程中政治过程与经济过程的互动关系。冯兴元(2001)对布雷顿、阿波尔特、何梦笔、柯武刚和史漫飞等的政府竞争理论进行了系统的综述,并试图建立起中国辖区政府间竞争理论的分析框架。

另有一些学者从另外的角度来探讨政府竞争问题。杨瑞龙(2000)深入研究了中国地方政府制度供给进入权竞争的问题,提出了著名的中间扩散理论。李军鹏(2001)对政区竞争理论进行了归纳,探讨了政区竞争理论的内容、机制和作用以及规范竞争的原则。魏后凯(2003)等从政府和空间这两个维度的结合上,将市场竞争与政府竞争在区域经济一体化当中紧密联系起来,此时企业的区域战略选择就凸现出了意义。面对当前政府行为存在的弊端,李军杰

(2005)指出转型期地方政府所面临的相对"软化"的制度约束环境导致其产生激励变异。缺乏微观主体有效监督和约束的上下级政府间直接的委托—代理关系导致其产生代理变异。"准联邦式"政府间竞争强化和放大了地方政府上述行为的变异程度。在最近的研究中,张旭昆、魏伟忠(2006)开拓性地将政区竞争和厂商的区位选择联系起来,指出了差异性政府下厂商区位选择的效率问题,但始终没有上升到一个战略的高度上加以拓展。

从另一个视角来看,企业的区域战略选择伴随我国的区域政策演变经历了三个大的发展阶段,如表1-3所示。

表1-3　不同时期区域政策导向及企业区域选择行为特征

发展阶段	时期	区域政策导向	企业区域选择行为特征
第一阶段	新中国成立后—改革开放前	以注重区域均衡发展为主:"一五"、"二五"计划均提出了努力平衡沿海与内地关系,重点加快重工业发展的主张;"三五"、"四五"计划则更加明确地提出了"大三线"建设。	中央政府直接支配地方政府与企业的行为,企业没有自主权。
第二阶段	改革开放—20世纪90年代	以追求区域总体效率为中心的"非均衡发展"导向:"六五"计划明确提出,支援沿海地区经济的发展。"七五"计划首次提出了我国经济区域按东、中、西三大地带划分的模式。	改革开放后,在东部地区加工业逐步实行市场价格的情况下,国家对中西部地区的原材料仍实行计划价格和计划调拨,导致地方政府行为差异显著。东部地区实行了特殊优惠的财税政策,东部地方财政和企业的财力自主权增大。
第三阶段	20世纪90年代至今	以兼顾效率与公平为特征的区域"协调发展"为基本导向:"九五"计划和2010年远景目标纲要中提出"坚持区域经济协调发展,逐步缩小地区发展差距"。	1994年以来的财政分权化恰好强化了地方政府的主体利益,在地区间竞争的压力下,有些地方政府会纵容当地部分企业不顾成本与资源约束,快速扩张,此举带来的资金链、产业链、生态链的隐患不可小视。

在现有的研究成果中，仍然存在一些不足和欠缺，主要是没有建立起一个涵盖区域内部资源配置主体，即体现企业、市场和政府博弈关系的区域治理结构分析框架，进而难以形成一个旨在提高区域竞争力和可持续发展水平的区域政府行为及其政策机理的研究体系。

三、立足于要素流动与配置的市场行为视角

除去企业战略管理的分析框架和地方政府对于招商引资的理论分析，现有学术界对于企业选择投资和发展区域的另一个研究侧重就是对于 FDI 的研究。就学术背景和发展渊源而言，这一理论是立足于国际经济学和国际投资学发展起来的，因此其研究的思路和脉络是立足于要素流动与配置的市场行为分析的。FDI 区位研究虽没有形成一般性理论，但学者们从不同的角度出发进行了大量研究，形成了区位理论、国际贸易理论、产业组织理论、折中理论等学派。对受资方，吸引 FDI 是发展经济的重要手段，希望吸引更多的 FDI；对投资方，对外直接投资是企业或一国参与国家分工的主要形式，投资何处影响企业的国际生产布局和收益：实质上，两者的行为都指向同一问题即区位选择。目前对 FDI 的区位已有大量的理论和实证研究，但还没有形成统一的或一般性的 FDI 区位理论。

第三节 研究框架设计

一、本书的学术思想、理论根据

本书试图对区域内的微观治理结构问题进行深入研究，提出区域治理结构和企业成长系统演进这两个全新理念，构建一个旨在提高区域竞争力和可持续发展水平的区域内企业、政府和产业结构三者之间的协调发展机制。以此作为理论基础，我们提出了企业在区域环境中的适应性生命周期假说，指出企业与区域中的政府和产业

结构存在着双向的适应性，企业的成长系统呈现出演化的特征，企业的区位战略决策正是面对区域治理结构的应对性策略的产物。本书进而构建微观层面的企业区位战略分析框架，形成区位分析和产业分析相结合的战略选择组合，丰富现有战略管理的分析框架，并结合中国国情对一些具有典型特征的案例进行实证分析。如图 1－2 所示。

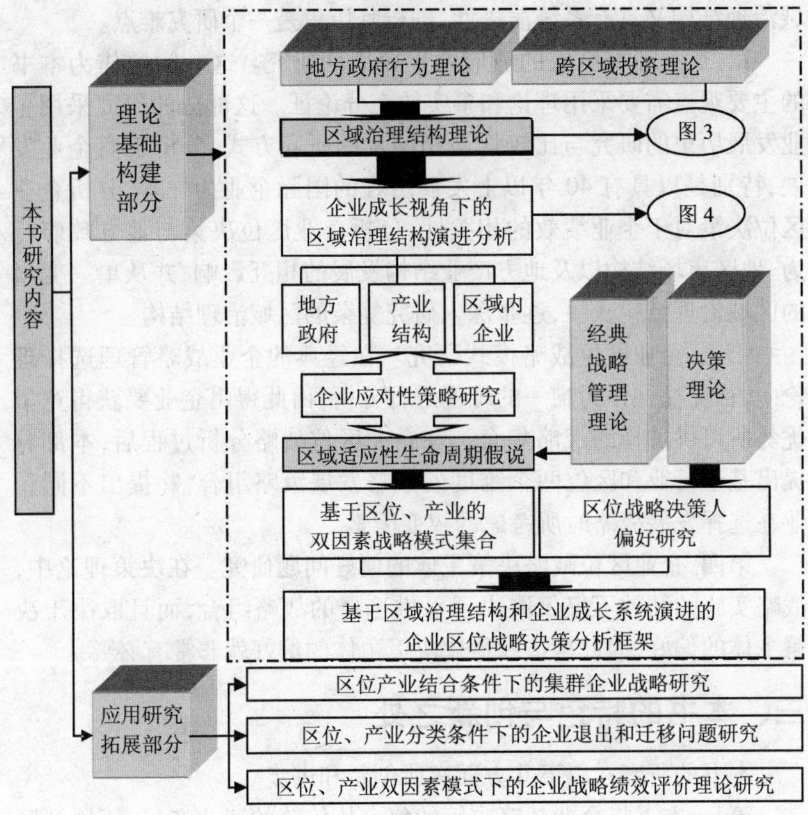

图 1－2　本书整体逻辑视角图

二、解决的关键问题

第一,区域治理结构机理及其系统演进研究。作为构建区域治理结构理论的基础,这一问题以区域福利损失最小为目标函数,从市场行为约束 $M(t)$ 和企业行为约束 $E(t)$ 两个层面解析地方政府行为的运作机理和行为边界,协调地方政府和中央政府的关系。同时区域治理结构又具有系统演进性,剖析其历程是一个研究难点。

第二,企业与区域的适应性生命周期研究。这一问题作为本书的主要观点需要采用理论和事实的充分论证。这部分的研究采用企业发展历史的研究与比较均衡相结合的研究方式,分析工商企业发展,特别是以具有 40 年以上发展历程的国际企业为样本,分析企业区位决策对于企业绩效的相关性,分析企业区位决策与地方政府行为、地区市场结构以及地方产业结构发展的相互影响,并从单一变量的区域治理结构入手,逐步深入研究复杂的区域治理结构。

第三,企业区位战略模式研究。在经典的企业战略管理选择理论中,行业往往作为唯一的维度进行分析,由此得出企业要获得竞争优势所可供选择的战略集合。在企业区位战略分析过程后,本部分提出基于行业和区位两个维度的战略发展策略组合,并提出不同企业在选择发展战略时所考虑的权变因素。

第四,企业区位战略决策主体的偏好问题研究。在决策理论中,战略实施的绩效不仅仅取决于可供选择的战略组合,而且取决于决策主体的偏好,因此构造和量化决策主体的偏好就非常有必要。

三、本书的特色与创新之处

本书的研究在以下几方面有所创新和进步。

第一,本书将企业战略决策的焦点从传统的产业选择,拓展到区位领域,将企业的区位选择上升到战略决策的高度,构建涵盖区位和产业的战略分析框架,将为企业提供更为丰富的战略模式选择,从而丰富和发展企业战略管理理论。

第二,本书剖析了区域经济的微观结构,从系统演进的角度解释了区域治理对于企业战略决策的作用机理，构建了一个能够协调地方政府、企业和产业结构三者关系的区域治理结构，这对于理解区域发展和企业成长的关系，提高区域竞争力和可持续发展水平都有非常积极的意义。

第三，立足于区域治理结构理论，构建一个以区域适应性生命周期和应对性策略研究为分析方法的企业区位战略分析框架。这对于进一步探索一个适合中国国情的企业战略管理分析框架有着积极意义。

第四，基于系统分析和处理的思想，构建一个可评判的企业区位战略模式的分析框架，并从多角度进行实证分析和检验，有利于该理论研究的不断深入和完善，这对该学术领域的长久建设和该研究成果的现实推广都有较大意义。

四、主要研究内容

第一，企业区位选择问题研究综述。主要从战略管理理论的发展历程、地方政府行为对于企业战略发展的影响以及基于要素流动的 FDI 研究视角，对现有国内外的研究成果进行分析和归纳，从不同角度考察区位因素对于企业发展的影响，最终确立企业区位战略研究的微观分析框架，奠定本书的意义和方向。

第二，区域治理结构理论研究。本部分研究通过对国内外地方政府行为理论和实践的相关研究进行梳理和评述，分析治理结构理论在企业领域和市场领域的拓展，结合区域经济学最新发展方向，提出区域治理结构概念，并深入分析区域治理结构三个主体的博弈关系；借助一般系统理论，分析区域治理结构的运行机理，即对于任何一个区域经济而言，政府行为 $G(t)$、市场行为 $M(t)$ 和企业行为 $E(t)$ 存在内在的关系，三者协调发展时，区域福利损失最小（$\mathrm{Min}(\Psi)$），$\Psi(G(t),E(t),M(t))=0$。同时从市场接口、企业接口和政府接口三个层面分析和构建区域之间的协调发展界面，将区域内部治理理论拓展为区域治理理论体系，如图 1－3 所示。

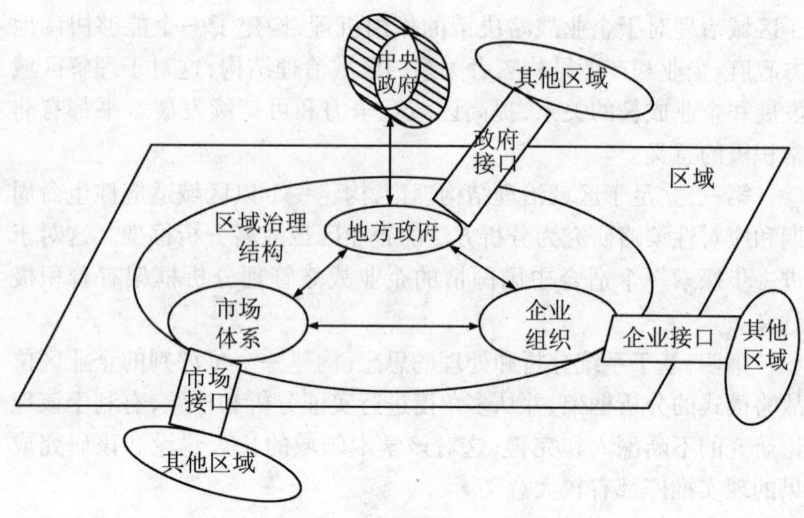

图 1－3　区域治理结构示意图

第三，企业成长视角下的区域治理结构演进分析。在这个部分的研究中，系统演进是一个主要的研究思路。作为企业成长的区域系统，区域治理结构经历了一个演进的过程。首先，从研究的角度而言，在比较均衡的研究方法下，通过将区域主体作为控制变量的方式，将企业面对的区域划分为概念系统、经济系统和生态系统三个阶段进行研究。在概念系统下，将地方政府和区域内产业结构考虑为外生变量，单纯从成本角度考虑区域外企业和区域内企业的应对性策略；在经济系统下，考虑区域内产业结构对于企业的影响，从产业发展角度考虑企业的区位战略；在生态系统下，将地方政府加入到经济系统进行考虑，此时的企业成长系统体现出复杂性和协调性，因而企业战略决策要从共生的生态系统中寻求最优决策。其次，从历史发展的角度而言，通过现代企业的成长历程，以及对典型企业的案例分析和截面数据分析，确立企业成长的系统演进分析框架。

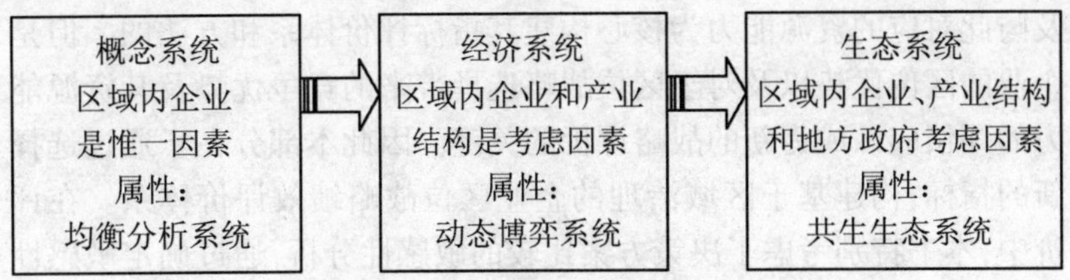

图1-4　企业成长系统演进历程

第四，基于区域治理结构的企业区位战略分析研究。基于区域治理结构理论体系，本部分提出企业在区域环境中的适应性生命周期假说，指出企业与区域中的政府和产业结构存在着双向的适应性，企业的成长同区域的发展相互适应。当企业自身的发展需要同区域内的地方政府以及该区域的产业结构不相适应时，企业就会有退出该区域的动机，而这种适应性又与企业成长的系统演进性相联系。在适应性周期假说和企业成长系统演进理论支持下，本书提出企业区位发展的战略选择，并对各种战略模式可能产生的结果进行分析，指出，企业在进行区位战略分析的过程中，除了经典战略管理理论的SWOT分析框架外，还需要进行区域适应性生命周期分析和应对性策略分析，得出涵盖区位和产业的战略决策选择，并提出不同企业在选择发展战略时所考虑的权变因素。

第五，企业区位战略决策主体的偏好问题研究。在决策理论中，战略实施的绩效不仅仅取决于可供选择的战略组合，而且取决于决策主体的偏好，因此构造和量化决策主体的偏好就非常有必要。本书采用实验研究和非实验研究结合的方式进行研究，通过对MBA学生进行博弈实验的方式确定企业家决策偏好的定量研究，对政府和样本地区企业进行问卷和访谈研究，收集数据，对政府和地方企业的战略决策偏好进行分析。

第六，基于区域治理结构的企业区位战略绩效评价研究。企业战略制订与执行的结果如何评价，对于企业今后的战略发展起着关键的作用。而现有的战略绩效评价体系都是针对企业的行业定位以及与此对应的资源能力为核心构建其指标评价体系和方法的。但是企业的区位优势以及对于区位战略选择带来的竞争优势及其资源能力的评估应该成为新的战略评价的关键。因此本部分在于通过选择新的指标,构建基于区域治理的企业区位战略绩效评价体系。在评价中,本书特别考虑了决策方案比较的敏感性分析,通过确定敏感性和随机敏感性分析,将战略决策建立在有限理性的基础上。

第七,典型企业区位战略问题研究。从理论体系的构建到具体的应用需要一个适应性分析的过程。本书在确立企业区位战略发展框架的同时也对具有特色的企业区位战略问题进行研究:一是区位和产业高度结合的产业集群条件下的企业区位战略研究问题;二是在区位和产业分离情况下,企业对于区域的退出和迁移问题。

五、本书的主要观点

观点一:在企业的发展过程中,区位同产业一样也是企业战略决策的重要内容和决定要素。这种新的战略决策必须突破经典的战略管理分析框架。

观点二:区域经济发展必须考虑各种资源配置方式的不同特点和内在联系,构建一个能够协调地方政府、企业和产业结构三者关系的区域治理结构。

观点三:伴随企业成长,企业所处的区域治理结构经历一个动态演化的过程。

观点四:企业在区域中发展,存在区域适应性生命周期,即企业与区域中的政府和产业结构存在着双向的适应性,企业的成长同区域的发展相互适应,当企业自身的发展需要同区域内的地方政府以及该区域的产业结构不相适应时,企业就会有退出该区域的动机。

观点五:企业区位战略决策要建立在了解决策主体偏好的基础上。

第二章

■ 企业区位战略的内在机理

第一节 企业区位战略的定义

战略管理作为企业管理领域较为成熟的理论框架,长期以来都是立足于产业选择的基本框架进行阐述,进而指引企业实践的。就经典战略管理而言,企业能够进行的选择是明确的,这些明确的战略类型是多年战略管理研究和企业实践形成的一般共识,如表 2-1 所示。

表 2-1 企业可供选择的各种战略类型

分类	战略	定义
基本战略（generic strategy）	成本领先（overall cost leadership）	企业强调以低单位成本价格为用户提供标准化产品,其目标是要成为其产业中的低成本生产厂商。
	差别化（differentiation）	企业力求就顾客广泛重视的一些方面在产业内独树一帜。它选择被产业内许多客户视为重要的一种或多种特质,并为其选择一种特殊地位以满足顾客的需要。

续 表

分类		战略	定义
基本战略(generic strategy)		目标集聚(cost-or-differentiation-focus)	企业选择产业内的一种或一组细分市场,并量体裁衣使其战略为他们服务而不是为其他细分市场服务
成长战略(development strategy)Ⅰ:即核心能力企业内扩张	一体化战略	前向一体化(forward integration)	企业获得分销商或零售商的所有权或加强对他们的控制
		后向一体化(backward integration)	企业获得供应商的所有权或加强对他们的控制
		横向一体化(horizontal integration)	企业获得与其生产同类产品的竞争对手的所有权或加强对他们的控制
	多元化战略	同心多元化(concentric diversification)	企业增加新的,但与原有业务相关的产品与服务
		横向多元化(horizontal diversification)	企业向现有顾客提供新的,与原有业务不相关的产品与服务
		混合多元化(conglomerate diversification)	企业增加新的,与原有业务不相关的产品与服务
	加强型战略	市场渗透(market penetration)	企业通过加强市场营销,提高现有产品或服务在现有市场上的市场份额
		市场开发(market development)	企业将现有产品或服务打入新的区域市场
		产品开发(product development)	企业通过改进或改变产品或服务而提高销售
成长战略Ⅱ:即核心能力企业外扩张		战略联盟(strategic alliance)	企业与其他企业在研究开发、生产运作、市场销售等价值活动中进行合作,以相互利用对方资源
		虚拟运作(virtual operation)	企业通过合同、参少数股份、优先权、信贷帮助、技术支持等方式同其他企业建立较为稳定的关系,从而将企业价值活动集中于自己优势方面,其非专长方面外包出去

续 表

分类	战略	定义
成长战略 II：即核心能力企业外扩张	出售核心产品（core products sailing）	企业将价值活动集中于自己少数优势方面，产出产品或服务，并将产品或服务通过市场交易出售给其他生产者作进一步的生产加工
防御战略（defensive strategy）	收缩战略（retrenchment）	通过减少成本和资产对企业进行重组，以加强企业所具有的基本和独特的竞争力
	剥离战略（divestiture）	企业出售分部、分公司或任一部分，以使企业摆脱那些不盈利、需要太多资金或与公司其他活动不相适应的业务
	清算战略（liquidation）	企业为实现其有形资产价值而将公司资产全部或分块销售

资料来源：周三多等著，《管理学——原理与方法（第四版），上海：复旦大学出版社，2007 年 6 月，第 320—321 页，笔者有改动。

但是就前文综述中所言，产业分析框架对于转型期的中国企业战略决策还是存在欠缺的。面对转型经济，我们认为中国企业最为关键的战略决策是针对区位做出的。换言之，是针对地方政府做出的，这是当前企业发展所面临的最突出问题，因此企业必须拥有一个针对区位的战略决策集合，这个策略集合是基于经典战略管理集合的，却又必须具有更强的针对性和实用性，这是本书需要完成的最主要的任务。

在此，本节对企业区位战略的定义进行界定，我们认为企业区位战略是指在企业产业发展战略的基础上，针对企业与区位之间的互动关系而进行的区位甄别、嵌入、迁移、共生等战略决策的统称。

具体而言，企业区位决策战略的定义包含以下几个层面。

第一，企业区位战略决策与企业产业战略并不冲突，两者是相辅相成，彼此衔接的。产业的发展策略也存在区位的属性，企业在采用成本领先、差别化或集聚战略时也必须针对细分市场进行有效布控才能达到预期效果，因此两者之间并不矛盾。

第二,企业区位战略是企业与区位之间的互动联系,而区位的关键在于地方政府的行为偏好。地方政府作为区位的核心要素,不再仅仅是一个中央政策的执行者,而是具有自主能动性的地方经济和社会发展的掌舵人,因此企业的区位战略决策,就本质而言是企业与地方政府之间的博弈。

第三,企业区位战略不同于企业选址问题。选址作为企业的行为更侧重与微观地块的技术经济指标,而企业区位战略更关注中观层面的方向性选择,因此地方政府的政策对于企业而言显得更为敏感,也更应该步入企业战略选择的视角。

第二节 企业区位战略的内在机理

区域经济发展问题成为我国当前经济发展过程中亟须解决的重要问题之一。这一问题涉及的方面很多,包含人口、资源、环境的协调发展,也表现为地区产业结构升级、人口流动以及城市化和工业化等诸多问题。但就这一问题解决的途径而言,通过市场的有序竞争缩短区域之间的差距成为学界和实际工作中的共识。伴随这一共识,现实体现出来的却是分权化的制度安排调动了地方政府发展本地经济的积极性,各级地方政府开始在制度、基础设施、投资环境、资本、人才、技术、原材料以及来自于上级政府的倾斜性的地区优惠政策等各方面展开了竞争。这一竞争的直接结果在于地区产业结构雷同和重复建设,并进一步加大我国区域间的差距,严重阻碍区域协调发展和区域现代化进程。

区域现代化的机理可以从不同的角度加以剖析。立足于区域行政主体对于区域主导地位的学者指出①,政府能够通过制度安排在微

① 此类研究可以参考吴强:《政府行为与区域经济协调发展》,经济科学出版社2005年版。

观层面影响所有制结构和产权结构，并通过激活企业的方式促进区域之间的竞争与合作；通过政府间财政转移支付制度的杠杆作用，在宏观层面上影响公共品的产出水平；更为直接的是地方政府行为几乎可以影响到所有资源和要素的空间流动，因而能够在真正意义上完成区域的现代化；持相反观点的学者指出，地方政府过度干预经济而产生的地方政府企业化、企业竞争寻租化、要素市场分割化、产业结构趋同化、资源配置等级化等弊端才是真正影响区域现代化的最大障碍，企业合作特别是跨区合作才是区域之间协调发展的内在原动力①，企业合作是市场利益驱动、社会关系网络以及政府推动的共同结果，通过研发合作、生产合作、销售合作、资金合作等不同活动形式，带动区域经济之间的交流与合作，最终实现区域的现代化。与上述两种观点思路不同的一类研究则是将现代化问题作为研究的出发点，将区域现代化的历程进行划分，区分不同现代化水平的内涵和衡量指标。② 一般而言，广义现代化是指 18 世纪工业革命以来人类社会所发生的一种深刻变化。从 18 世纪到 21 世纪末，广义现代化进程可以分为两个阶段，其中，第一次现代化（经典现代化）是指从农业社会向工业社会的转变过程及其深刻变化，第二次现代化是指从工业社会向知识社会的转变过程和变化。不同国家现代化过程具有多样性。区域第一次现代化的发展模式是工业化、城市化等的多种组合。有些地区优先发展工业化，有些优先推进城市化，有些协调推进工业化和城市化。地区两次现代化的发展模式都是多样的，受地区地理条件、基础能力和外部环境的影响。

纵观现有的研究成果，一个突出的特点在于单一区域行为主体或无行为主体的研究，没有建立起一个涵盖区域内部资源配置主体，即体现企业、市场和政府博弈关系的区域治理结构分析框架，进而难

---

① 相关的研究较多，可参见闫二旺：《区域经济发展的微观机理》，经济科学出版社 2003 年版；贾若祥、刘毅、马丽《企业合作与区域发展》，北京科学出版社 2006 年版。

② 中国社会科学院长期以来对中国的现代化问题进行深入系统的研究，每年都会发布“中国现代化报告”，对现代化的进程进行测算和分析。

以形成一个旨在提高区域竞争力和可持续发展水平的区域政府行为及其政策机理的研究体系。本书试图在区域间协调发展的基础上对区域内的微观治理结构问题进行深入研究，提出区域治理结构和企业成长系统演进这两个全新理念，构建一个旨在提高区域竞争力和可持续发展水平的区域内企业、政府和产业结构三者之间的协调发展机制。

一、区域治理结构：区域内契约关系的优化

（一）区域经济的界定

区域经济是指在一定的空间地域内由各种生产要素的有机结合而形成的经济运行方式。构成区域经济的基本要素包括：①以一定的经济区为依托；②以一定的地域分工为基础；③以有限资源的空间合理配置为基本内容；④以各种资源要素间、产业间和地域间的经济技术、市场供求为联系的基本纽带。对区域经济的研究是以一定范围的行政区划作为地域空间单元，将其行政区划内的经济活动作为载体，履行经济调控职能，推进地方经济发展的过程。区域经济包括自身的经济系统及其子系统，包括系统的运行、结构、组织、目标以及增长与发展，包括系统内部的各种经济联系以及与外部区域之间、国民经济整体之间的经济联系。本研究中的区域经济继承经典区域经济定义中的所有要素，并特别指出在区域中要有明确而合法的行政主体，即地方政府；要存在企业以及企业所需要的资源和市场。①

（二）区域经济的本质：地方政府、企业和居民的契约集合

区域经济是一个复杂的系统，作为一个抽象的简化模型，我们首先考虑区域经济封闭状态下的内部机理。我们认为区域内部的行为主体主要有三个组成部分：区域内部的行政主体——地方政府，地方

---

① 一般而言，我国行政辖区划分的省、市、县、区都符合本研究的分析范畴，但是在进行区际分析时，本研究所谈到的区域内部以及相邻区域，如无特别说明应该是同一行政级别的平行单位。

政府提供公共产品并通过本地区企业和居民的满意程度获得经济和政治收益;区域内部价值创造主体——企业,企业通过有效地组织区域内部的要素和内部的契约安排,创造产品,增加社会财富;企业内部的消费主体——居民,居民是本地劳动力的提供者,也是本地产品的消费者,在获得公共品和私有品后,居民有政治投票权和企业受雇权。因此,区域内部的经济活动就是围绕地方政府、企业和居民之间的联系展开的,而活动都是以契约的方式加以实现的,这些契约包括经济契约、政治契约以及社会契约,每个区域主体都是理性的,都是以追求自身效用最大化为前提的。

基于上述假设,我们构建三个区域行为主体的效用函数。

我们首先构建地方政府的效用函数,我们假设地方政府的效用函数包括三个部分:$U_{Gov}=U_{Eco}(A,K)+U_{Pol}(U_{Firm},U_{per})-C(n)$,其中$U_{Eco}$是地方政府依靠有效组织地方资源创造财富而获得的经济收益,在我国分税制体系下体现为地方的税收,实际上是企业创造社会财富后获得的部分贴现,贴现因子为k_1,K为区域内拥有的可供企业组织生产的资源;A为企业组织生产的能力;U_{Pol}是地方政府获得的政治收益,包括政治升迁、社会威望以及其他社会资本积累,这一点主要取决于本地企业和居民对于政府的满意程度。地方政府的支出部分是当地公共产品的提供,公共产品的规模取决于当地企业和人口的规模。地方政府的经济产出采用柯布－道格拉斯函数的适配形式,即产出由A、K中较小的那个决定①,记为$\Omega(\alpha,\beta)$。

则地方政府的效用函数为:

$$U_{Gov}=k_1\Omega(A^{\alpha}K^{1-\alpha})+U_{Pol}(U_{Firm},U_{per})-C(n) \tag{2-1}$$

地方企业的效用函数包含三个部分,$U_{Firm}=U_{Now}(A,K)+U_{Gr}(\Delta C,\Delta K,\Delta A)-c$,当期收益$U_{Now}(A,K)$即利用本地区资源进行生产后创造的社会财富经过消费者消费后,企业所最终获得的贴现,贴现因子为k_2;$U_{Gr}(\Delta C,\Delta K,\Delta A)$为企业的成长能力收益,取决于地区资源的变化速率、政府提供公共品的变化速率以及企业组织生产能力

① 匹配的生产函数可以根据管理学的木桶原理解释,即短板决定木桶的容量。

的提升水平;企业的成本取决于雇员成本和地方税收。同样地,企业的当期收益和成长能力收益也都采用柯布-道格拉斯函数的适配形式,即:

$$U_{Firm}=k_2\Omega(A^{\alpha}K^{1-\alpha})+\Omega((\Delta C\Delta k)^{\alpha}\Delta A^{1-\alpha})-c \qquad (2-2)$$

本地居民的效用函数包括三个部分,对于对企业创造价值的再分配收益、区域公共品的收益、个人纳税和消费:

$$U_{Per}=k_3\Omega(A^{\alpha}K^{1-\alpha})+U(C)-c \qquad (2-3)$$

根据三者的效用函数,可以发现政府和企业之间通过资源配置契约建立联系,企业通过雇员和提供产品同居民建立契约关系,社会财富也在三个主体之间形成了再次分配,这就是区域经济发展的微观机理,即区域三个主体之间的效用满足过程。

1. 区域福利最大化约束下的区域契约关系分析

从式(2-1)、(2-2)、(2-3)可以发现,区域内地方政府、企业和居民的效用函数是完全不同的,因此单纯最大化各自的效用函数是难以实现区域福利最大化的。例如,企业效用最大化就会降低雇员支出、提高产品价格,获得收益,进而必然损害居民的效用水平,增加居民的不满,降低对政府的信任水平,影响政府的威望和升迁可能。

因此要从区域总体福利的角度,优化区域内部的契约关系,形成一套有利于区域经济发展的制度安排。为简化分析,在构建区域福利效用函数时,将其看作地方政府、企业和居民效用函数的加。即:

$$U_{Area}=U_{Gro}+U_{Firm}+U_{Per}=(k_1+k_2+k_3)\Omega(A^{\alpha}K^{1-\alpha})+U_{Pol}(U_{Firm},U_{per})+U_{Gr}(\Delta C,\Delta K,\Delta A)+U(C) \qquad (2-4)$$

其中地方政府对于公共品的投入来源于政府和居民的税收,居民的消费来源于企业的报酬,并通过购买产品给企业带来收益,因此是区域内部的转移。区域福利最为直接的体现是区域内部资源消耗后的产品、地方官员的政治收益、区域内部的企业成长以及区域内部公共产品形成的净福利。在此认识基础上,我们分析区域福利最大化形成的条件,由于式(2-4)各项均为正值,则分析每项最大即可。

在分项 $\text{Max}[(k_1+k_2+k_3)\Omega(A^{\alpha}K^{1-\alpha})]$ 中,就个体的收益而言,

地方政府对于社会产品的分配收益 k_1，往往是依据相关法律、法规进行扣除的；企业获得的收益水平主要取决于企业所在区域的产业结构，如果是竞争性的产业结构，k_2 处于一个较低的水平，如果是垄断性的产业结构，则情况相反；居民的再分配水平符合当地的区域发展生活水平，一般不会有太大波动。但是从区域整体的角度而言，在不考虑区域产品流动的前提下，$k_1+k_2+k_3=1$。因此，关键在于保障区域产品的总产出处于一个较高的水平，即：

$$\mathrm{Max}[\Omega(A^{\alpha}K^{1-\alpha})] \tag{2-5}$$

企业是一个区域的经济主体，其自身的发展也决定了该地区产业结构和经济水平，在分项 $U_{Gr}(\Delta C,\Delta K,\Delta A)$ 中，我们可以看出企业要在激烈的竞争中保持竞争优势就必须不断增强自身对资源的配置能力，就必须充分适应该地区的资源以及公共设施水平的变化，即保持式(2-6)成立。

$$\mathrm{Max}[\Omega((\Delta C\Delta k)^{\alpha}\Delta A^{1-\alpha})] \tag{2-6}$$

政府的政治收益取决于企业和居民的满意程度，企业和居民根据政府对于区域政策的设计以及公共产品的提供水平，满足自身的效用。现实的经济环境中，地区居民和企业的满意程度的差异，最直接体现为区域经济发展水平差异导致的投资环境和基础设施、物价水平、薪酬水平的差异。因此，要有效地提升区域的整体竞争力水平，增大区域的福利水平，关键是实现区域资源和企业适配。

因此，形成区域治理结构的关键在于形成一个区域政府资源配置政策与企业成长相互匹配的区域契约关系，即一个适应企业成长的演进系统。

二、企业成长系统演进与区域现代化发展

（一）区域适应性生命周期

从上述分析可以发现，区域治理结构形成的条件关键在于式(2-5)、(2-6)成立，即如何能够通过企业有效组织区域内部的资源。企业作为将资源转化为产品的组织实体，存在着区域适应性生命周期，这是式(2-5)、(2-6)中适配函数的内涵。

伴随着我国分权化的行政体制改革,地方政府对本区域的资源有较强的调控能力,通过制定有利于本区域的经济政策对现有的区域企业进行引导,同时吸引外区域的企业进入本区域,创造财富。如图2-1所示,区域内部的资源满足生产可能性边界,根据经济学的基本原理,区域生产效率最大化的点位于生产可能性的点与区域内部生产曲线 l_1 的切点处,如点 K 所示。而区域内部生产曲线的本质在于区域内部企业形成的对要素的整合能力曲线,即区域内部形成的产业结构,也是企业生产曲线的叠加,根据国际经济学的基本模型,我们将其分解为企业 F_1 和 F_2。

与此同时,企业的成长存在一个围绕其产品和产业的成熟过程,存在一个从起步到成熟的生命周期,如图2-2、图2-3所示。将图2-1和图2-2、图2-3结合我们就会发现,区域的总体产出在微观层面取决于企业所处的生命周期,以及区域内部要素的契合程度。

代表企业 F_1 当前产出能力的点 X 在曲线 l_2 上移动,代表企业 F_2 的产出能力的点 Y 在曲线 l_3 上移动,因此 l_1 是一个随企业成长动态移动的曲线簇。代表区域内部资源的阴影面积 A 也并不是固定不变的,它往往受地方政府政策的影响,有一定的扩展空间,因此实际经济环境中的区域可能性边界 A_1 与实际的可能性边界 A_{MAX} 存在一定的距离,如图2-4所示。

基于上述分析,在不考虑区域外部企业进入的情况下,政府通过调整区域内部可能性边界,尽可能让区域内部的企业产出处于最大的状态。在考虑到开放环境下,如果本区域的企业处于生命周期的起始阶段或衰退阶段,不能有效地利用区域内部的资源,政府就会通过招商引资的方式,吸引更多企业参与区域内部的资源开发,使 l_1 能够与区域内部资源 A 相切。此外,区域内部的企业在不断地成长,曲线 l_1 也在不断地改变斜率和截距,该区域如果已经达到了最大的生产可能性区域,企业就会选择跨区域生产或离开该区域。

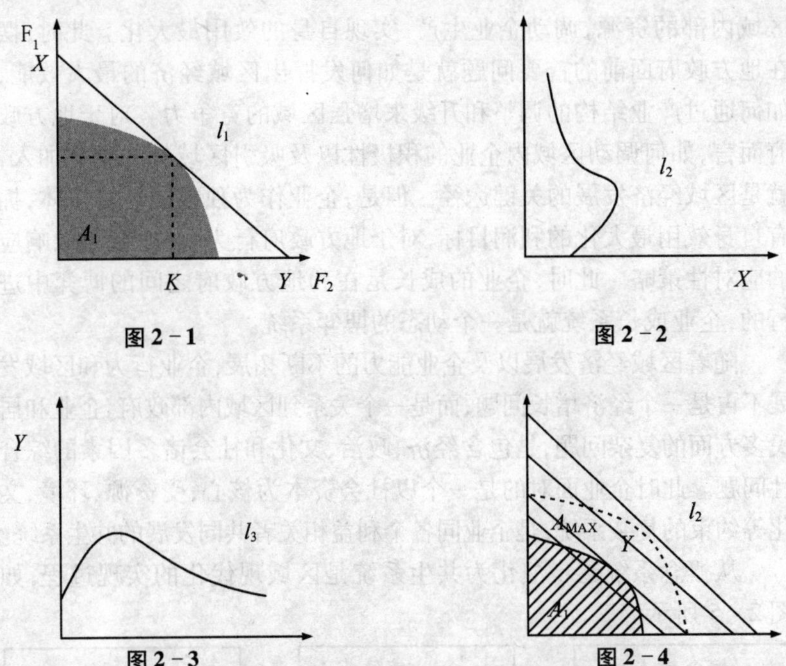

图 2-1 图 2-2 图 2-3 图 2-4

综上所述，企业同区域资源之间是一个双向适配的过程，企业存在区域适应性生命周期。

（二）企业的成长系统演进

在上述分析中，我们没有结合我国当前处于现代化建设的背景以及时间演化的因素加以考虑。事实上，我国从改革开放初期至今，区域内部地方政府和企业之间经历了一个从简单经济成长到区域经济协调发展、和谐发展的演化过程。

在区域经济发展的初期，地方政府没有独立的财税专权，接受中央政府的直接领导，企业尽管逐步拥有经营自主权，但由于国内市场没有形成，资源配置在一定范围内还依靠国有企业的配置。此时区域内部的企业成长主要依赖于企业自身，此时的企业成长系统是一个概念上的成长系统，价格成为区域内部协调企业行为的主要因素，是一个静态均衡经济系统。

分权制改革后，地方政府拥有了自身的利益取向，开始充分利用区域内部的资源,调动企业生产,实现自身的效用最大化。此时,摆在地方政府面前的首要问题就是如何发挥出区域经济的最大效能,如何通过产业结构的调整和升级来增强区域的竞争力。对于地方政府而言,如何调动区域内企业的积极性以及吸引区域外的企业加入,就是区域经济发展的关键途径。但是,企业作为独立的经济实体,拥有自身效用最大化的利润目标,对于地方政府行为,企业会采取响应的应对性策略。此时,企业的成长是在和地方政府之间的博弈中进行的,企业成长系统就是一个动态的博弈系统。

随着区域经济发展以及企业能力的不断拓展,企业行为和区域发展不再是一个经济增长问题,而是一个关系到区域内部政府、企业和居民多方面的复杂问题,是包含经济、政治、文化和社会诸多因素的综合性问题。此时企业面对的是一个以社会资本为核心,受资源、环境、文化等约束的复杂系统,是企业同各个利益相关者共同发展的共生系统。

从概念系统逐步演化为共生系统是区域现代化的实现过程,如图 2-5 所示。

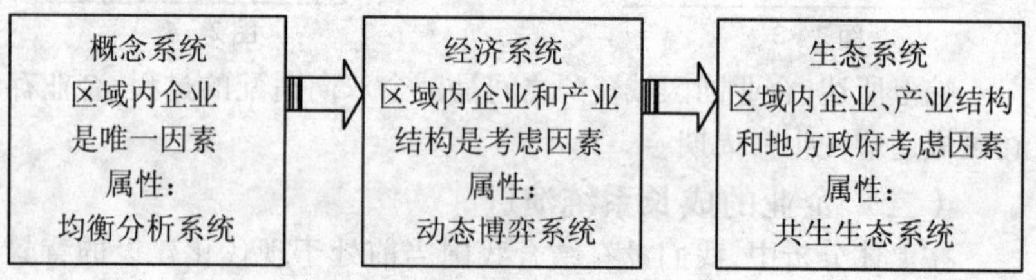

图 2-5 企业成长系统演进历程

第三节 企业区位战略的产业组织演进分析

区域经济发展问题已成为我国当前经济发展过程中亟须解决的重要问题之一。面对当前区域经济发展现状,有三条不同的路径引导区域之间协调发展,最终实现区域现代化:地方政府之间的竞争与合作、地方企业之间的竞争与合作以及介于企业和政府之间的中间型组织的协调。

吴强等(2005)通过对政府行为在西方经济学、区域经济学中的理论界定和历史演变的实证考察,明确提出"市场协调"和"政府协调"是区域经济协调发展的两种手段与两种机制。政府能够通过制度安排在微观层面影响所有制结构和产权结构,并通过激活企业的方式促进区域之间的竞争与合作;通过政府间财政转移支付制度的杠杆作用,在宏观层面上影响公共品的产出水平;更为直接的是地方政府行为几乎可以影响到所有资源和要素的空间流动,因而能够真正意义上解决区域竞争与合作问题。

"市场协调"对于区域之间的竞合问题更多的是通过企业来解决的。作为市场经济的主体,企业已经取代地方政府成为区域活动的主体,也是区域经济合作的主要承担者。(陆大道,2000)除了企业竞争带动市场竞争优化区域的要素配置外,企业合作特别是跨区合作对于区域之间发展也发挥着巨大的作用。(贾若祥、刘毅、马丽,2006)企业合作是市场利益驱动、社会关系网络以及政府推动的共同结果,通过研发合作、生产合作、销售合作、资金合作等不同活动形式,带动区域经济之间的交流与合作。企业合作而形成的产业集群更是区域之间发展的重要组成部分。(王缉慈,1999)此外,外商直接投资形成的合资企业、独资企业也对区域之间的协调发展有着巨大的影响。

企业和政府是影响区域经济合作发展的两极,但是在两极中间,民间商会、区域之间的协调组织和产业发展的中介组织同样对区域的协调发展起着积极的作用,但对这一问题的研究却显得较为薄弱。本书正是从产业中间型组织入手,分析这一特殊组织对于区域协调发展起到的特殊作用。

一、产业中间型组织存在的合理性分析

(一)区域竞合的本质是产业间的竞争与链接

我国经历了长期的计划经济时期，这就使每个省份内部都形成了相对完善的工业部门和产业结构，满足区域内部生产和消费需求。大量的充分建设和相对匮乏的物资，使得区域之间的流通仅仅在国家计划性的调拨过程中才会出现。

改革开放后，特别是分权制改革后，地方政府迫切需要提高本区域内的经济水平，面对广阔的市场，地方政府一方面尽可能地通过区域内的生产来满足本区域的需求，另一方面通过产品的外销来增加本地区企业的效益，进而发展本区域的经济，这就使区域之间的产品竞争格局出现。由于改革初期，各个区域所依赖的产业结构都趋于一致，产品结构相仿，难以形成独特的竞争优势，因此就成为单纯的价格竞争和渠道竞争，各个区域为了保证本区域内部的企业利益，就形成了地方保护主义。

因此，我们不难看出，区域竞争最为直接的来源在于区域内部产业结构趋同而形成的产品竞争以及为获得产品价格和渠道优势而进行的要素竞争。简言之，区域内部的产业结构决定了区域之间是否存在竞争关系，以及区域之间竞争关系的强度。

随着我国企业整体竞争水平的上升和技术能力的进步，以及国家相关法律和法规的健全，地方保护主义水平逐步降低，区域之间的产品和要素流动主要依靠市场竞争加以实现，此时区域之间能够形成合作的关键在于区域之间的产业结构之间是否存在价值创造上的链接。如果区域之间的产业结构依然趋同，必然体现出的是产品市场和企业行为上的激烈竞争，相反，如果区域之间的产业位于价值链的上下游，就必然存在价值链上的合作，而且是长期的双赢互惠合作。①

---

① 有学者已经提出，本着区域经济产业联合方式，应该将我国的区域经济带进行横向的再次划分，以环渤海地区连同陕西、内蒙、新疆等省形成一个产业联动区；以长三角地区连同江西、贵州、四川、西藏等形成一个产业联动区；以珠三角地区连同广西、云南等省形成一个产业联动区，这样才能发挥点极效用，促进区域的协调发展，笔者认为这一观点恰恰也指出了区域之间协调在于产业链接的观点。

以长江三角洲为例,长江三角洲的浙江、上海、江苏是中国经济发展最为迅速的区域之一,但是比较江苏和浙江的产业结构,具有较高的雷同度,因此两个省份之间的产品竞争较为激烈,体现在纺织、服装加工、五金制造等工业产品上。但是上海是以金融、服务、高科技为特征的经济枢纽,能够为浙江和江苏提供一流的资金和技术产品,因此能够有效地同浙江和江苏的产业进行链接合作,形成龙头和两翼的有利格局。

综上所述,区域竞争与合作的关键在于各自的产业结构的特征以及发展趋势,两者之间存在链接的接口才是区域合作的最有力的保证。

(二) 区域产业间的链接需要产业中间型组织的存在

将产业发展的宏观背景结合空间变量,我们就会发现在每一个区域经济内部都存在一套区域本位的产业布局,地方政府以本区域利益最大化作为效用目标发展自身经济。在我国,分权的市场化改革导致地方政府成为相对独立的利益主体,具有一定的管辖权和参与经济活动的权利,地方政府正是利用这些权利对外地厂商、产品进入本地市场或本地企业,资源等流向外地加以限制或歧视,最终形成地方市场分割或"诸侯经济"。(沈立人等,1999;Young,2000)

由此可见,通过区域政府自身不仅不能有效地进行区域之间的协调发展,而且会导致全国要素市场分化为地区要素市场,阻碍资源的有效配置。此时,中央政府可以通过更为强硬的行政手段干预要素分配,打破地区壁垒,有针对性地进行政策倾斜,例如实施"西部大开发"等,但行政过渡干预会使市场的竞争机制降低,这又显然有悖于我国建立社会主义市场经济体制的初衷。

区域经济之间的协调发展不能完全依靠地方政府完成,这只是问题的一个方面。另一方面,区域间的合作关系,又离不开政府的行政职能,也不能完全依靠市场化的运作。我国从计划经济体制向市场经济体制转型的过程,在一定程度上就是确立各个产业内部运行机理和产业间协调发展秩序的过程。从单纯由国家调控行业内部的企业价值创造过程,逐步转换为通过市场价格杠杆和适当的制度约束引导行业内部企业自组织(Self-organization)是我国经济体制改革的主要目标之一。与经历了较长发育时期的西方市场经济国家不同,我国的市场经济发展伴随着两个显著的过程:其一,国有资本逐步退出适合自由竞争的领域,政府着眼于产业政策的制定和产业内市场秩序的建立与维护;其二,市场力量在政府的适度干预下,逐步成熟,不断壮大,形成适应经济发展的产业内部格局和结构,即市场的培育过程。政府退出和市场培育并非一蹴而就,因此,介于严格基于政府管制和价格机制的产业规制模式之间,应该存在一种转型过程中的过渡模式。故而,介于政府和企业之间,既体现政府宏观调控又兼容市场竞争法则的产业中间型组织(Industry In-between Organization)就会出现。区域内部的产业规制需要产业中间型组织,区域之间的产业链接更需要这样一种组织发挥作用。

根据产业中间型组织产生的原因及方式不同可以大致将其分为两类。一类是政府相关职能的剥离与重组,目的在于对特殊产业和行业进行有针对性的规制和管理,这是一种自上而下的产生方式。例如现有的国有资产监督管理委员会(简称国资委)、证券市场监督管理委员会(简称证监会)、保险行业监督管理委员会(简称保监会)等,都属此例。这些行业监管组织尽管属于政府部门,但是从机构定位和运行机理上都体现出“超政府”、“准企业”的特征。另一类则是在产业培育和发展过程中,由于地方政府对于行业发展的特殊要求,自发形成的介于政企之间的事业单位,目的在于解决现有产业改革中的主体缺位、多头管理等现实困难。

对于产业中间型组织的认识,现有的研究基本上是立足于“政府—企业”两分法的逻辑基础,强调通过明晰产权和鼓励竞争的方式解决国有企业效率低下和行业竞争力不强的问题,这就否定了这一类型组织存在的必要性。面对上述两种产业中间型组织的产生,现有的理论研究既不能对其存在是否合理提出充足的论据,也不能对其今后发展趋势进行前瞻。事实上,在笔者看来,产业中间型组织是一个典型的转型期中国情境下的产业规制问题,能否在理论的高度上剖析其机理,并在实践的层面上指导其运作,将在很大程度上影响我国市场竞争秩序的确立和产业组织的演化，也在很大程度上决定着区域之间恶性竞争的缓解和区域之间合作的进行。

二、产业中间型组织的区域间缓冲效用分析

自奈特(Knight,1927)确立经济环境的不确定性特征以来，经济学界和管理学界都将环境作为组织行为研究的重要内容。杰弗里·菲佛和杰勒尔德·R. 萨兰基克所著的《组织的外部控制——对组织资源依赖的分析》①特别强调了无论企业、政府还是其他组织，其存在的价值就是通过构建一个资源交换的平台而应对环境的不确定性。就企业层面而言，不确定性可以通过企业家才干和企业间的中间组织加以规避和缓冲，但就整个产业而言，环境的不确定性却难以通过单个企业和政府加以克服。

(一) 产业环境不确定性的来源

产业环境中不确定性的一个来源是政府对于产业发展的规划及其执行过程中所出现的政策的不确定性。根据我国实际情况，各个产业和行业的主管部门同国家的宏观规划相一致，每五年制订一个指导全行业的发展规划，各个省、市、县进而将目标分解，根据各自的实际情况制订相应层级的发展规划，用以指导今后一段时期内的产业发展。这些规划往往具有前瞻性和指导性，强调了不同层级产业发展的方向和今后一段时期内应解决的问题，但往往是在各个层级所掌握信息的基础上制订的，体现了不同层次政府对产业发展的预期。事实上，中央同地方，地方各级政府之间存在着较为严重的信息不对称现象，这使得在规划制订和实施过程中，各级规划之间难以有效衔接，规划可操作性大大降低，特别是遇到规划中没有考虑到的实际问题时，难以及时做出反应，要逐级请示、研究才能得出对策，使得产业规制的效率和效力都得不到体现。为了减少实际执行过程中存在的限制与分歧，政府在制订规划过程中倾向于采用原则性、指导性

① 杰弗里·菲佛、杰勒尔德·R. 萨兰基克:《组织的外部控制——对组织资源依赖的分析》，东方出版社2006年版。

的措辞,这也增加了具体规制过程中的不确定性。

产业环境中不确定性的另一个来源是全行业面对的市场风险。作为一个产业而言,产业结构的有机组合应该能够有效地规避市场风险。但是由于我国产业结构不合理,产业内产品层次趋同,使得全行业面对风险的情况非常普遍。浙江省的纺织业、小商品制造业由于主要依靠出口贸易,面对欧盟的倾销诉讼和技术壁垒都曾受到严重的冲击。此时,不是单个企业面对市场环境的不确定性,而是全行业甚至整个产业链都会受到严重影响。此外,随着经济全球化的不断深入,国内产品价格越来越多地受国际市场的影响,特别是原材料价格直接受到国际期货市场波动的影响,作为单个企业而言,难以对价格信号做出及时的反映,此时政府难以直接干预,整个行业就暴露在巨大的不确定性下。

（二）产业中间型组织对产业环境不确定性的缓冲效用

产业中间型组织能够对产业环境中的不确定性进行有效的缓冲,关键在于其特殊的组织定位和运行机理。

作为政府和企业之间的产业中间型组织,它的定位是"超政府"的,即具有行业的扶持和规划职能但又不同于政府的行政管理,它以经济指标的形式对政府负责,因此能够根据汇集到的比较充分的信息,将政府产业规划的中原则性、指导性的政策分解为具有实际操作指导意义的经济指标,并进一步优化为行业内企业能够直接获取和调动其生产的供求信息;进而,类似于集团企业的首脑,遵循"准企业"的运行机理,通过运用价格杠杆和技术准入条件的方式,将行业内的企业充分运作起来,并实现产业升级,最终达到政府产业规制的效果。当行业面对共同的市场风险时,如倾销制裁或价格波动,产业中间型组织就利用其与政府的关联,"游说"政府出面干预,降低损失。①

---

① 在欧盟纺织品压港事件中,笔者认为正是缺少有效的沟通渠道使得政府不能及时出面干预参与协调,才最终上升为全行业的损失,与此对应的欧盟企业通过其政治体制允许的"商业游说"行为,有效地保证了自身的利益。

正如前文所言,区域之间的产业中间型组织,能够将不同区域之间的政府有机地结合起来,建立共同的风险防范机制,有效察觉影响不同区域的共同风险,并有效地整合资源,集中应对。以 SARS 事件为例,当疫情消除后我国旅游业受到极大的影响,作为旅游大省的安徽、浙江、江苏地理上毗邻,同时拥有共同的客源和连带的旅游线路。此时,建立旅游行业的协调委员会,能够集中优势力量对国内外的游客进行统一宣传,降低疫情带来的负面影响,同时省份之间优化旅游线路,降低旅游客源对交通工具的换乘次数,大大降低了其他疫情的发生和传染几率,提高了旅游行业的整体应对风险能力。浙江、福建、广东对于欧盟的倾销制裁,也可以通过跨省的行业协会进行统一协调,发挥最大的效力。

三、产业中间型组织的枢纽效用分析

产业中间型组织能够有效发挥其缓冲效用的一个重要前提就是要掌握充足的信息:一方面能够将政府部门之间、不同地方政府之间的多头管理归为一体,"聚小溪为大河";另一方要积极关注市场的动态。与此同时,产业中间型组织还要能够协调现有政府部门之间、产业中间型组织之间以及产业中间型组织和企业之间的关系,否则就会成为一个虚设的冗余组织。亨利·明茨博格和路德·范德海登(Mintzberg,Van Der Heyden,1999)指出现有组织存在的价值其中之一就是枢纽(hubs)效用。枢纽的作用是协调中心,它是人员、物质或信息流动的汇集。事实上,产业中间型组织也确实发挥着枢纽效用。

(一)产业中间型组织是各级政府之间的枢纽

财政分权后,相对于中央政府,地方政府对于本地区的经济结构和资源禀赋的开发利用具有信息优势,并且地方政府有着不同于中央政府的行为目标。[①] 因此,地方政府在发展地区经济、培育市场的

---

① 根据王振中(2006)对于中国经济转型期地方政府行为的研究,发现中央政府的目标在于维护最大的统治合法性,地方政府追求最大化可支配财政资源和职位升迁,笔者赞同此观点。

同时,就可能对区域内的既得利益集团进行保护,甚至对区域内资源进行掠夺式管制,损害经济的可持续发展,目的在于实现其效用。由于地方政府行为导致的地区差异会引发中央政府对于财政分权规则的修改和产业政策的调整,于是地方政府又会为追求其效用最大化而改变其行为,双方一直处于动态博弈之中。与此类似,地方各级政府之间也面对同样的博弈过程。

此时,产业中间型组织作为产业层面的组织类型,具有"超政府"的职能定位,能够很好地将产业政策从中央落实到各级政府,而且不卷入政府之间的博弈过程中,发挥其产业规制的效力。与此同时,产业中间型组织能够很好地协调各级政府之间的利益管理,在产业层面上将不同层级政府的目标趋同,实现其协调的枢纽作用。

对于跨区域的能源开采、水力、电力等调配以及交通等公共产品的投入,都需要进行充分的协调和论证。以浙江高速公路建设为例,浙江作为经济大省,省内交通便利甚至富足,特别是杭州至千岛湖高速公路建设后,并没有充分发挥运力,原因在于同一线路有多条高速公路可供选择。在通过政府之间协调后,将江西景德镇高速公路与此相连,一下就开发了一条极为理想的公路旅游线路,大大提高了公路的利用价值。如果在建设之处,省际之间存在一个交通旅游的行业性协调组织,就能大大缩短公路的闲置事件,提高运营效率。

(二) 产业中间型组织是同级不同政府部门之间的枢纽

伴随经济体制改革,我国的政府机构也进行了适度的调整,但是一个突出的问题是一个产业的规制涉及多个部门的协调和管理。这一现象一方面来源于我国经济转型过程中,政府职能还与产业发展处于磨合期;另一方面也是由现有产业发展问题的复杂性所决定,新型产业的兴起和产业内新技术的应用,对于现有产业规制部门而言是难以一并解决的;此外,不同政府部门为了维护自身的利益,也往往会主动干预具体产业的规制过程。在国资委成立以前,国有企业管理问题被称为"五龙治水",财政部、人事部等中央五个部门各司其职,共同管理,协调成本非常高,国资委的成立则彻底改变了这个局面。

同样,区域之间的协调发展问题处理的难度也体现为牵涉不同区域的不同部门,协调成本非常巨大,甚至区域之间难以形成有效协调的方式。面对长江三角洲,特别是环杭州湾城市之间产业结构趋同,产业链条难以联动的问题,城市之间自发组成了“市长联席会议制度”,仿照APEC的协调机制,完善区域之间治理。但是这一组织要解决所有的问题是非常困难的,有效的途径是组建一个产业范围的产业中间型组织,例如制造业协调委员会、纺织业协调委员会等分置机构,在市长联席会议的领导下,切实发挥效力。

(三)在特定的情况下产业中间型组织也可以成为产业内要素配置的枢纽

由于市场是通过价格对产业内的要素进行配置的,当市场风险过大或由于难以形成规模效益而不能有效吸引投资的时候,产业内部的要素配置就会处于一种低效率的状态。此时,产业中间型组织就能够通过其“准企业”的运作机理,采用市场参与的方式,回收要素并有机地组合,降低风险,同时形成规模经济,再次投入市场,达到资源要素的集约化经营。

在资源的集约化利用中上述现象较为典型,以矿产资源为例,各个省、市、县拥有的探矿权人为地降低了风险,往往倾向于涉及的区域面积较小、储量居中的矿,这样就会造成采矿过程中难以形成规模经济,形成粗放型开采。而且对于较小的矿洞,技术和安全问题也容易忽略,从而产生较为严重的安全事故。[①] 此外,由于资金、技术不足形成的“烂尾矿”都会造成资源的浪费。以矿产储备开采为职能的产业中间型组织的成立一方面可以在新矿权的设置上充分考虑规模经济和技术壁垒,另一方面通过构建矿业权的二板市场,通过回购小规模探矿权再组合成为大规模探矿权的方式,对当前矿产资源进行集

---

① 笔者认为造成现有矿产开采安全问题的其中一个原因,就是在矿业权(包括探矿权和采矿权)出让过程中,矿业权划分较小,难以形成达到技术要求和安全要求的规模边界,进而导致安全事故频繁发生,加之在跨区域的三不管地带,行政监管职能难以到位,这一问题更为突出。

约化开采，提升产业的竞争力水平，特别对于地理位置跨越省市县等行政区划的矿产资源更能有效地进行资源整合和可持续发展。

四、产业中间型组织的演化发展趋势

产业中间型组织是我国当前转型经济时代背景下的产物，在产业规制和产业培养过程中发挥着缓冲和枢纽的效用。但是，随着我国市场经济逐步完善，产业竞争力的不断提升，产业中间型组织是否还应该存在就成为我们必须思考的问题。特别是在产业中间型组织运作过程中，如果不能明确“超政府”的职能定位而过分强调其“准企业”运作机理，就会成为政府参与经济运行的“替身”，从而回到国有企业改革前的弊端之中。进一步分析国资委和储备中心这两个产业中间型组织，我们会发现两者在职能上还是存在差别：国资委更注重对于产业的监管，而储备中心则更注重对于产业内的协调和服务。这一差异实质上揭示了产业中间型组织演化发展的趋势，如图 2－6所示。

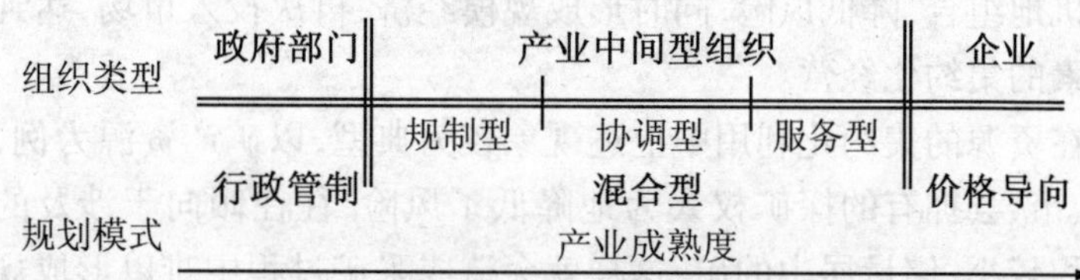

图 2－6　产业中间型组织演化路径

在产业中间型组织的两端是完全的政府行政管制和价格导向的企业自发管理。在产业成熟度较低的产业培养期，产业中间型组织往往充当“规制者”的角色，此时重在确立产业内良好的市场秩序，逐步培养产业内竞争主体的实力，保监会、证监会都是典型的规制型产业中间型组织；在产业逐步成熟的过程中，产业中间型组织重在协调产业规制相关部门，以及协调产业内的资源配置，在确立行业秩序、培养企业竞争力的同时注重产业的集约化发展，完成产业升级，提升产业的竞争力；当产业趋向成熟后，产业中间型组织则侧重于为产业内企业提供相应的服务,产业技术研发、产业企业孵化器以及相关法律咨询等都是其服务的内容,例如我国台湾新竹科技园中的创新中心就属于政府下属的产业服务机构,也属于本书论及的产业中间型组织。随着产业逐步成熟,产业中间型组织与政府的关系越来越淡薄,而与企业的关紧日益紧密,一旦完全脱离了政府的产业规制,就会转化为产业协会或产业研发中心等组织。

因此,产业中间型组织是否长期存在取决于产业的成熟水平,一旦形成了良好的市场秩序和产业竞争主体,产业中间型组织就应该蜕变为服务型组织存在,否则将会阻碍产业的进一步发展。应该说,在区域协调发展的过程中,覆盖产业链条的中间服务性组织的存在是一个区域协调机制健全的主要标志,特别是在产业集群发展迅速兴起的产业新形势下,通过有效协调规制,将产业进行模块化的分工,结合区位优势,进行网络化、协调化发展,是缩小区域差距,实现区域现代化的最有效途径。

五、演进视角下的企业区位战略思考

基于图 2-6 所示,我们可以研读出企业区位战略与产业中间型组织都具有演化性的特征,而其演化的路径是伴随整个区域经济主体的行为体征,特别是具有市场干预职能的地方政府以及产业中间型组织的演进情境而进行的。

企业区位战略演进的基本维度要把握以下三个核心问题。

第一,企业区位战略演进的核心是区位,区位是不断演进和发展的,企业与区位之间是一种适配发展的过程。

第二,企业区位中面对的地方政府与产业中间型组织也是不断演化发展,企业区位战略往往要与其发展相一致。

第三,企业区位发展中的战略尽管存在演化过程,但是其行为特征往往抽象为区位甄别、嵌入、迁移以及创新等核心战略。

第四节 本章小结

基于区域治理结构理论体系，本章分析并提出企业在环境中适应性生命周期假说，指出企业与区域中的政府和产业结构存在着双向的适应性，企业的成长同区域的发展相互适应，当企业自身的发展需要与区域的地方政府以及该区域的产业结构不相适应时，企业就会有退出该区域的动机，而这种适应性又与企业成长的系统演进性相联系。在适应性周期假说和企业成长系统演进理论支持下，需要进一步思考的问题就是企业区位发展的战略选择问题，并要进一步评估出各种战略可能产生的结果。

事实上，企业在进行区位战略分析的过程中，除了经典战略管理理论的 SWOT 分析框架外，还需要进行区域适应性生命周期分析和应对性策略分析，得出涵盖区位和产业的战略决策选择，并提出不同企业在选择发展战略时所考虑的权变因素，这些都是现有的区域经济研究框架和企业战略研究框架所难以涉及的，亟须进一步的考察和研究。

第三章

■ 企业区位战略的框架

第一节 企业区位战略决策的制定

基于区域治理结构理论体系,前文分析并提出企业在环境中适应性生命周期假说,指出企业与区域中的政府和产业结构存在着双向的适应性,企业的成长同区域的发展相互适应,当企业自身的发展需要同区域的地方政府以及该区域的产业结构不相适应时,企业就会有退出该区域的动机,而这种适应性又与企业成长的系统演进性相联系。在适应性周期假说和企业成长系统演进理论支持下,一个进一步思考的问题就是企业区位发展的战略选择问题,并要进一步评估出各种战略可能产生的结果。

事实上,企业在进行区位战略分析的过程中,除了经典战略管理理论的 SWOT 分析框架外,还需要进行区域适应性生命周期分析和应对性策略分析,得出涵盖区位和产业的战略决策选择。

图 3-1 给出了企业区位战略的分析流程,通过这一流程的分析,可以让企业充分熟悉自身所处的策略位置以及可供选择的策略走向。

首先,企业会立足区位外部思考自身与地方政府是否具有共同的愿景。地方政府与企业之间可能存在认识上的差异,例如地方政府需要吸引大量优秀的企业加盟本地区以带动经济发展,完成产业升级;而优秀的企业往往仅关注地方政府提供的优惠政策、低廉的土地价格以及税收减免。两者之间的认知差别导致企业将工业项目当成房地产项目运作,而非正常的生产运营,企业与区块的切合度必然很低,也会为后期发展带来巨大摩擦。此时,企业和地方政府之间要进行第一次磋商,在未来发展问题上寻求共识,如果两者之间不能寻求有效的利益共同点,那么企业与地方政府的磋商失败,企业将会选择放弃该区块,不进行投入。

其次,企业在总体发展远景上与区块形成共识后,接下来就要针对合作的方式或合作路径进行博弈。企业有时会倾向于采用稳步发展的策略,降低自身的风险,而地方政府由于存在行政指标压力,因而可能会倾向于快速推进的方式,两者之间也会存在发展路径上的差异。除此情形外,企业进入区块发展,也会就自身掌控的资源进行排序,选择自身优势与区块进行合作,例如企业提供技术,区块提供土地与资金,由于地方政府作为行政主体直接参与经济活动会带来明晰产权的困难,而不参与又担心对企业缺乏话语权,因此,在合作过程中对于合作路径的选择也是极为关键的。如果出现分歧,此时企业不会直接选择退出,因为前期的沉淀成本已经存在,那么企业会倾向于求同存异,在具体子目标的问题上与区块进行再协商,力求达到共识。如果分歧不能解决,企业即使前期存在投入成本,也会选择放弃。当然,这是双方都不愿看到,但又无法避免的。

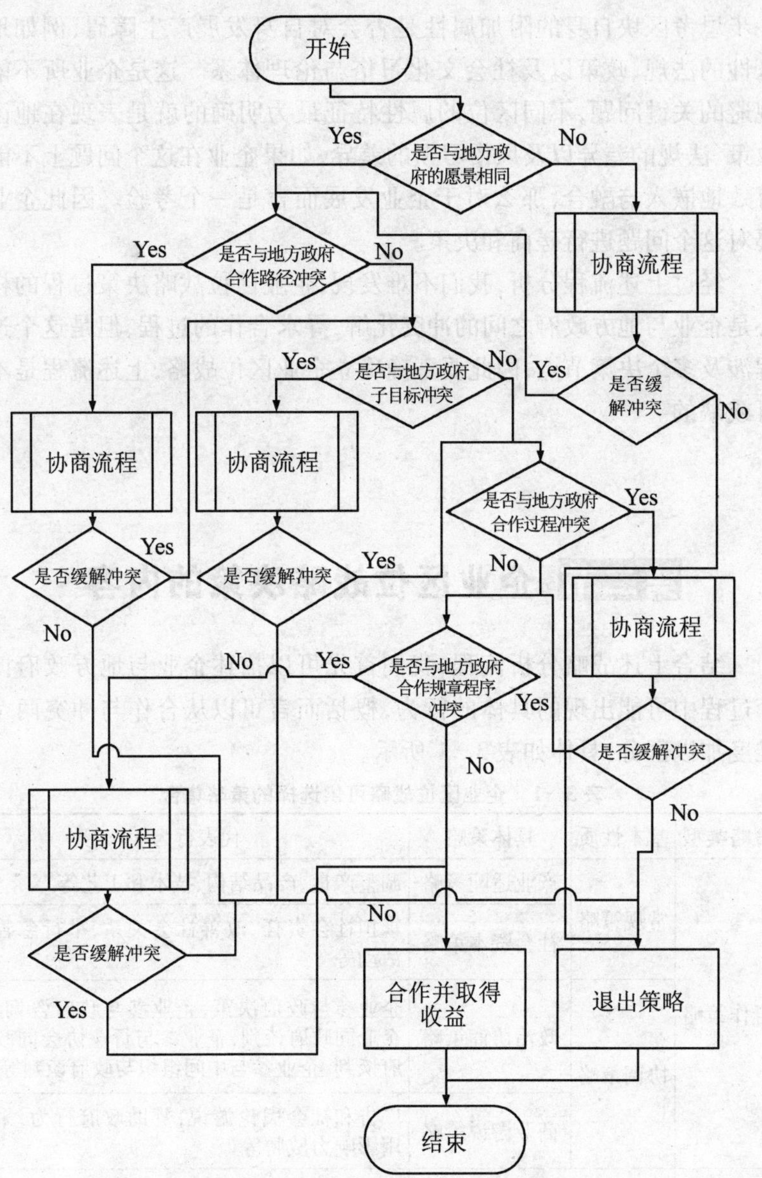

图 3－1　企业区位战略的策略分析流程

再次，当企业与地方政府协商步入实质性阶段的时候，企业要进一步思考区块自身的附加属性是否会对自身发展产生障碍,例如地区性的法规、政策以及社会文化习俗与伦理体系。这是企业所不能规避的关键问题,不同区位的属性特征最为明确的就是表现在地区政策、法规的差异以及风俗习惯的差异,如果企业在这个问题上不能有效地嵌入与融合,那么对于企业发展而言是一个考验。因此企业要对这个问题进行磋商和决策。

经过上述流程分析,我们不难发现,企业区位战略决策过程的核心是企业与地方政府之间的冲突化解、寻求合作的过程,但是这个过程涉及多个决策节点,因此要正确确立企业区位战略,上述流程是不可或缺的。

第二节 企业区位战略决策的内容

结合上述战略分析流程,我们首先可以描述企业与地方政府博弈过程中可能出现的具体的行为,概括而言可以从合作与冲突两个维度加以区分,具体如表 3-1 所示。

表 3-1 企业区位战略可供选择的策略集合

策略类型	基本性质	具体策略	代表行为
合作策略	常规策略	产业适配策略	调整产量、产品结构、技术和工艺等
		社会资本策略	承担社会责任、改善社会关系、举行慈善活动等
	协调策略	政治协商策略	企业参与政府决策,企业参与政府咨询,企业同政府谈判,企业参与行业协会同政府谈判,企业参与中间组织与政府谈判等
		商业游说策略	广告和社会舆论游说,赞助政府行为,采用影响力威胁等
冲突策略	退出策略		撤资、迁移等

在实施中,企业在区位中可供选择的行为有很多,也包含具体的

策略,但是这些策略都是符合企业区位活动的基本逻辑的,因此围绕企业区位战略的基本逻辑框架,我们将企业区位战略概括为企业区位的甄别战略、企业区位的嵌入策略以及企业区位的迁移策略,这是贯彻于企业与区位适配发展的生命周期的核心战略,与此同时企业与区位之间的关系还存在协调发展的关系,以及创新的拓展战略,其内在的逻辑关系如图 3－2 所示。

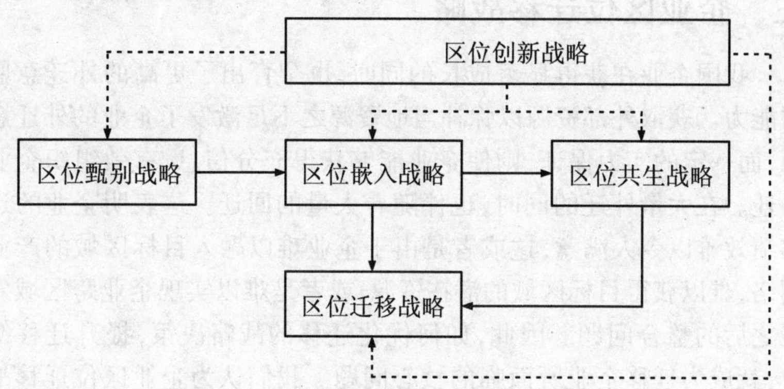

图 3－2　企业区位战略的逻辑关系

一、企业区位甄别战略

企业区位甄别是指企业经济决策主体为了追求自身经济利益最大化,根据自身需要和各种约束条件,对多个可能的地域空间进行综合评价,并确定最优的地理位置,以实现预期目标的过程。进行区位甄别首先要识别出影响企业区位选择的各层面的要素,接下来要确定各要素在企业区位选择中的重要性,最后需要利用有效的决策框架从可能的选择中甄选出最优的区位。

二、企业区位嵌入战略

企业区位嵌入战略是指企业选择特定区位之后所进行的区位融入战略,以有效获得区位所拥有的各种资源。由于特定区位所提供的资源并不是随着企业在该区位的落脚而自然获得,这就要求企业对自身的区位嵌入/融入战略进行详细的规划。这需要解决三大问题。第一,区位嵌入模式的类型有哪些?即企业在特定区位嵌入可供选择的模式有哪些?第二,为什么选择某种模式的区位嵌入?或者说不同的区位嵌入的优势何在?第三,如何进行有效的区位嵌入?即企业在何种情境之下选择适合的嵌入战略。

三、企业区位迁移战略

我国企业在获得显著成长的同时,也孕育出了更高的外迁意愿与能力。获取外部资源以弥补当地资源之不足激发了企业的外迁意愿,而一定的实力保证,则使企业能够获得充分信息,有效组织企业外迁。在大量外迁的同时,也伴随着大量的回迁。这表明企业的迁移绩效难以令人满意,这或者是由于企业难以融入目标区域的产业网络,难以获得目标区域的潜在资源;或者是难以实现企业跨区域发展之后的整合问题。因此,如何优化迁移的战略决策,提升迁移绩效,就成为迁移企业所面临的核心问题。我们认为企业区位迁移战略是指随着内外部环境的变化,企业需要调整其区位以实现企业持续成长的战略决策。具体包括三个方面,一是什么是企业的区位迁移,二是企业为什么要进行区位迁移,三是企业如何进行有效的区位迁移。

四、企业区位共生战略

企业区位共生战略是指作为复杂系统的企业和区域通过建立一种相关适应,不断演化的种群关系,实现资源之间的交互,进而实现两个有机体协调发展的目的。应该说,立足种群生物学的视角对企业和区域之间的关系进行演绎分析,是一种大胆的尝试,其战略情境基础在于两者都是抽象意义上的理论范畴,是两个复杂的特殊组织。企业的特殊性在于它是要素转化为资本后,创造社会财富的单元,而区域则是承载了各种要素并且具有消费能力的经济社会系统,因此从种群生物学的共生分析框架中可以找到企业在区位中生存与发展的新思路。

五、企业区位创新战略

创新是企业蓬勃发展和基业长青的重要构成要素之一,然而综观国内外诸多企业的创新之路,可以明显地发现:尽管创新能够给企业带来巨大的收益,但同样也让企业承受巨大的成本压力和风险。一些企业通过创新实现了"凤凰涅槃",但更多的企业却陷入了"创新—失败—再创新"的恶性怪圈而最终走向衰亡。为什么不同的企业创新却导致了不同的结果?是企业自身对创新能力的高估,还是对创新模式管理的失误,还是企业所在的区位环境没有给企业的创新行为创造更多的支持?带着上述这些问题,下文将就企业创新模式和企业创新的区位条件两个方面对企业区位创新战略进行深入的分析,以便企业能够深入分析和评估自身的创新能力与区位条件支持创新的能力。最后,本书还给出了对美国硅谷、绍兴纺织等案例的深入分析,以便向区域政府提供一个可以给企业创造创新环境的区位管理借鉴。

第三节 企业区位战略的绩效评估

企业战略绩效是一个涉及诸多方面复杂信息的信息集合,对于企业战略绩效的评价不仅仅是管理学领域的一个热门话题,在统计学研究中,综合评价理论也是一个非常重要的学术分支。基于客观实际的需要,近 20 年来,国内外学术界对综合评价技术进行了多方面的研究,人们从不同的角度和侧面来探索和研究,找出各自的认识理解。例如有的从统计学角度,有的从管理学、系统工程学乃至系统控制论的角度,等等,对企业综合评价方法提出自己的观点和设想。一些新兴的学科方法如模糊数学、灰色系统理论、神经网络等也都引入到企业综合评价的研究中来。尽管在方法上存在着差异,但是综合评价研究都沿袭一个规范的框架,即指标分析和指标处理分析两大部分，前者注重指标的提取，后者注重指标的数理统计处理和指标体系的建立。本研究也将沿袭这一研究范式，从企业战略绩效综合评价指标研究和指标处理研究两个方面，构建企业经营绩效综合评价的一般模型。

一、企业战略绩效综合评价指标研究

在战略运营层面，我们主要基于平衡计分卡的评价维度，同时加以拓展，具体而言，我们将战略层面的绩效评价指标子系统分为五个维度，即社会满意度、财务运营能力、经营创新能力、学习和成长能力以及社会贡献程度。

（一）社会满意度

社会满意度即企业在战略运营过程中，从主要的战略层面利益相关者获得的认可程度。在战略层面，企业的主要利益相关者最为关键的是合作伙伴和顾客，他们是企业价值链创造流程中的两端，是企业生存不可或缺的组成部分，能否获得合作伙伴和顾客的认可是至关重要的。在描述社会满意度时，我们采用企业商标知名度，顾客满意度和主要供应商满意度来进行描述。国内外对于顾客满意度和供应商满意度的研究是一个专门的研究领域，本书不再作进一步研究，直接采用卡诺(Kano)模型通过直接打分的形式进行测量。

（二）财务运营能力

财务运营能力主要是体现企业内部资金运转情况和财务数据下的企业利润水平。在现实的社会生活中，企业涉及的财务指标有成百上千个，但本研究主要提炼三个指标显示企业三个方面的能力。

1. 净资产收益率

该指标反映股东权益的收益水平，是衡量股份制企业盈利能力的指标。净资产收益率 = 净利润 ÷ 年末股东权益，这个指标的最大优势是最适合进行同行比较，而且该指标可以在公开的财务报表中获得。

2. 主营业务利润比重

该指标主要衡量企业进行多元经营的程度。主营业务利润比重

=主营业务净利润÷企业净利润。

3. 流动比率

该指标反映企业的短期偿债能力。用流动比率来衡量企业的偿债能力,是要求企业的流动资产有足够能力偿还短期的债务,并有余力去应付日常经营活动中的其他资金需要。根据西方国家经验,一般情况下,流动比率达到2∶1的水平,表明企业的短期偿债能力是好的。但由于各行业的经营性质不同,营业周期不同,对该指标的要求也不一样,应结合行业或地区的不同情况制定不同的衡量标准。流动比率=流动资产÷流动负债。

(三) 经营创新能力

企业的生产经营过程开始于接受客户订单,结束于把现有的产品和服务生产出来并提供给客户。实现优质经营、寻求创新是企业经营过程的重要目标,评价这个过程的指标主要是三个方面:时间指标,包括产品生产时间和经营周转时间;质量,即产品和服务质量;创新指标,如新产品研发数量以及R&D投入等。在本研究中,从时间指标中选择产品制造周期,质量指标选择企业达到的质量体系标准,创新指标采用技术创新投入率:即反映企业在技术创新活动中的资金投入情况(技术创新投入率=技术创新活动总费用÷企业产品销售额)来考察。

(四) 学习和成长能力

学习与成长层面的主旨在于使平衡计分卡之前三个层面能顺利达成,实现企业长期成长的目标,并强调未来投资的重要性,但并非如传统的投资观点,仅着重新设备、新产品的研究发展。虽然设备及新产品的研究发展是很重要的,然而为了达到长期的财务成长目标,组织必须投资在基础结构上,包括人员、系统及程序,通过员工能力及信息系统能力的增强、激励及授权一致性的增强等三个主要原则,以建构学习与成长构面的绩效指针。我们主要采用两个指标加以衡量,企业的员工年平均培训时间和信息技术投入增长率。后者反映企业在信息技术方面的投入情况,信息技术投入增长率=考察期内信息技术的投入增长额÷考察期内销售收入增长额。

（五）社会贡献程度

企业的战略运用还和企业所处地域的政府、社区、民间组织有着极为重要的联系，企业不是孤立的企业，是社会中的企业，因此本研究从社会贡献率和社会累积率两个指标评价企业的社会贡献程度。

1. 社会贡献率

该指标反映企业对社会整体或劳动者群体做出的贡献。社会贡献率＝企业社会贡献总额÷平均资产总额。其中，企业社会贡献总额包括工资（含奖金、津贴等工资性收入），劳保退休统筹及其他社会福利支出、利息支出净额，应缴增值税，应缴产品销售税金及附加，应缴所得税及其他税收，净利润等。

2. 社会积累率

该指标反映企业对国家财政所做出的贡献。社会积累率＝上交国家财政总额÷企业社会贡献总额。其中，上交国家财政总额，包括应交增值税、应交产品销售税金及附加、应交所得税及其他税收等。

由此可见，公司治理结构层面的企业经营绩效评价指标子系统如表 3－2 所示。

表 3－2 战略运营层面的企业经营绩效评价指标子系统

一级指标	二级指标	三级指标
战略运营绩效 C	社会满意度 C1	企业商标知名度 C11
		顾客满意度 C12
		主要供应商满意度 C13
	财务运营能力 C2	净资产收益率 C21
		主营业务利润比重 C22
		流动比率 C23
	经营创新能力 C3	产品制造周期 C31
		达到的质量体系标准 C32
		技术创新投入率 C33

续 表

一级指标	二级指标	三级指标
战略运营绩效 C	学习和成长能力 C4	企业的员工年平均培训时间 C41
		信息技术投入增长率 C42
	社会贡献程度 C5	社会贡献率 C51
		社会积累率 C52

二、企业战略绩效综合评价指标处理研究

近年来系统工程的概念越来越多地为人们理解和接受，特别在经济发展规划、各种社会经济政策的评价等方面，系统工程的观点得到了广泛的应用。所谓系统工程的方法，就是从系统的观点出发，用定量的、定量和定性相结合的方法，对社会的和经济的系统进行分析、设计或改造的过程。一直以来，一些数学工具如数理统计方法、数学经济模型、数学规划方法等在系统工程和决策中的应用大大促进了系统工程方法的发展。但与此同时，人们也无法回避决策过程中决策者的选择和判断所起的作用，即决策中总会有大量因素无法定量地表示出来。运筹学家们重新回到人的选择和判断上，并认真研究决策思维的规律。正是在这种背景下，美国运筹学家，匹兹堡大学萨迪（IL. Saaty）教授于 20 世纪 70 年代初期提出了著名的层次分析法（The Analytic Hierarchy Process），以下简称 AHP。

AHP 从本质上讲是一种思维方式。AHP 把复杂的问题分解为各个组成因素，将这些因素按支配关系分组形成有序的阶梯层次结构，通过两两比较的方式确定层次中诸因素的相对重要性，然后综合决策者的判断，以决定决策诸因素相对重要性总的顺序。整个过程体现了人的决策思维的基本特征，即分解、判断和综合。AHP 又是一种定性和定量相结合，将人的主观判断用数量形式表达和处理的方法。它改变了长期以来决策者与分析者之间难以沟通的状态。在大部分情况下，决策者可以直接使用 AHP 进行决策，因而大大提高了决策的有效性、可靠性和可行性。

运用 AHP 进行决策时，大体可分为四个步骤进行：①分析系统中各因素之间的关系，建立系统的阶梯层次结构；②对同一层次的各元素关于上一层次中某一准则的重要性进行两两比较，构造两两比较判断矩阵；③由判断矩阵计算被比较元素对于该准则的相对权重；④计算各层元素对系统目标的合成权重，并进行排序。

实际上，AHP 是一种基于系统分析思想的绩效评价权重确定方法，本研究就是采用 AHP 对前文设定的企业经营绩效评价指标进行分析，进而构建基于利益相关者理论的企业经营绩效综合评价的一般框架。

在评价指标体系构成后，怎样科学地确定每个指标的权重就成了评价的关键。权重的大小表示相应指标对形成和提高造纸企业核心竞争力的重要程度。权重确定的主要依据是评价目标的要求和评价指标本身的重要性及其在整个评价指标体系中的作用。传统的确定方法主要有专家估测法和频数统计法等，这些方法的主要缺点是可靠性差，易受选择对象的范围和自身条件的影响，且工作量大，比较费时，因而其使用在很多场合受到限制。而本研究主要采用 AHP 进行权重测定。

（一）建立企业战略经营绩效综合评价的层次分析模型

由于前文进行企业经营绩效指标分析时，将企业的指标层次建立为四层，而一般意义上的层次分析法分析模型为三层结构，因此，我们采用当前评价中较为普遍的指数化结果方式对原指标体系进行修改。

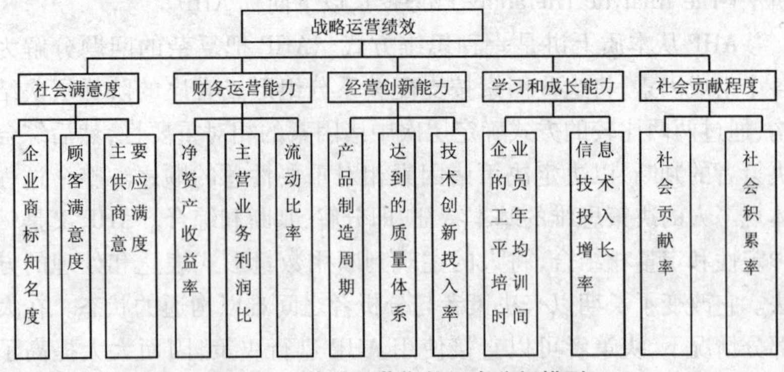

图 3-3　战略运营指数层次分析模型

（二）构造评价指标的判断矩阵

设某层有 n 个因素，$X=\{x_1,x_2,\cdots,x_n\}$，要比较它们对上一层某一准则（或目标）的影响程度，确定在该层中相对于某一准则所占的比重。（即把 n 个因素对上层某一目标的影响程度排序）

上述比较是两两因素之间进行的比较，比较时取 1 ～9 尺度（如表 3－3）。

用 a_{ij} 表示第 i 个因素相对于第 j 个因素的比较结果，则 $a_{ij}=\dfrac{1}{a_{ji}}$，

$$A=(a_{ij})_{n\times n}=\begin{bmatrix} a_{11} & a_{12} & \cdots & a_{1n} \\ a_{21} & a_{22} & \cdots & a_{2n} \\ \cdots & \cdots & \cdots & \cdots \\ a_{n1} & a_{n2} & \cdots & a_{nn} \end{bmatrix} \tag{3-1}$$

则 A 称为成对比较矩阵。

表 3－3　比较尺度：（1 ～9 尺度的含义）

尺度	含义
1	第 i 个因素与第 j 个因素的影响相同
3	第 i 个因素比第 j 个因素的影响稍强
5	第 i 个因素比第 j 个因素的影响强
7	第 i 个因素比第 j 个因素的影响明显强
9	第 i 个因素比第 j 个因素的影响绝对强

2、4、6、8 表示第 i 个因素相对于第 j 个因素的影响介于上述两个相邻等级之间。

倒数表示第 i 个因素相对于第 j 个因素比较得判断 a_{ij}，则第 j 个因素相对于第 i 个因素比较得判断 a_{ji}。

（三）计算单排序权向量并做一致性检验

对每个成对比较矩阵计算最大特征值及其对应的特征向量，利用一致性指标、随机一致性指标和一致性比率做一致性检验。若检验通过，特征向量（归一化后）即为权向量；若不通过，需要重新构造成对比较矩阵。

本研究根据A矩阵,用方根法求出最大特征根所对应的特征向量。所求出的特征向量即为评价因素的重要性排序,也就是权数的分配。

1. 计算判断矩阵每一行元素的乘积 M_i

$$M_i = \prod_{j=1}^{n} a_{ij}, (i,j = 1,2,3,\cdots,n) \tag{3-2}$$

2. 计算 M_i 的 n 次方根 K_i

$$K_i = \sqrt[n]{M_i} \tag{3-3}$$

3. 对向量 $K = [K_1, K_2, \cdots, K_n]^T$ 作归一化或正规处理

$$W_i = \frac{K_i}{\sum_{i=1}^{n} K_i} \tag{3-4}$$

则 $W = (W_1, W_2, \cdots, W_n)^T$ 即为所求的特征向量。

4. 计算判断矩阵的最大特征根 $\lambda_{\max}$

$$\lambda_{\max} = \sum_{i=1}^{n} \frac{(PW)_i}{nW_i} = \frac{1}{n} \sum_{i=1}^{n} \frac{(PW)_i}{W_i} \tag{3-5}$$

式中:$(PW)_i$ 表示向量 PW 的第 i 个元素:

$$PW = \begin{bmatrix} (PW)_1 \\ (PW)_2 \\ \cdots \\ (PW)_n \end{bmatrix} = \begin{bmatrix} a_{11} & a_{12} & \cdots & a_{1n} \\ a_{21} & a_{22} & \cdots & a_{2n} \\ \cdots & \cdots & \cdots & \cdots \\ a_{n1} & a_{n2} & \cdots & a_{nn} \end{bmatrix} \begin{bmatrix} W_1 \\ W_2 \\ \cdots \\ W_n \end{bmatrix} \tag{3-6}$$

(四)计算总排序权向量并做一致性检验

计算最下层对最上层总排序的权向量。

利用总排序一致性比率进行检验。若 $CR < 0.10$ 则通过,可按照总排序权向量表示的结果进行决策,否则需要重新考虑模型或重新构造那些一致性比率 CR 较大的成对比较矩阵。其中:

$$CR = \frac{a_1 CI_1 + a_2 CI_2 + \cdots + a_m CI_m}{a_1 RI_1 + a_2 RI_2 + \cdots + a_m RI_M} \tag{3-7}$$

RI 由表3-4给出。

表 3-4 判断矩阵的平均随机一致性指标

n	1	2	3	4	5	6	7	8	9
RI	0.00	0.00	0.58	0.90	1.12	1.24	1.32	1.41	1.45

（五）企业区位战略绩效评价指标的数据收集和处理方法

在使用基于利益相关者理论的指标进行评价时首先要解决两个问题：一是如何得到指标数据，二是明确评价方法。

指标数据主要有两个来源，一是实际数据，从企业现有的统计、财务等报表中直接或经简单计算获得；二是基于调查和专家判断形成的数据。我们希望每个指标都有实际数据，但是有些公认的重要指标，我们不易得到相应的实际数据，已有的数据也未必能全面准确地反映相应的状态水平。因此，第二种数据来源是有意义的，也是常用的。当然，此时要恰当地设计评分体系和选择评分专家，以保证评价方案的科学性和可靠性。而且在指标的数据收集中，由于存在不同数据类型，使评价结果很难体现在同一个层次上，如部分指标是以百分数的形式存在，部分是以绝对数的形式存在，在乘以系数后，结果就很难体现评价结果，也就是存在量纲化指标，而且在本研究的指标体系中还存在定性和定量并存，以及存在个别复杂指标的问题，本研究在指标处理中，主要遵从以下三个方面。

第一，对于单位不同的数值型指标采用。由于各指标物理意义各不相同，决定了指标数据不可能具有统一的量纲，而单位不统一无法进行综合评定，因此要将收集到的各种指标数据进行无量纲化处理。其转化公式为：

$$P_i = 10 \times D_i / \sum_{i=1}^{n} D_i (i = 1,2,\cdots,n) \tag{3-8}$$

式中 P_i 为指标转换后的无量纲值，D_i 为转换前的该指标值，$\sum_{i=1}^{n} D_i$ 为所有评价企业经营绩效指标值的总和。

第二，对于其他定性分析数据类型，采用将定性转化为定量的方式。企业商标知名度 C11，根据前文指标分析研究中的评判原则，在[0,10]中取值，转化为与无量纲化后数值同样的数值类型和范围加以综合处理。

第三,对于个别特殊的复杂指标,采用专用的指标调查方法。如顾客满意度 C12,主要供应商满意度 C13 等采用卡诺(Kano)模型通过直接打分的形式进行测量。

第四节 典型区位分析:国家高新区经济效益的综合评价研究

基于世界范围内的动态扫描,国家高新区(State High-technology Park)是一种以智力密集为平台,以开发新技术和新产品为目标,推动科技、经济与社会协调发展的综合性基地,已成为经济结构高级化进程中的普遍现象。自 1951 年,世界第一个科学工业园——美国斯坦福大学研究园诞生至今,世界各国纷纷发展各自的高新区。在此背景下,我国高新区发展迅猛。2005 年,53 个国家高新区营业总收入已突破 3 万亿元,工业增加值达到 6820.6 亿元,实现净利润 1603.2 亿元,上缴税额 1615.8 亿元,出口创税 1116.5 亿美元。这些高新区依托密集的智力、科技资源,不仅带动了新经济增长点的涌现,同时,也呈现出高新区对地方经济发展的贡献度。但同时高新区也存在比较优势弱化、阶段转换的界面障碍、体制惯性等问题,导致高新区的经济效益低下。鉴于此,如何评价并提升高新区的经济效益引起了国内外学者的广泛关注。葛澄清(2005)运用纵横向拉开档次法,建立了动态综合评价模型(Dynamic Comprehensive Evaluation Model),对高新区经济效益进行评价、排序。嗣后,吴丹(2006)引入数据包络分析法(Data Envelopment Analysis, DEA)对高新区科技投入效益进行评价,利用该分析方法计算出科技投入有效性水平、规模有效程度等评价指标,并综合各方面信息资源,进行多角度的分析。

诚然,这些分析和研究为深入理解高新区经济效益提供了必要的思想材料,但学术界和决策部门对高新区经济效益的综合评价体系大多是建立在对不同层次指标进行加权评判的基础范式之上。这类范式虽然简便易算,可操作性较强,但是权重的确定却存在着极大的主观性,评价结果缺乏公允。本书的出发点即始于此,其意义在于从规范与实证结合的角度来研究高新区经济效益的测度问题,同时也概要地从演化层面探求提升高新区经济效益的动态途径。较之于传统方法,本书将自适应学习率、动量因子引入 *BP* 算法,进行高新区经济效益综合评价,其优点是:①基于参评样本的学习确定人工神经网络模型的结构,按照最优算法准则反复迭代,不断调整神经网络结构,直至达到一个相对稳态;②对参评样本的不断学习,能使系统误差达到任何精度要求,且有收敛性;③随参评样本的增加和时间的演进,能进行进一步的时间学习和实现动态跟踪评价。

一、高新区经济效益评价指标体系构建

综合评价是决策理论研究的一个重要内容,由于受到评价者知识结构、判断水平和个人偏好等主观因素的影响,再加之评价对象本身的模糊性和不确定性,因此评价较为困难,近年来日益引起国内外学者们的重视。评价问题本身一般可由四元素组($A \quad V \quad W_e \quad O$)描述和刻画。其中,$A=(a_1,a_2,\cdots,a_m)$是一维评价指标体系;$V$ 为评价对象在指标体系下的评价值;W_e 为评价主体对指标体系的偏好结构,比如,各个指标的权重描述;O 为评价输出。在对高新区经济效益进行综合评价时,首先需要构建评价指标体系,然后才能采用适当的方法进行评价。

在构建高新区经济效益综合评价指标体系时,可供选择的指标很多,但是并非选取的指标越多越好,过多的指标存在,势必产生信息过载(Overload),使每个指标应有的重要性丧失。当然,指标选取范围过小也同样存在风险,会使评价的结果不符合客观性、全面性、科学性的原则。基于上述指标体系设计评价模型的总体思路为:评价模型作为高新区经济效益评价的有力辅助工具,应具备记忆性、自学习性、容错性、快速易用性等特点,具体说明如表 3-5 所示。

表 3 - 5　评价模型设计的总体思路

序号	特点	具体描述
1	记忆性	对输入的样本数据具有存储功能,可随时调用、类比、验证
2	自学习性	随着外部信息的增加,系统能不断学习新知识,并对其已有知识进行优化
3	开放性	系统不可避免地会受外界影响,故评价系统具有主动适应性和进化性
4	容错性	在输入样本数据不完备或带有噪声的情况下,系统能得出较为准确的估算结果
5	快速易用性	对用户具有友好的界面,能快速给出估算结果,且系统易于移植

笔者在查阅大量文献资料的基础上,提出如下评价指标体系(The evaluation index system):企业数(Number of Enterprises)、总收入(Total Revenue)、工业总产值(Gross Industrial Output Value at Current Prices Value at 1990 Constant Prices)、工业增加值(Value Added of Industry)、出口创汇(Export)、净利润(Net Profits)、上缴税额(Taxes and Profits),这些指标系统地反映了各高新区的经济效益。本书评价的样本是我国 53 个国家高新区,原始数据来源于文献,根据统计数据建立 53 个国家高新区经济效益评价指标数据库,限于篇幅,此处不一一列出。该数据库构成 7 × 53 矩阵。横行 7 是高新区经济效益评价变量,纵列是 53 个国家高新区。

二、基于改进 BP 算法的综合评价模型

人工神经网络模型是一种以生物体的神经系统工作原理为基础建立的一种网络模型。该网络中的基本单元是一种类似于生物神经元的人工神经元,也是一种广义的自动机(可以用电子元件模拟);有许许多多类似的人工神经元经一定的方式连接起来形成的网络,表现出系统的整体性行为。这种涌现行为表现为神经元网络可以被用来作为信息处理的一个功能整体,正是由于神经元网络具有很强的信息处理功能,它目前已被广泛应用于与信息处理有关的一切领域,

包括简单的信号处理分析到研究人的学习记忆机制。如果将很多个神经元组合成一个网络,如图 3 - 4 所示,并将神经元之间的相互作用关系模型化,就构成神经网络模型。

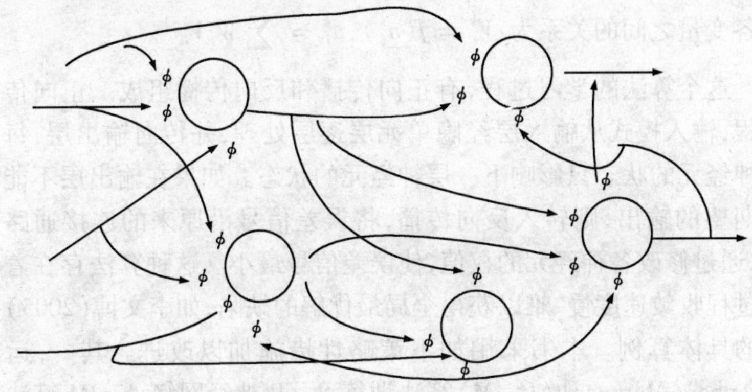

图 3 - 4　神经网络模型

1986 年,Rumelhart 提出了反向传播(Back-Propagation,BP)学习算法。这个算法不仅考虑正向传播时网络中各层权值参数的调整,还考虑反向传播时网络中各层权值参数的调整,使算法适用于多层网络,因此是目前广泛应用的神经网络学习算法之一。其网络模型如图 3 - 5 所示。

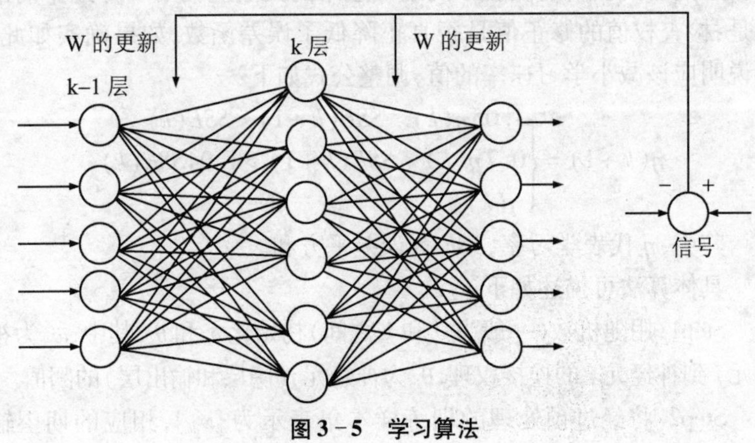

图 3 - 5　学习算法

设有 m 层神经网络，在输入层加上输入模式 P，并设第 k 层 i 单元输入的总和为 u_i^k，输出为 V_i^k，由 $k-1$ 层的第 j 个神经元到 k 层的第 i 个神经元的结合权值为 W_{ij}。各个神经元的输入与输出关系函数是 f，则各变量之间的关系为：$V_i^k = f(u_i^k)$，$u_i^k = \sum_j W_{ij} V_j^{k-1}$。

这个算法的学习过程，有正向传播和反向传播组成。正向传播过程，输入模式从输入层经隐单元层逐层处理，并传向输出层，每一层神经元的状态只影响下一层神经元的状态。如果在输出层不能得到期望的输出，则转入反向传播，将误差信号沿原来的连接通路返回，通过修改各神经元的权值，使误差信号最小。这种算法存在着学习过程收敛速度慢、难以获得全局最优解的缺陷，如李文博(2005)文中的具体算例。本书采用如下策略性措施加以改进。其一，运用 Levenberg-Marquardt(L－M)算法训练 B－P 神经网络，L－M 算法在内存足够的情况下，具有其他算法不可比拟的优势。其二，单元激活函数选择 log-sigmoid 函数，即 $f_i = \dfrac{1}{1+e^{-Net_i}}$，并对数据进行归一化处理。其三，采用自适应学习率。对于比较复杂的网络，在误差曲面的不同部位可能需要不同的学习速率。为了减少寻找学习速率的训练次数以及训练时间，可采用动态变化的自适应学习速率，使网络的训练在不同的阶段自动设置不同学习速率的大小。调节学习速率的准则是：检查权值的修正值是否真正降低了误差函数，如果确实如此，则说明应该减小学习速率的值，调整公式如下：

$$\eta(k+1) = \begin{cases} 1.05\eta(k) & SSE(k+1) < SSE(k) \\ 0.7\eta(k) & SSE(k+1) > 1.04SSE(k) \\ \eta(k) & \text{else} \end{cases}$$

其中，η 代表学习率，SSE 为误差平方和。

具体算法可描述如下：

Step1. 用随机数(一般为 0 和 1 之间)初始化 ϖ_{ji} 和 θ_j，其中，ϖ_{ji} 为神经元 j 到神经元 i 的连接权理，θ_j 为神经元 j(隐层和输出层)的阙值。

Step2. 将经过预处理的训练样本集表示为 $\{x_{pl}\}$，相应的期望输出集表示为$\{y_{pl}\}$,其中,p,l分别表示样本数和输入向量数。

Step3. 计算各层神经元的输出O。

对于输出层神经元,其输出与输入相同,即$O_{pi}=x_{pi}$,其中,x_{pi}为第p个样本的第i个值;对于隐层和输出层,神经元的输出操作如下:$O_{pj}=f[\sum_{i}\overline{\omega}_{ji}O_{pi}-\theta_f]$,其中,$O_{pi}$即是神经元$i$的输出,又是神经元$j$的输入,$f(x)$是一个非线性可微分递减函数。

Step4. 计算各神经元的误差信号。

输出层:$\delta_{pj}=(y_{pj}-O_{pj})O_{pj}(1-O_{pj})$;隐层:$\delta_{pi}=O_{pi}(1-O_{pi})\sum_{j}\delta_{pj}\overline{\omega}_{pj}$。

Step5. 反向传播,修正权重。

$\overline{\omega}_{ij}(t+1)=\overline{\omega}_{ij}(t)+\alpha\delta_{pj}O_{pj}$,其中,$\alpha$为学习速度。

Step6. 计算误差,$E_r=[\sum_{p}\sum_{k}(O_{pk}-y_{pk})^2/2]$,当$E_r$小于给定的拟合误差,网络训练结束,否则转到step3,继续训练

三、我国高新区经济效益的综合评价

(一)训练样本数据

神经网络模型有效与否与样本数据的设置有很大关系,为了进行准确的测算,一个较大的样本数量是十分必要的。在组织学习样本时,应该注意考虑各方情况,尽可能多地为网络提供必要的信息。最初的样本输出不可避免地包含了专家的主观意见,一方面可以通过增加专家数量和提高专家水平加以修正,另一方面可以通过改进指标体系来加以完善。待评价的样本数据,见表3-6所示。

(二)综合评价

随机选取济南、苏州、厦门、长沙4组数据作为检验样本,模拟评估对象,表3-6中剩余的49个高新区作为训练样本,训练该网络。在实际计算时,为了克服收敛速度慢、局部极值等问题,采用TRAINBPX方法(一种优化算法,运用动量法和学习率自适应调整的策略,从而提高学习速度并增加算法的可靠性)对高新区经济效益进行模拟评价。模型的实现,基于WindowsXP平台,运用Matlab6.5语

言编程。对于本算例，网络隐含层神经元选为8个，训练次数N=180次，学习精度为0.0015，则训练样本的误差曲线如图3-6，它们与期望的输出非常接近。对未经训练的4个检验样本仿真评价的结果与专家评价的结果拟合曲线如图3-7所示。

表3-6　53个国家级高新区经济效益综合评价值排名

单位	评价值	排名	单位	评价值	排名
北京	3.9573	1	合肥	-0.2367	29
无锡	0.6374	6	包头	-0.6711	50
武汉	0.6371	7	重庆	-0.2348	28
常州	-0.4842	37	襄樊	-0.3638	33
南京	1.2196	4	杭州	0.2784	12
佛山	0.2627	14	株洲	-0.5422	42
沈阳	0.1836	17	桂林	-0.5439	43
惠州	0.2461	15	洛阳	-0.6232	49
天津	0.3859	10	郑州	-0.3386	32
珠海	-0.2294	27	大庆	-0.5194	39
西安	0.0738	18	兰州	-0.5467	44
青岛	0.6178	8	宝鸡	-0.7302	52
成都	0.2635	13	石家庄	-0.382	34
潍坊	-0.4016	35	吉林	-0.0992	22
威海	-0.2125	26	济南	-0.284	30
淄博	-0.3215	31	绵阳	-0.2049	25
中山	-0.0924	21	上海	1.9748	2
昆明	-0.4624	36	保定	-0.6178	47
长春	0.608	9	大连	-0.1102	23
贵阳	-0.618	48	鞍山	-0.6166	46
哈尔滨	-0.0164	20	深圳	1.7122	3
南昌	-0.5723	45	杨凌	-0.8105	53

续 表

单位	评价值	排名	单位	评价值	排名
长沙	0.0513	19	厦门	0.2966	11
太原	-0.534	40	福州	-0.1995	24
海南	-0.4944	38	南宁	-0.539	41
广州	0.2284	15	苏州	0.6379	5
乌鲁木齐	-0.6982	51			

数据来源：葛澄清(2005)。

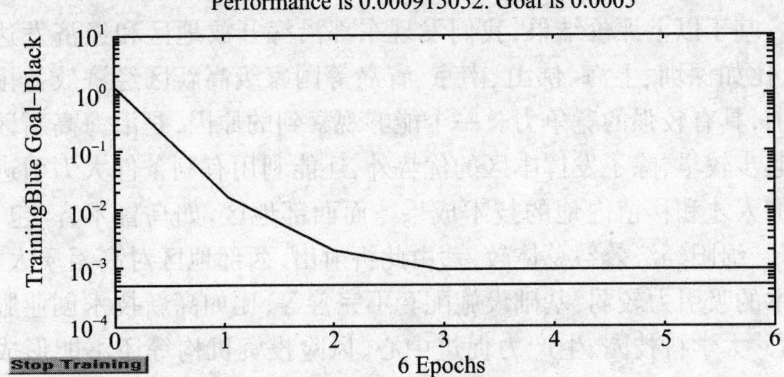

图 3-6　训练样本的误差曲线

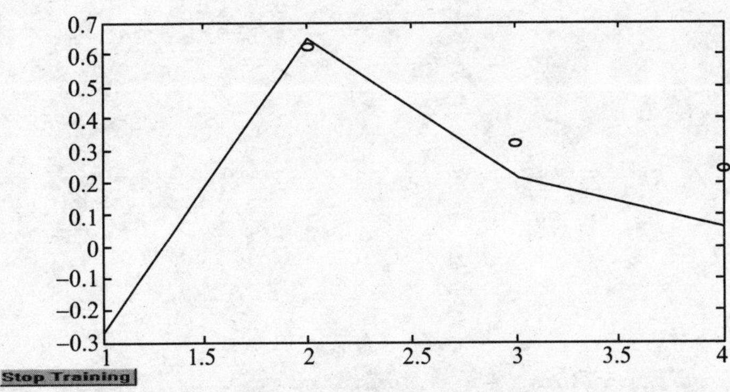

图 3-7　检验样本的拟合曲线

用检验样本仿真评价的结果与专家对高新区经济效益评价的结果完全一致，如表 3－7 所示。

表 3－7　检验结果及相对误差

名称	济南	苏州	厦门	长沙
专家评价	－0.284	0.6379	0.2966	0.0513
检验结果	－0.269	0.6399	0.3011	0.0612
相对误差	0.053	0.0031	0.0152	0.193

四、结论

基于以上评价结果，我们发现东部沿海开放地区和经济发达地区，比如深圳、上海、佛山、南京、青岛等国家级高新区经济效益排名较前，具有较强的竞争力。一个能够观察到的原因，是沿海高新区大多起步较早，除了发挥本区的优势外，还能利用有利条件大力引进内地的人才和移植内地的技术成果。而西部地区，如乌鲁木齐、包头、兰州、绵阳经济效益总体较差，由此折射出，西部地区对高素质人才、资本的吸引力较弱，基础设施配套不完善等，比如高新技术创业服务中心、大学科技园、生产力促进中心、风险投资机构等还不能形成完善的科技创新服务体系。因此，上述分析对于企业区位战略决策的制定与实施就是非常重要的。

第四章

■ 企业区位甄别战略

企业区位甄别是指企业经济决策主体为了追求自身经济利益最大化,根据自身需要和各种约束条件,对多个可能的地域空间进行综合评价,并确定最优的地理位置,以实现预期目标的过程。进行区位甄别首先要识别出影响企业区位选择的各层面的要素,接下来要确定各要素在企业区位选择中的重要性,最后需要利用有效的决策框架从可能的选择中甄选出最优的区位。

第一节 战略情境分析

一、企业区位甄别

企业区位甄别受到诸多要素的影响,如自然资源、人力资源、资本、技术、制度以及竞争(Shimizu,2002)等,若要有效地进行企业区位甄别,首先需要将各种要素体系化。韦伯将影响区位甄别的要素分为一般要素和特殊要素,前者与所有工业都有关系,如运费、劳动力等,而后者则只与特定工业有关系,如空气的湿度等。郝寿义(2007)则将要素分为三个层级,自然条件和自然资源是最初级的要素,资本、人力等被看作高一级的要素,而制度和技术则是更高一级的要素。本书则从宏观、中观、微观三个层面来对不同要素进行分类,这是因为企业在不同发展阶段对各层面要素的重视程度有所差异,这样分类有助于企业在发展的不同阶段把握区位甄别的重点。一般来讲,在企业发展的初级阶段,关注更多的是微观要素,随着企业的不断发展,会逐渐重视中观和宏观层面的要素。

(一) 区位甄别的宏观要素分析

企业区位甄别的宏观要素指的是特定区域空间的自然禀赋、经济要素、政治法律要素以及社会文化要素等企业难以改变的外部环境要素。由于时代背景的限制,传统的区位理论对于区位甄别的宏观要素考察并不深入。例如韦伯的工业区位模型假设政治制度、政策、气候的差别对企业区位的选择决策不起作用,工业区位的选择决定于劳动费用、运输费用和集聚效应等微观和中观要素。(刘静,2009)但随着经济的发展和全球一体化进程的推进,宏观要素对企业区位甄别的影响越来越大。我国幅员辽阔,各地的自然条件、经济发展水平、社会文化、政策制度差异巨大,在企业区位甄别过程中对这些要素不加考虑将导致灾难性的后果。例如,北方人喜爱喝白酒,在北方开设黄酒厂经营就很可能陷入困境;西部经济发展较为落后,人们普遍没有消费净菜的能力,净菜企业的运营就很成问题。如果企业要进行跨国经营,在区位甄别中更要重视宏观要素,因为不同国家和地区的政治、经济、文化等要素的差异更大。

1. 政治法律要素

政治要素对于企业的对外直接投资的区位甄别有巨大影响。政治稳定是经济发展的前提条件,东道国政局的变动、投资国与东道国之间的政治关系、政治体制改革、意识形态领域中的宣传、国有化风险、战争风险等都可能会对投资者的收益造成一定程度的影响。(罗红伟,2006)有些国家虽然自然环境很适合投资,但如果政局动荡不安,制定的政策朝令夕改,甚至存在战争危险,这样资本权益是得不到保障的,在这样的国家投资要冒很大的风险。

法律要素主要包括特定区域法律完善程度及有关产权立法保护

的状况,这对于对外直接投资的企业尤为重要,是企业能够在当地持续稳定经营下去的基础条件。

2. 经济要素

经济要素由经济发展水平和经济制度两方面构成。一般来说,经济发展水平较高的区域比较适宜投资,这是因为经济发展水平较高的区域商业环境优越,拥有较为完善的基础设施、良好的社会服务体系和丰富的人力资源,企业能少承担甚至不承担社会事务,集中精力从事经营活动,有利于企业顺利开展业务和制订长远的投资规划。Coughlin 等(1990)对在美国直接投资的企业的研究中发现,用来反映基础设施发达程度的每平方英里中的高速公路长度、每平方英里中的铁路长度和机场数量与外商直接投资呈显著的正相关关系。汇源果汁的朱新礼在创业之初就将大本营迁至北京就是因为北京的经济发展水平高,拥有独特的交通、地理、人才、信息、市场等各种优势。

经济制度包括当地对投资准入的限制条件、范围和方式,市场政策,财政政策,货币政策,税收政策等。波音公司将总部从盘踞了 85 年的西雅图迁至芝加哥就与当地诱人的经济制度有莫大的关系。芝加哥向波音公司提供 25 年税收优惠,20 年内每年减免 100 万美元的财产税,而伊利诺伊州政府则承诺在 10 年内补贴波音公司 50% 的搬迁费。我国各地在 20 世纪 90 年代初为了吸引外资都大多实行了力度非常大的优惠政策,较为普遍的是"三免两减半",也就是免除企业创办前三年的所得税,接下来的两年则减半征收。优惠的政策使外资企业蜂拥而入,仅 1993 年合同外资就高达 1114 亿美元。

3. 社会文化要素

社会文化是一个社会经过多年的发展所形成的得到特定区域全体认同的观点和价值观,主要包括宗教、风俗习惯以及社会价值观等。(胡斌,2009)投资者一般都倾向于寻找与自身社会文化差异较小的区域设立企业,这样可以降低适应当地社会文化所付出的成本。因此,我国很多企业都愿意到香港、东南亚等与我国社会文化相近的地区进行投资。相反,如果社会文化差异较大,适应成本就会高很多,还可能导致投资的失败。

4. 自然禀赋

自然禀赋是大自然的恩赐,有些地方某种资源丰富,而有些地方则资源匮乏。如果企业是资源依赖型企业,并且在产品的生产过程中原料的重量在不断减少,如金属冶炼、木材加工等,在原料地设立企业就可能会带来运输成本的节约。当然,随着运输手段的发展,自然禀赋对于企业区位选择的影响在弱化,宝钢的原材料铁矿石就完全来自国外。

(二)区位甄别的中观要素分析

企业区位甄别的中观要素主要有两个,即产业集聚效应和市场发育情况。产业集聚是指企业活动在地理空间上趋同的现象,具体而言就是相互关联的企业、机构以及相关的服务业在一定的地域空间内相对集中,形成完整的产业结构,成为具有灵活性、专业化等特性的有机体。市场发育情况则包括市场规模大小、成长潜力、市场竞争状况等。

马歇尔(1890)早就对产业集聚为企业带来的外部经济做了论述,认为外部经济主要表现在三个方面:一是促进了专业化投入和服务的发展,二是为具有专业技能的工人提供了集中的市场,三是使公司从技术溢出中获益。与马歇尔从工业组织层面探讨产业集聚不同,韦伯从行业内企业区位选择的视角对产业进行了分析。韦伯将集聚分为两个阶段,第一阶段是企业自身规模的简单扩张所引发的产业集中,第二阶段则是大规模生产所产生的经济优势促成的,类似于马歇尔所提的外部经济。Bartik(1985)、Head 等(1995)的研究也发现,企业在选址时往往会考虑产业活动相对比较集中的地区,以获得正的外部效应。以克鲁格曼为代表的新经济地理学派则从经济学的视角对产业集聚进行了分析,认为收益递增是各种经济活动集聚后产生的效应,又进而吸引经济活动向某一区域集中。Ciccone(2002)通过定义一个地区的生产函数,建立模型并估计了劳动生产率和空间集聚之间的关系,证明了一个地区的生产率高会吸引厂商的集中,而空间集聚又将导致更高的生产率。梁琦则根据产业集聚要素的特征将其分为三类:基本要素、市场要素和知识溢出。其中,基本要素包括运输成本、规模经济和外部性，市场要素则包括地方需求、产品差异化、市场关联和贸易成本。

企业的生产过程是将投入的各种资源转变为产品或服务的过程，在这个过程中包含了物料、信息等要素的流动和转化。进入集聚区域的企业在上述各方面都与非集聚区域的企业存在明显的差异。

集聚区域生产分工高度细化，形成了完整的产业链，下游企业成为了上游企业的客户，生产配件、相关机械设备以及提供服务的企业与核心企业的行为彼此影响，使企业间物料流动的依赖性加强，同时也使各类企业更加专业化，其他业务以外包的形式转给别人做，生产效率获得提升。例如，进入集聚区域内的大量企业通过建立共同的销售中心，形成零售、批发市场，使产品运输成本、库存费用降低，即减少销售平均成本的外部规模经济。对于单个企业而言，企业所提供的产品数量规模不足以吸引大量需求者的集中，所以无法形成有效的零售、批发销售市场，从而不能获得外部规模经济带来的销售成本节约。

由于集聚区域内物料交换双方的空间距离缩短以及区域内运输条件的改善，运输成本得到降低。进入集聚区域内的企业为了降低生产加工所需要的原材料通常会选择在靠近原料地、上游企业和燃料地附近组织本企业的生产活动。如果企业加工所需的原料和燃料是广布的，加工活动会选择在靠近市场的地点进行，企业支付的产品从产地到销售地运输成本最小。（苏兆国，2009）

地理上的临近也使得企业间交流的非编码化信息数量增加，使采购信息、生产技术信息、管理知识信息、需求信息、创新信息等更加容易获得。（钱志新，2004）例如，企业的集中为许多专业技术人才提供了更多交流的机会，增加了企业的自主知识创新向其他企业溢出的渠道，模仿创新更容易实现，而这对于独立企业是难以实现的。（臧旭恒，2005）对于高科技企业集聚区，信息交流尤其能够为企业的创新提供帮助，这也是高新技术企业热衷于在智力密集区选址的原因。美国的“硅谷”拥有包括斯坦福大学在内的 8 所大学和 33 所技工学校，是典型的智力密集区，众多高新技术企业趋之若鹜（梁文，

2003)，而我国上海的很多高新技术企业，尤其是中小型企业也都大量地出现在大学附近(宋秀坤，2002)。

当然，也有研究表明，竞争力强的企业如果与其他企业集聚可能会发生技术的外溢、熟练劳动力的流失、投资经验的转移。因此，竞争力强的企业往往会建立隔离机制以阻止其他企业的"搭便车"行为，其中一种可行的策略是远离集聚程度高的地区。(Shaver，2000)

市场发育情况对服务型企业的区位甄别尤为重要。服务业的生产与消费往往是同时进行的，需要与顾客进行交互，这就要求服务型企业在选址时要贴近顾客，因此当地市场的发育情况对于服务型企业的经营业绩有直接的影响。

要考察市场发育情况首先要获得市场规模信息。市场规模一般无法直接测量，需要通过对相关指标的测量进行估算。例如，当地的人口特征是决定市场规模的重要参数，这就需要对人口规模、人口主要构成、收入水平、年龄分布、消费习惯等指标进行测量。在获得市场规模信息后，根据自身在市场上的总体份额就可以估算出当地的市场潜力。

区域竞争情况也是企业进行区位甄别时需要考虑的重要因素。若在特定区域存在同业竞争对手，企业需要对其实力进行考察和判断。如果企业确定自己在产品成本、质量、交货、渠道、服务等一方面或几方面占有优势，则可采取强占中心位置的策略，迫使对手在同一区位进行竞争或退出最优区位；如果认为自身实力不如竞争对手或旗鼓相当，则可考虑退居边缘地区，或与对手划分市场范围，避免两败俱伤。当然，竞争对区位的影响是非常复杂的，企业需要根据具体情况确定其选址。例如，Liang 等(2006)考虑了一种消费者仅分布在线性城市模型的两个端点，线段中间无消费者，且两端市场规模不相等的古诺竞争情况。研究表明，如果两个市场规模差别不大，且运输成本都相对较高，运输成本比市场规模的影响大，为了避免在竞争中两败俱伤，每个企业将各选一端，形成分离；若两个市场规模相差巨大，则市场规模比运输成本影响大，最终企业都将在规模较大的市场设立工厂以争夺较高的市场份额。

（三）区位甄别的微观要素分析

企业区位甄别的微观要素指的是与企业经营直接相关的要素，分为外部要素和内部要素。外部要素包括劳动力要素、运输成本、设施成本、交通便利性等，内部要素包括企业的战略、规模、组织结构、资金储备等。

外部要素对企业运营的成本和可行性有直接的影响。首先，劳动力要素是企业区位甄别需要特别重视的要素。当今的制造业流程日益复杂，这就要求劳动力接受过良好的教育、掌握一定的技能，如果在当地无法找到足够的达到要求的人员，企业就无法正常运营。此外，不同地区的劳动力成本差异很大。西欧、美国以及日本每小时的劳动力成本超过 19 美元，而我国的劳动力成本低于 7 美元。当然，劳动力成本受劳动力技能的影响很大，很多地区的劳动力工资虽然很低，但往往素质低下，无法胜任需要高技能的工作。潘镇(2005)的研究表明，竞争力强的外资企业并不特别在意劳动力成本的高低，可以通过增强劳动力的技能来提高劳动生产率以降低成本。其次，运输成本对企业的运营成本的影响不可小觑。全球经济一体化的浪潮和外包业务的发展使运输成本的重要性日益凸显。除了运输所产生的直接成本，产品交货不及时所导致的损失成本也要考虑在内。西班牙的服装品牌 Zara 为了提升交货速度、避免失销，采用空运将欧洲生产的服装运至美国的门店。再次，设施成本是很多劳动密集型企业进行区位甄别的重要因素。在很多地区，当地政府提供优惠的土地、税收等政策吸引投资，使投资者的设施成本大大降低。很多服务型企业的设施成本则主要体现为低价和租金。沃尔玛的门店往往选择在远离市中心的城乡接合部主要就是为了降低成本，这些地点的土地价格和房屋租金明显低于市中心，往往只有市中心的 10%。最后，交通的便利性也是不少企业关注的要素。家乐福在为门店选址时要考察该地点是否接近主要公路，交通网络是否发达，是否有密集的公交路线，商品从车站和码头运至门店是否方便等。

内部要素要与备选区位的特征相匹配，否则企业的决策就会存在很大的风险。首先，企业的区位甄别要与企业发展战略相适应。

例如,在沃尔玛还并不强大时,为了避免与凯玛特等劲敌发生直接对抗,采用的是农村包围城市的战略,因此其在新门店的区位甄别中总是选择那些经济较为发达,人口在5000～25000的小城镇。盈科保险进行区位甄别时考虑的重点就是企业自身的发展战略,因此选择长安街上的光华长安大厦,其目标在于及时了解中国政府的政策法规和获得外资保险业的营业牌照。(赵群毅,2008)其次,企业规模的大小对区位甄别也有很大影响。当企业规模较小时,即便当地交通不便、信息闭塞、高素质人才匮乏,企业也可以在地方政府的支持下发展起来。但当企业达到一定规模后,当地的资源就不足以支撑其发展,这也是像远大空调、长虹等企业重新进行区位甄别,并将总部迁至大城市的原因。最后,如果企业的资金储备不足,而某备选区位的各项特性都非常好,只是投资成本比较高,企业依然要谨慎行事,因为这会使企业的资金链绷紧,为企业的经营带来很大的风险。顺驰在资金不足的情况下疯狂拿地,结果遭遇国家对房地产行业的宏观调控而无法支撑下去,最终因资金链断裂而销声匿迹。

（四）企业区位甄别决策框架

仅仅识别出企业区位甄别的各种要素还远远不够,需要将这些要素进行整合,形成企业区位甄别的决策框架。本书在总结和综合前人研究成果的基础上,提出如图4－1所示的企业区位甄别框架。

企业首先要对自身的情况进行评价,考察企业的发展战略、运营状况和优劣势,以明确企业是否需要重新进行区位甄别,以及区位甄别的方向,如在新的区位建立工厂、设立服务机构、进行总部迁移等。当确定了区位甄别的方向后,企业需要确定影响区位甄别各要素的权重。由于这个过程主要依靠人的主观判断,企业需要采用尽量科学的手段,如德尔菲法、问卷调查法、企业访谈法、系统的数据和经济计量分析法等,尽量降低决策的主观性。各种要素权重确定后,企业需要采用有效的评估方法对不同的区位进行评价,以做出最佳的区位决策。相关的评估方法很多,如层次分析法、因素评分法等,本书将介绍应用较为广泛的因素评分法。

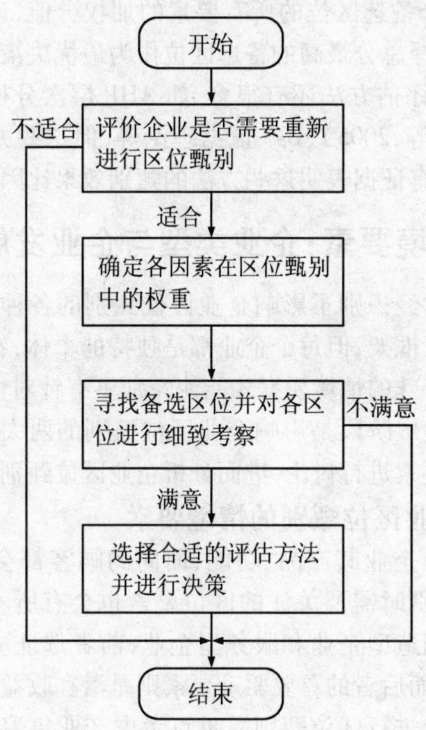

图 4－1　企业区位甄别决策框架

因素评分法的优点在于非常易于使用，能够删繁就简，将非常复杂的问题转化为易于理解的模式。因素评分法一般遵循如下 6 个步骤：

●列出区位甄别所需考虑的具体要素；

●根据相对重要性对每个要素赋予权重；

●给每个要素选取一个统一的取值范围；

●对每个备选区位的各个要素评分；

●将每个要素的评分值与其权重相乘，计算出每个要素的加权分值；

●累计每个备选区位的所有要素的加权分值,计算出每个备选区位的总分,选择总分最高的备选区位作为最优决策。

当然,区位评估方法还有很多,如 AHP 层次分析法、Fuzzy 综合评判法(范小军等,2005)、D-S 证据理论等,但这些方法使用起来相对复杂,并且没有证据表明这些方法的甄别效果比因素分析法要好。

二、两大情境要素:企业类型与企业发展阶段

虽然我们已经识别了影响企业区位甄别的各种要素,并构建了一般的战略决策框架,但每个企业都是独特的个体,在进行区位甄别时要考虑一些特殊的情境要素才能使甄别更有针对性。本书认为企业类型与企业发展阶段是影响企业区位甄别的两大情境要素,接下来将对这两大要素进行讨论,进而分析企业区位甄别时的权变机制。

(一)企业区位甄别的情境要素

不同类型的企业其产品、功能、面向的顾客都会存在很大的差异,因此区位甄别时需要关注的区位要素也会有所不同。我们可以将企业划分为制造型企业和服务型企业,前者选址决策的首要标准是成本最小化,而后者的首要驱动要素则是潜在收益最大化。

制造型企业进行区位甄别需重点考虑产业集聚效应,这是因为产业集聚往往会降低企业的运营成本,而这正是制造型企业选址的首要标准。正如苏兆国(2009)对我国的实证分析所表明的,集聚区域密集的交通网可以降低企业间原材料和产品的运输成本,较低的劳动力成本支付也可以使企业获得一定的竞争优势,而集聚区的行业规模越大,行业内的企业就能获得越高的外部性经济。当然,一家原本不在集聚区域内的企业要嵌入到该区域需考虑很多问题,关于这方面的问题我们在企业区位嵌入战略中再详述。

服务型企业在区位甄别时更应从商圈的视角来考察问题。广义的商圈是指以企业所在地为中心,沿着一定的方向,经营业务辐射的范围。狭义的商圈一般是指以零售企业的所在地为中心,吸引顾客的辐射范围。当然,不同的服务型企业由于经营范围、经营方式、产品品种等差异使商圈在规模和形态上差别很大。消费人群、有效经

营者、合理的发展前景和政府支持、商圈的形象、有效商业管理、商圈的功能是构成商圈的六个必需要素。一般来讲,商圈研究的内容包括人口规模及特征、劳动力保障、供货来源运输成本、促销、经济情况、竞争情况、商业地产区位的可获得性、法规等。(吕波,2009)

企业所处的不同发展阶段对其区位甄别也有很大影响。当规模较小时,很多企业将大部分精力放在如何生存下来的问题上,对区位问题基本没有思考。但随着企业规模的扩大,当地的人力、信息、基础设施等资源成为企业成长的瓶颈后,区位问题自然浮出水面。有些企业开始为企业的重要机构,如总部、研发机构、营销部门寻找更合适的区位。例如,我国的杉杉集团在发展过程中确立了企业的发展方向是国际化,其发源地在人力资源、基础设施等方面就无法满足发展的需要了,杉杉集团就将总部搬迁到了上海。在这个过程中往往伴随着需求的增长,执行扩张战略的企业就需要在新的区位建设新的厂房或开设新的门店。当企业的视野从国内扩展到国际后,对外直接投资就会成为很多企业的选择,这就会涉及全球范围内的区位甄别问题。我国华为在国内市场取得成功后,逐步迈开了国际化步伐。华为的产品属于技术密集型产品,与我国出口的传统消费品有很大差异,因此国际客户不了解华为的产品和实力,大多持有怀疑的态度。为了提高成功率,华为试探的第一步并没有进军欧美等发达国家,而是选择了南斯拉夫、南非、巴西、俄罗斯等发展中国家。

(二)企业区位甄别的权变机制

由于情境要素对企业区位甄别有着举足轻重的影响,因此我们有必要考察一般企业进行区位甄别的权变机制。在情境因素中提到的制造型企业与服务型企业的区别并不是绝对的,目前企业的发展趋势就是制造与服务相融合的战略,很多传统的制造型企业都在增强其服务能力。例如,IBM 在 20 世纪 90 年代中期还是典型的以销售 IT 设备为主的制造型企业,但现在其咨询业务已经占企业收入的 40% 左右。企业的发展阶段也有高低之分。在企业发展的初级阶段,由于资源和能力的限制,企业的区位甄别只能局限于特定的区域,而随着企业由初级阶段到高级阶段的发展,企业的区位甄别范围也随之扩展到全国甚至全球范围。我们可以从海尔集团的发展历程中清晰地看到其区位选择目标从本地到国内再到国际的发展轨迹。海尔集团在发展初期并购的是青岛本地的红星电器。随着企业的发展,海尔开始走出青岛,并购了顺德的爱德电器,并与西湖电子集团合资成立杭州海尔电器有限公司。在巩固了国内的龙头地位后,海尔制订了全球化品牌战略,在印度尼西亚、巴基斯坦、约旦、伊朗、尼日利亚、美国开设了工厂或工业园。企业区位甄别的情境因素在不断变化,因此企业的区位甄别战略也要与之相适应,这就形成了企业区位甄别的权变机制,如图4－2所示。

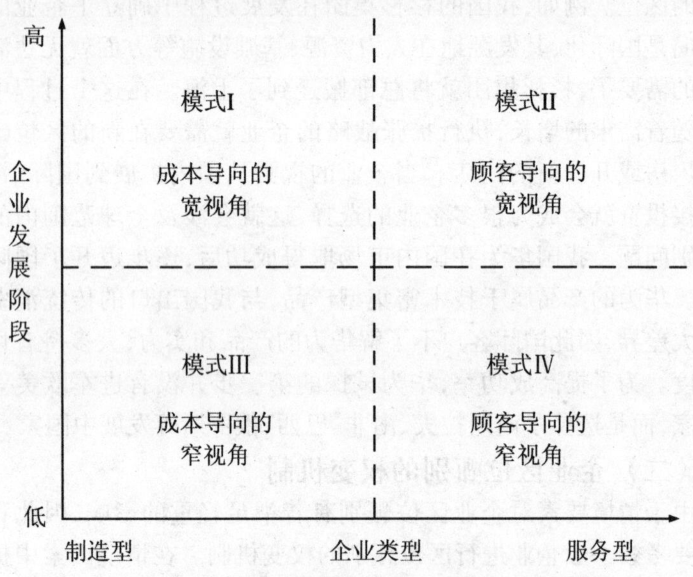

图4－2 企业区位甄别的权变机制

模式Ⅰ适合于发展阶段高的制造型企业,如富士康、戴尔等。这些企业的资源充裕,能够从全球产业布局的宽视角进行区位甄别。制造型企业的特质又使得他们不得不以降低成本为导向,最近富士康考虑将其工厂迁往我国郑州、廊坊等地区就是出于降低劳动力成本的目的。因此，宽视角要求这类企业首先应关注的是宏观层面的政治法律要素和经济要素，这是保证企业持续稳定经营的根本，而对于资源开发型为主导的企业，如必和必拓、壳牌等还需了解该地区的自然禀赋，因为丰富的资源意味着丰富的利润。Dunning(1999)认为，区位特定优势是跨国公司进行对外直接投资的重要决定因素，它包括两个方面：一是目的国短期内不变的要素禀赋所产生的优势，如丰富的自然资源、优越的地理位置等；二是目的国的政治经济制度、文化习俗与投资方的联系、对于国际贸易与投资的政策条件等，跨国公司会选择区位优势明显的目的国进行对外直接投资。

模式Ⅱ则适用发展阶段高的服务型企业，如星巴克、家乐福等。与模式Ⅰ中企业不同的是，虽然雄厚的资本使他们能够在全球范围内进行区位甄别，但服务型企业的特质使这类企业必须以顾客为导向。因此，在宏观层面，这类企业还需重视特定区域的社会文化要素，尤其是那些与企业发源地的社会文化存在巨大差异的区域。此外，服务型企业的顾客导向决定了此类企业在中观层面一定要重视市场发育情况，具体说来就是需要对商圈信息进行详细考察。

处于发展初期的制造型企业，如浙江省的许多制造型的中小企业，应采用模式Ⅲ指导区位甄别。在模式Ⅲ中，在中观层面，企业应考察集聚效应所带来的成本降低，而在微观层面，企业需关注劳动力要素、运输成本、设施成本等与成本直接相关的要素。由于此类企业一般资源并不丰富，只能在有限的范围内进行区位甄别，因此在宏观层面更应关注经济制度、自然禀赋等要素。

处于发展初期的服务型企业适合采用模式Ⅳ，如“老娘舅”、浙北集团、“快客”等，此类企业的资源还不足以使其能以全国甚至全球的宽视角进行区位甄别，为了实现规模效应，他们只能在特定区域集中发展，因此最应关注中观层面的市场发育要素。

需要指出的是，这四种模式的区隔并非绝对，存在一些难以界定的灰色地带，需要具体问题具体分析。依然以IBM为例，由于其既提供有形的产品，又提供无形的服务，因此其区位甄别就不能一概而论。IBM的制造工厂的区位甄别显然应使用模式Ⅰ，而其咨询部门的区位甄别则要运用模式Ⅱ。

第二节 典型案例分析

第一节从理论的角度探讨了企业区位甄别战略的框架,并构建了影响企业区位甄别的权变机制,但依然较为抽象。本节将从两个精选的案例出发对上述理论进行说明。海尔是制造型企业,而Seven-Eleven则是服务型企业,我们可以从中比较两类企业在区位甄别战略上存在的差异。

一、海尔集团企业区位甄别的案例研究

(一) 海尔集团发展历程简介

海尔集团成立于1991年,其前身是青岛电冰箱厂,1984年引进德国利勃海尔电冰箱制造技术后开始使用海尔品牌。产品从创立初的单一冰箱发展到拥有白色家电、黑色家电、米色家电在内的96大门类、15100多个规格的产品群,并出口到世界160多个国家和地区。海尔旗下拥有240多家法人单位,在全球30多个国家建立本土化的设计中心、制造基地和贸易公司,全球员工总数超过5万人,已发展成全球营业额超过1000亿元规模的大型国际化企业集团。

海尔集团是国内较为成功的实现多元化、国际化的企业之一,其空间扩张区位甄别过程具有较强的代表性。总部位于青岛市的海尔集团,在创建初期布局在青岛地区,主要生产电冰箱一种产品,随着企业向相关产业扩张,海尔开始跨区域布局生产基地,并最终实现了跨国经营,走上了国际化道路。本书从部门组织及空间结构角度,将海尔集团发展历程划分为四个阶段。

1. 单产品单区域经营阶段

海尔集团的核心企业(青岛电冰箱总厂)始建于1984年,企业发展初期的7年时间里,主要生产电冰箱一种产品,是一个典型的单产

品、单地区企业。这一时期企业专注于电冰箱的生产与营销,在全国建立了较为完善的销售与服务网络,而企业的生产活动集中于青岛市,为其提供配套服务的企业也主要位于本地区。

2. 多产品区域内扩张阶段

进入20世纪90年代后,国内家电市场竞争越来越激烈,企业为了获得规模经济、增强抵抗市场风险的能力,必须对外扩张、扩大企业规模。海尔在青岛市政府的干预下,兼并青岛空调厂和青岛电冰柜厂,成立琴岛海尔集团公司,进入电冰柜、空调生产领域。之后,海尔兼并了红星电器厂及下属5个厂家,实现了洗衣机生产能力与市场份额扩大的目标。

3. 多元化跨区域扩张阶段

1995年海尔控股兼并武汉希岛实业公司,走出了企业跨区域经营的第一步,将生产基地扩张到中部地区。此后海尔集团又先后以合资、兼并等方式,在广东顺德、山东烟台、贵州遵义、安徽合肥等地布局生产基地。随着海尔在全国的扩张,海尔也先后进入黑色家电、家居设备等家用电器、设备行业。

4. 多样化跨国扩张阶段

在跨过企业扩张的第二个门槛后,海尔继续向国际市场扩张,采取"先难后易"的国际化模式,首先进入欧美等发达国家,在发达国家站稳脚跟后,再进入发展中国家。目前海尔集团已分别在美国、欧洲实现了"三位一体"经营,在东南亚、南亚、中东也建立起了自己的生产与销售体系。

(二) 海尔的区位甄别战略

海尔的区位甄别战略与其企业的发展战略密切相关。当海尔的力量还不强大时,它将区位甄别的重心放在了国内,当海尔具备了相当实力后,其区位甄别的视野就拓展到了全球。此外,由于海尔逐渐意识到服务是企业竞争力的重要组成部分,其区位甄别战略中又引入了顾客导向的理念。

1. 海尔国内发展的区位甄别战略

海尔集团在发展初期,由于资金实力薄弱、产品知名度小,生产、营销等环节只在青岛区域内进行，且只生产电冰箱一种产品，专注于电冰箱的生产与营销。随着企业不断发展，海尔兼并、收购了青岛市内的其他小厂，开始生产空调、冰柜和洗衣机。但是企业的生产活动仅集中于青岛市，为其提供配套服务的企业也主要位于本地区。这正是体现了上文中的模式Ⅲ。由于当时的海尔是发展初期的制造型企业，必须以成本为导向，而当时的海尔资金、原材料、销售渠道等资源并不丰富，因此只能在有限的范围内进行区位甄别。

由于海尔坚持技术质量上的高起点，通过狠抓质量，海尔成为了冰箱名牌。它的新技术、高质量产品也赢得了广大消费者的信任。此时的海尔已从青岛一家生产冰箱的小企业成为了中国名牌。因此从 1995 年开始，海尔决定走出青岛，进入全国市场，先后在湖北武汉、广东顺德、山东烟台、贵州遵义、安徽合肥等地布局生产基地，产品生产也进入黑色家电、家居设备等家用电器、设备行业。海尔产品涉及冰箱、冷柜、空调、洗衣机和彩电、计算机、手机等领域，形成 46 个系列、8600 多个品种规格的多元化产品群。这正是体现了上文中的模式Ⅰ。发展为中国名牌的海尔此时已有充足的资金和资源能够从全国产业布局的宽视角进行区位甄别。

2. 海尔国外发展的区位甄别战略

当海尔拥有了较为充裕的资源和雄厚的资金支撑后，就开始跳出国内区位布局的思路，着眼全球产业布局。对于跨出国门的中国企业而言，海尔集团所走的道路是较为特别的，它从最难进入的地区打开市场，逐步培育国际知名度，然后以高屋建瓴之势，辐射到其他国家市场。

(1) “先易后难”争市场。

海尔一开始就把目标对准了“冰箱鼻祖”的德国以及美国等发达国家，试图以这些国家成熟的市场和激烈的竞争来锻炼自己，并希望以这些高难度市场的成功带动发展中国家的市场的成功。欧美国家的市场是全球最苛刻的市场，要求产品质量的标准极高，认证极其严格。对此海尔却认为，国际市场是检验产品质量、检验企业各部门工作是否有效的试金石。1990 年，海尔产品通过美国 UL 认证，标志着海尔走向国际市场的思路已经开始付诸实施;同年第一批出口的冰箱进入德国市场,吹响了向欧洲家电市场进军的号角,出口欧洲的无氟节能冰箱、冷柜等产品已达到欧洲 A 级(最高级)标准。1993 年,海尔空调器进入法国市场,次年在巴黎设立了海尔贸易公司,直接面向法国和欧洲市场。在欧洲家电市场,海尔凭借高质量、个性化和速度优势树立起自己的品牌。此后,海尔冰箱和空调器相继进入东南亚市场和非洲市场,产品出口开始向多品种、大批量方向发展。1995 年 7 月,海尔在香港成立贸易公司,开始全球营销网络布局。随着市场需求的增加和海尔业务的扩大,海尔确定了三个 1/3 的国际化战略目标,即最终实现国内生产、国内销售占 1/3,国内生产、海外销售占 1/3,海外生产、海外销售占 1/3,决定在海外建立自己的产品销售子公司,实现规模出口。

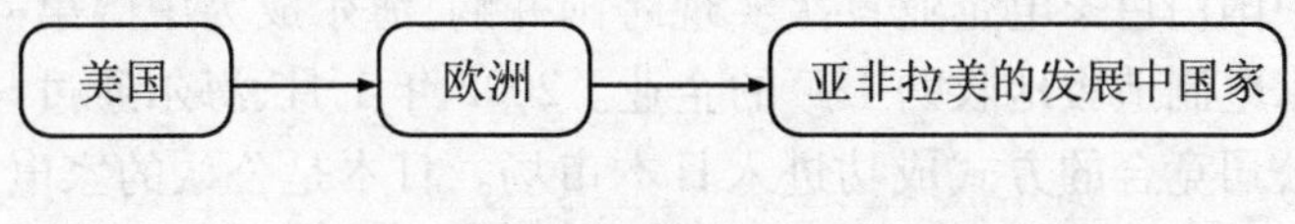

图 4-3 海尔的市场开发进程

(2) “先易后难”建全球工厂。

在市场条件成熟之后,海尔集团从 1995 年起,就着手在海外投资建厂。在海外投资建厂的过程中海尔首先选择自己熟悉的、地理位置邻近或风俗习惯相近的东南亚地区作为目标市场,再选择相对陌生、地理位置较远或风俗习惯差异较大的中东、北美地区作为目标市场。1996 年 2 月,海尔在印尼雅加达建立了海外第一家以生产电冰箱为主的合资生产企业——海尔沙保罗有限公司,它是海尔的首次跨国经营,标志着海尔集团的国际化迈出重要一步。1997 年 6 月,菲律宾海尔 LKG 电器有限公司成立,并于下半年开工生产电冰箱。由于产品深受当地消费者欢迎,海尔很快就打破了该国市场一直被日、美产品垄断的局面,并在这个区域建立了良好的声誉。同年 8 月,以生产海尔洗衣机等综合性高科技家电产品为主的马来西亚海尔工业有限公司成立,并成功占领了马来西亚 17% 的家用电器市场。

同年11月，海尔与南斯拉夫工业联盟总公司合资在贝尔格莱德建立空调生产厂，生产以第一代智能变频一拖多系列为主的空调器产品。这是中国家电企业首次在欧洲本土建立家电生产基地，为海尔产品打破欧共体各成员国的关税壁垒、抢占欧洲市场夯实了基础。1999年2月，海尔中东有限公司在阿联酋的迪拜成立。在起初阶段，海尔主要是在东南亚、西亚、东欧等发展中国家进行投资建厂，这也为后期向发达国家投资积累了宝贵经验。

1999年2月海尔欧洲分部的成立标志着海尔在欧洲的投资建厂和营销事业进入系统化阶段。同年4月，海尔在美国南卡州建立在北美的第一个生产基地，实现了美国海尔设计、制造、营销三位一体，即设计中心在洛杉矶，营销中心在纽约，生产中心在南卡州。2001年6月，海尔并购意大利迈尼盖蒂公司所属的一家电冰箱制造工厂，这是中国白色家电企业首次实现跨国并购，海尔成为中国第一家到欧洲家电制造腹地收购工厂的企业。2002年1月，海尔通过与日本三洋公司竞合的方式成功进入日本市场。日本是公认的家电王国，连欧美的家电品牌都难以在日本市场立足，通过渠道互换的办法，三洋海尔株式会社经销的海尔品牌家电全面进入日本市场，并以与日本名牌家电相当的价格初步树立起海尔品牌的美誉度，成为第一个真正被日本消费者接受的非日本品牌。

图4-4　海外直接投资建厂进程

（3）产品进入市场区位甄别“先易后难”。

海尔集团在选择产品进入市场时也进行了区位甄别。海尔首先找出某个地区市场哪个产品最容易进，或是消费者最感兴趣但产品差异性供给不足的产品，让这种产品先进入这个地区市场，再带动其他产品的市场进入。海尔进入欧洲市场（德国以外的其他欧盟国家）时以空调打头阵，进入德国、美国市场时利用冰箱做先锋，吹响了向欧美家电市场进军的号角，出口欧洲的无氟节能冰箱、冷柜等产品已达到欧洲A级（最高级）标准。进入日本市场以洗衣机为先遣队，待产品取得知名度后，海尔再将其他产品陆续跟进。这不仅有助于海尔自身品牌形象的树立，而且减少了总的交易成本，降低了进入风险。

随着集团实力的增强，海尔开始由冰箱、洗衣机等传统家电生产领域向其他领域延伸，海尔电脑、海尔手机也开始走向世界。2004年3月，首批标有“海尔”品牌标志的5500台笔记本和台式电脑，登陆法国市场，这是我国企业首次大批量利用自有品牌出口电脑，开创了国内品牌电脑走向国际市场的先河，海尔电脑正式拉开了“跨国作战”的帷幕。同年9月，海尔集团在印度首都新德里与印度Scope集团合资建立公司，开始向印度市场输送由中国出口的GSM和CDMA手机产品。2005年6月，印度最大的电信营运商塔塔电信主动找到海尔，与其一次性签下50万台手机的订单，此后订单一再追加，直到总数超过200万台，海尔成为塔塔电信的主要手机供应商。2007年，海尔电信（印度）有限公司已获得印度财政部批准，成为目前唯一获批的中国电信企业，海尔手机自2006年在印度按法律手续成立合资公司并开展的营销业务已得到印度最高政府部门认可。

3. 海尔生产性服务业务的区位甄别

自20世纪90年代以来，攫取价值链高端利益、依靠品牌和管理输出的跨国公司一直站在家电市场的最前沿，攫取了最丰厚的利润，中国的制造业沦为世界品牌的“打工仔”。面对国内家电企业美的、海信的强有力挑战，遭遇国外跨国巨头博世—西门子、三星、大金的竞争，海尔深深感受到了家电行业制造环节利润率低的危险。家电制造环节的低端和低利润迫使海尔转型。海尔集团总裁张瑞敏表示，在研发设计、生产制造、营销服务这样一个完整的家电制造产业链中，海尔将逐渐淡出生产制造业务，将其生产环节外包，交给专业代工企业去做，实现从制造型企业向营销服务性企业的转型，专注于研发、品牌、渠道和服务。海尔雄厚的资本使它能够在全球范围内进行区位甄别，作为服务型企业，海尔集团必须以顾客为导向，这正是体现了上文所提到的模型Ⅱ。

(1) 采用新型营销模式。

海尔一直以来都在为实现转型而探索新的管理方式和营销模式。2007年4月,海尔推出了一系列独立的子品牌,如帝博双开门冰箱、INNOV+高清电视、卡萨帝冰箱等,海尔将这些产品推入一线城市高端市场,寻求新的利润增长点。2007年11月,海尔组建"日日顺"电器连锁,由于属于低端廉价产品,海尔将其推入农村市场和三线、四线市场,在渠道建设上取得了先发优势。2008年1月开始,海尔集团层面ERP系统HGVS(海尔全球增值系统)上线,涉及35个事业部、42个工贸公司,涵盖了所有产品线,实现了订单流、物流、信息流和资金流的"四流合一"。2009年2月,海尔全面实行"自主经营体"机制。海尔的全面信息化建设就是为了实现制造与服务相融合的战略而提前做的准备。

(2) 对市场快速反应。

海尔转型后作为营销服务型企业,需要超强的供应链整合能力以及即时信息掌控能力。海尔集团将部分生产业务外包后,根据市场需求下订单生产,最直接的好处就是实现了"零库存",进行以用户为中心的业务流程再造,实现渠道的扁平化,提升了物流效率,针对终端市场做出及时和快速的反应。2008年,中国家电企业库存周转天数平均是64天,海尔集团的库存周期天数为32天。实施零库存管理后,海尔的库存周期天数已经降到了3天。超低的库存天数使海尔的资金流速得到了快速提升,同时让经销商学会了寻找市场需求,而生产的产品都是"以产定销",加快了货物流转速度,也让经销商赚到了钱。

(3) 控制上下游产业链。

众所周知,虽然在中国市场家电行业的发展已经非常成熟,但核心技术还是垄断在国外厂家手中。国内家电企业更多的是获取生产环节的利润,利润率是非常低的。事实上,海尔一直在极力完善自己的产业链,以及对家电核心技术、上游核心部件和下游服务的追求。当脱离了生产环节的藩篱后,海尔可以腾出更多时间和精力专注于对核心技术的研发以及对下游产业链的控制。海尔期望在转型中更大限度地实现为客户量身设计,从用户消费体验及信息便捷的角度去研发,真正实现从“硬制造”到“软服务”的转变。

(4) 强大的营销服务系统。

海尔的营销与服务系统投资巨大,在全国各大城市建立了60多个电话服务中心,1万多个营销网点,目前营销网点已延伸到8万多个村镇;在海外建立了58000多个营销网点,产品已销往世界160多个国家和地区。此外,为及时反馈全球最新市场需求和信息动态,海尔在世界各地专门开辟了10个信息站。正因为建立了完善细致的营销网络和服务网络,海尔才不断开发出以小小神童洗衣机、可洗地瓜的洗衣机以及美国“小型冰柜”为代表的一批适合消费者特殊需求的产品。在服务方面,海尔提升了服务理念,把服务作为树立品牌、吸引消费者的手段。海尔的服务热线,对86大类13000个品种规格的产品有问必答,工作方式柔性化,服务规范统一化。热线中的亲切话语、销售一线精神饱满的促销员、穿梭于世界各地的送货车、不辞辛劳上门服务的修理工,这些无一不是海尔活的广告牌。由其言行举止折射出海尔品牌个性,展示出海尔品牌形象,宣扬着海尔企业文化,更重要的是,吸引并强化着海尔的新老消费者。海尔服务还追求零投诉,既是为了让顾客达到最满意状态,也使绝大多数消费者以此凭直觉认为:海尔产品零投诉等于产品质量最好,这也是海尔服务最具市场威力的地方。

(三) 案例小结

海尔集团在发展初期,由于资金实力薄弱、产品知名度小,生产、营销等环节只在青岛区域内进行,且只生产电冰箱一种产品。随着企业不断发展,海尔兼并、收购了青岛市内的其他小厂,进入空调、冰柜和洗衣机领域。但是企业的生产活动集中于青岛市,为其提供配套服务的企业也主要位于本地区。

海尔以其新技术、高质量的产品成为全国名牌后,海尔走出青岛,走向全国,在湖北武汉、广东顺德、山东烟台、贵州遵义、安徽合肥等地布局生产基地,产品涉及冰箱、冷柜、空调、洗衣机和彩电、计算机、手机等领域，形成46个系列，8600多个品种规格的多元化产品群。发展为中国名牌的海尔此时已有充足的资金和资源能够从全国产业布局的宽视角进行区位甄别。

当海尔拥有了较为充裕的资源和雄厚的资金支撑后，就开始跳出国内区位布局的思路，开始着眼全球产业布局。海尔集团作为制造类企业，以成本为导向；同时海尔集团资金雄厚、资源充裕，能从全球产业布局的宽视角进行区位甄别。海尔集团在进行对外直接投资时具有以下几个特点。

第一，“先易后难”争市场。海尔的目标是“创世界品牌”，在海尔海外投资初期，就把企业创牌的目标市场定位在欧美等具有国际竞争力的市场，坚持打海尔品牌出口，然后运用品牌的影响力占领其他市场。海尔冰箱的第一个登陆点就是具有“冰箱鼻祖”之称的德国。从最难进入的地区打开市场，逐步培育国际知名度，然后以高屋建瓴之势，辐射到其他国家市场。

第二，“先易后难”建全球工厂。在海外投资建厂的过程中海尔首先选择自己熟悉的、地理位置邻近或风俗习惯相近的东南亚地区作为目标市场，再选择相对陌生，地理位置相距较远或风俗习惯差异较大的中东、北美地区作为目标市场。

第三，产品进入区位甄别上采用“先易后难”的方式，即“一路纵队而不是一路横队”的进入方式。海尔首先找出某个地区市场哪个产品最容易进，或是消费者最感兴趣但产品差异性供给不足的产品，让这种产品先进入这个地区市场，再带动其他产品的市场进入。

海尔在实施制造与服务相融合战略的过程中，以顾客为导向，考虑到经济因素、社会因素等进行全球范围的营销区位甄别。海尔集团在进行营销服务时具有以下特点。

第一，采用新型营销模式。海尔把推出的一系列独立的子品牌，如帝博双开门冰箱、INNOV＋高清电视、卡萨帝冰箱等，推入一线城市高端市场，寻求新的利润增长点。海尔组建的低端廉价产品“日日顺”电器连锁，推入农村市场和三线、四线市场。

第二，拥有强大的营销服务系统。在全国各大城市建立了60多个电话服务中心,1 万多个营销网点,目前营销网点已延伸到 8 万多个村镇;在海外建立了 58000 多个营销网点,产品已销往世界 160 多个国家和地区,并在世界各地专门开辟了 10 个信息站。

第三,针对不同地域开发不同产品。因为建立了完善细致的营销网络和服务网络,有了企业与市场的紧密结合,海尔才能根据不同地域特点不断开发出以小小神童洗衣机为代表的一批适合不同地域消费者特殊需求的产品。

二、Seven-Eleven 便利店的区位甄别战略

(一) Seven-Eleven 发展历程概述

Seven-Eleven 最早起源于 1946 年的美国,以此命名是因为商店营业时间由上午 7 时至晚上 11 时,后由日本伊藤洋华堂于 1974 年引入日本,并从 1975 年开始变更为 24 小时全天候营业,成为在日本广受欢迎的连锁便利店。

发展至今,Seven-Eleven 已成为全世界最大的连锁便利商店集团,商店遍布美国、日本、中国大陆、中国香港、中国台湾、韩国、新加坡、马来西亚等国家和地区。目前全球店面逾 3 万家,为全球最大的连锁店体系。

Seven-Eleven 早期从事生产及零售冰块业务,后来为方便顾客,逐渐提供牛奶、面包和鸡蛋等日用商品,并最终发展为商品多元化的便利店。以独有品牌 Big Gulp、Big Bite、Slurpee 及现磨咖啡驰名的 Seven-Eleven,经营商品约 3000 种,包括食品、日用杂品、杂志等,都是顾客购入后可以立即消费的生活必需品。

多年来,Seven-Eleven 不断开拓新的速食、热食及新鲜糕点等项目,积极为顾客提供多元化口味,同时也引入了多种便民服务,以迎合个别商区顾客的需求,其中包括自动汇款服务、复印及传真服务、自动银行提款机服务及电话卡等。对于很多年轻人来说,Seven-Eleven 不仅仅是一家便捷的零售商店,更代表了一种简单、新颖、时尚的生活方式,就像它的宣传口号那样"速递新鲜生活"。

区位选择的失误将直接导致店铺运作的低效率和投资损失,因

此,区位甄别一直都是 Seven-Eleven 开发便利店过程中首要考虑的问题,Seven-Eleven 的巨大成功与其卓越的店铺区位战略是密不可分的。

(二) Seven-Eleven 的区位甄别因素分析

便利店追求的是便捷优质的服务,店铺的区位选择是否合适,直接影响其便利性,是生存发展的一个关键因素。因此,区位甄别历来是 Seven-Eleven 店铺管理中十分重要的内容,而良好的区位选择使 Seven-Eleven 成为世界便利店的楷模。

由于 Seven-Eleven 便利店属于服务型企业,这一本质特性就决定了其区位甄别战略是以顾客为中心,以便利为出发点进行的。Seven-Eleven 总部设有开发事业部,对门店的选址进行细致考察,同时,下设店铺开发部,从大量的申请者中选出富有竞争力的零售店和经营者,并利用 Seven-Eleven 的模式对其进行开发,给予指导,保证其经营获得成功。在区位甄别中,Seven-Eleven 通盘考虑了宏观、中观、微观三方面的要素。

1. 宏观要素分析

在宏观要素方面,Seven-Eleven 的区位甄别较多考虑经济要素和社会文化要素。一般来说,Seven-Eleven 的店铺会选择经济发展水平较高的区域,如中国台湾和香港、日本。在中国大陆地区,Seven-Eleven 也选择优先发展大城市,如北京、上海、广州等。因为这些地区经济发达,环境优越,基础设施完善,消费群体的购买力强,拥有独特的市场、交通和信息优势,有利于便利店更好地生存和发展。Seven-Eleven 选择集中在经济较发达的地区开店,也与社会文化要素有关。它的目标客户群体主要是白领以及未婚一族,这些人早出晚归,收入较高,追求时尚,注重方便且对价格不太敏感,Seven-Eleven 优质的产品和服务正是迎合了这一类人群的消费习惯和价值观,大大降低了适应当地社会文化所付出的成本,而这些是经济欠发达地区所不能满足的。

2. 中观要素分析

考虑到中观要素的影响,Seven-Eleven 在区位甄别方面有着自己的一套评估标准,能够较准确地估算影响店铺销售的因素。

（1）商圈评估。

商圈对于 Seven-Eleven 这样的服务型企业有举足轻重的意义。为了估算未来可能的营业额,Seven-Eleven 要做一系列的商圈情况调查,实地评估店铺位置的便利性、人和车的动向与流量、可接近性和视觉效果等,并计算商圈范围内住户的数量、购买力水平、客流等情况。Seven-Eleven 认为,成熟便利店的商圈通常以店铺为中心,半径 300 米较为普遍,目标人群在 2600 ～3000 人之间,如果以家庭户数算,每户 3.6 人,则家庭数在 722 ～833 户之间。[①]

由于城市住宅区附近昂贵的租金不利于超市发展,而住宅区的顾客群较为稳定,其一般性消费也变化不大,所以 Seven-Eleven 通常会选择在住宅区周围设立便利店,顾客在 5 ～10 分钟以内即可从住处来到店里,因此便利店的顾客主要为周围半径 500 米左右范围的居民。此外,是否位于交通要冲也是 Seven-Eleven 考虑的重要因素之一,期望可以通过增加部分的外来客来提升便利店的业绩。

一般情况下,Seven-Eleven 要求商圈内应保证 3000 人以上的生活人口存在,且其步行时间为 5 ～10 分钟,同时考虑周围的环境,书店、办公大楼、展览会场、饭店以及大学与便利店之间可以相互造势,促进各自的发展。

（2）目标市场评估。

商圈所包含的人数有时并不能代表便利店能吸引足够多的有效客流。因此,Seven-Eleven 会仔细考虑和调查商圈内的人口密度、家庭状况、客流量、购买力等多种因素,进行市场规模的评估。

第一,人口密度通常以每平方千米人数或户数乘以平均每户人数来衡量。一般来说,人口密度低的地区顾客光临的次数少。因此,Seven-Eleven 便利店主要集中在像日本、中国香港等人口密度较高的国家和地区。

---

① 数据来源:http://www.topbiz360.com/html/emagz/shangdao_add/20070926/10627.html,第一商业网。

第二，从家庭状况看，由年轻人组成的两口之家的数量越来越多，购物就会更倾向于追求时尚、个性、方便，而在一个有独生子女的三口之家中，消费需求几乎都是以孩子为核心来进行的。Seven-Eleven 的一些店铺之所以选在新兴住宅区和学校周围地区，也正是出于这方面的考虑。

第三，客流量也是 Seven-Eleven 区位甄别重点考虑的因素之一。便利店总会选择那些客流最多、最集中的地点，促使多数人就近购买商品。Seven-Eleven 便利店倾向选择地铁站、公交车站、学校、医院、影剧场或游览地附近，因为它们可以为店铺带来大量的流动客流。

当然，并不是所有的车站都适合开便利店。Seven-Eleven 发现，人流量的大小同该地上下车人数有较大关系。上下车乘客人数越多的地方越有利；若上下车乘客人数减少，又无新的交通工具替代，商圈人口也会减少。同时，店铺应选择在车流动线较多的地方，如在十字路转角处的店铺，其车流动线有四条（东、南、西、北），适合便利店的开设。

此外，办公楼附近也是设店的有利地址。由于办公楼里一个工作人员能带来多个人的流量，而办公楼里的客流又以购买力较高的白领和未婚青年为主，他们对便利店往往有着比较旺盛的即时需求。

第四，商圈内家庭和人口的收入水平决定了他们的消费水平和购买力，并最终影响着未来店铺销售额的高低。如今，城市中的大学生、中学生和进入工作岗位不久的年轻人多为独生子女，被称为新生代消费层，他们消费的特点是看重商品品质，购物便利快捷，注重流行不注重价格。由于这类人群数量众多，Seven-Eleven 便利店定位于这样的目标客户群是非常有规模性的。而在选择区位时，Seven-Eleven 自然将他们庞大的购买力考虑其中。

（3）集聚效应。

Seven-Eleven 有个重要的策略叫区域领先策略，即在目标市场实行高密度、多店铺的建设，迅速铺开市场，甚至获得绝对垄断。Seven-Eleven 在新的区域开店非常慎重，要进行详细的论证，有时甚至会延迟对新区域市场的开发。例如，在日本九州地区，Seven-Eleven 开始只在福冈、佐贺、熊本三个县开设了门店，而没有开发宫崎县的市场。这是因为宫崎县的物流基础设施条件不好，不能达到 Seven-Eleven 对配送时间的要求。而到了 1996 年，贯穿九州的公路全线开通，满足了 Seven-Eleven 地毯式开店的条件。当地的折扣店也受到经营酒类店铺的压力，有向便利业态进行转变的需求，Seven-Eleven 则抓住机会一举在宫崎县开设了 20 家门店，凭借一贯优质的服务迅速成为了当地便利连锁业的霸主。Seven-Eleven 的集中设店好处明显，可以产生与产业集群类似的集聚效应。

●降低物流成本，形成规模优势。由于门店之间的距离较短，平均一台配送车辆的行驶距离和行驶时间相应缩短，也更容易实现定时配送和调整车辆的装载量，这极大地提升了配送的效率。

●加强宣传效果，提高知名度。在一定区域内高密度开店能够对顾客造成视觉冲击，增加顾客的亲近感。在区域内进行集中式的宣传攻势能够迅速提升品牌知名度。

●保证食品新鲜，增加销售额。快餐、点心、面包等商品占日本 Seven-Eleven 销售额的 60% 以上，这些商品的新鲜度越高就越可口。对于那些经常塞车的地段，配送车辆的平均速度只有 20 千米/小时，门店之间距离长会使商品的新鲜度逐渐丧失，进而损失销售额。

●以攻为守，降低竞争对手收益。进攻是最佳的防守，Seven-Eleven 在一个区域高密度地开设的一家家门店无疑就像一个个重磅炸弹一样让对手无力招架。这些门店所形成的强大势力使对手很难找到突破口。即便能够开出门店，也会发现孤零零的门店像被狼群包围的羔羊，由于没有规模优势使利润率很低，大多都逃不过关门大吉的命运。

（4）竞争评估。

竞争评估必须考虑这样一些因素：现有商店的数量、现有商店的规模分布、新店开张率，所有商店的优势和弱点，短期和长期变动以及饱和情况等。一般来说，在开设地点附近如果竞争对手不多，便利店经营独具特色，将会吸引客流，促进销售增长，增强店铺的知名度和顾客忠诚度，否则与竞争对手相邻而设，将难以获得发展。

3. 微观要素分析

考虑到与企业经营相关的微观要素时，Seven-Eleven 的区位甄别主要包括以下三方面。

(1) 经营者素质。

Seven-Eleven 新店的铺设往往以加盟的形式进行，在与经营者签订契约之前，Seven-Eleven 都要按一定的标准严格审查加盟者的素质和个人条件。在获得经营资格后，经营者要严格遵守 Seven-Eleven 店铺经营的基本原则，即鲜度管理（确保销售期限）、单品管理（单品控制，防止出现滞销）、清洁明亮（有污垢立即清扫，保持整洁明亮的店铺）和友好服务（热情、微笑待客）。（尚春香，2003）

个人因素是 Seven-Eleven 公司在店铺设立过程中十分注重的因素之一，这也构成了其店铺管理的一大特色。在这方面的考察，Seven-Eleven 事无巨细，包括加盟者的身体健康状况、年龄、对便利店的了解程度、性格，甚至夫妻关系融洽与否、孩子的大小等因素都考虑其中。

(2) 便利性。

在区位的选择上，Seven-Eleven 考虑的一个基本出发点就是便利。实际上，就是要在消费者日常生活的行动范围内开设店铺，诸如距离居民生活区较近的地方、上班或上学的途中、停车场附近、办公室或学校附近等，一般步行 5 ～ 10 分钟便可到达。

以北京为例，Seven-Eleven 便利店的布局类型可分为商业中心型、交通节点型、写字楼底层型、居民区门户型和学校临近型 5 类，具体见表 4－1 所示。

表 4－1　北京城区 Seven-Eleven 便利店的布局类型

类型	主要特征	案例店铺
商业中心型	居传统或现代商业中心繁华地段，周边配套设施齐全，便利店为填充零售	西坝河店，建国路现代城店，中关村广场店
交通节点型	位居主要道路沿线、地铁站口、公交站点、天桥或地下过街道等交通节点	东直门店，前门大街店，东三环中路店

续　表

类型	主要特征	案例店铺
写字楼底层型	构成写字楼底商的一部分，成为辅助零售	劲松桥东侧店，通正大厦店，国贸桥东侧店
居民区门户型	位居高档居住区门户位置，或高档公寓、单身公寓的底层	朝阳吉庆里店，新科祥园店，建外建华南路店
学校临近型	临近中小学校和大专院校，主营面向学生的零食与文具	苏州街长远天地店，东城新中街店

注：转引自周千钧(2007)。

Seven-Eleven 在决定店铺位置的时候，时时注重便利性，总结出一套行之有效的方法。同时，公司还十分关注其他便利店的区位情况，通过与其他店铺区位的比较来寻求最优点。

●道路狭窄处、停车场过小处、人口稀少处和建筑物狭长处不宜开店。

●车站下方比车站对面的位置好，方便来往顾客购物，符合购物习惯，也省去了过马路的麻烦。

●越过红绿灯的位置便于顾客进入，且不易造成店铺门口的拥堵现象，比较适合开设便利店。

●避开地下店铺或二层店铺，因为那会使店铺位置不醒目，顾客进出不方便，难以招徕顾客，违背了便利店提供便利的主要原则。

(3) 细节差异。

综观 Seven-Eleven 所选的店面，常常还会在一个商圈内寻找细微的差异。首先，店面宽度不要小于 4 米，不然店铺很难使顾客注意到。一般来说，面宽大于 6 米的店铺为佳。其次，门前台阶不要高过 1.5 米，便利店是迎合顾客，而不是吸引顾客，过高的台阶在迎客度上有明显缺陷。最后，在有斜坡的地方，坡上的位置占优，因为坡下行人过往较快，不易引起顾客的注意①。同时，气候的不同也使城市

① 资料来源：《向 7－11 学选址》，《城乡致富》2008 年第 6 期，第 49 页。

间的区位选择存在差别。在北方城市,Seven-Eleven 谨慎选择风口位置。因为如果店门朝西北方向,冬季寒风不断侵袭,就会赶走顾客。而对于门店前的一些树木、建筑物等,Seven-Eleven 也考虑其中,因为这些障碍物可能会影响店铺的能见度,从而影响客流。

(三)案例小结

Seven-Eleven 的成功离不开其正确的区位甄别战略,分别从宏观、中观和微观三个角度进行分析,通过细微的对比来获取位置上的最大优势,并由此产生巨大的经济效益,对便利店的发展前景产生深远的影响。

第三节 本章小结

区位甄别对于所有企业都是具有重要意义的战略性问题,卓越的区位甄别能力是企业的持续稳定发展的有力保障。不可否认的是,区位甄别受到诸多因素的影响,使区位甄别变得非常困难。尤其是在当今动荡的商业环境下,企业的区位甄别受到全球化、知识经济、制造与服务相融合等力量的影响,使原本复杂的问题更加难解。因此,如何在纷繁的头绪中删繁就简,为企业找到切实可行且行之有效的区位甄别战略显得尤为重要。

首先,考虑到企业在不同的发展阶段所关注的区位甄别要素存在较大差异,为了使企业能够把握重点,我们将各要素按照宏观、中观、微观三个层面进行分析。一般来讲,企业在发展初期对微观及中观要素较为重视,企业的发展阶段越高,其对宏观层面的因素会投入越来越多的关注。在此基础上,我们提出了企业区位甄别的决策框架,并为企业提供了切实可行的各要素权重确定方法和备选区位评估方法。

其次,企业区位甄别没有通用的公式,这是因为区位决策会受到情境要素的影响。我们认为,企业类型和企业发展阶段是区位甄别中最重要的情境要素,前者决定了企业区位甄别是以成本为导向还是以顾客为导向,后者则决定了企业区位甄别采用宽视角还是窄视角。根据对情境要素的分析,我们提出了区位甄别的权变机制,并为四类典型企业提供了区位甄别模式。

最后,我们通过对海尔及 Seven-Eleven 的深入剖析进一步说明了企业区位甄别的战略框架和需要重点考虑的要素。值得注意的是,虽然我们尝试用四种模式来为不同类型和处于不同发展阶段的企业提供决策依据,但由于影响企业区位甄别的因素太多,因此进行决策时在借鉴理论的同时还应具体问题具体分析。

第五章

■ 企业区位嵌入战略

企业区位嵌入战略是指企业选择特定区位之后所进行的区位融入战略，以有效获得区位所拥有的各种资源。由于特定区位所提供的资源并不是随着企业在该区位的落脚而自然获得，这就要求企业对自身的区位嵌入/融入战略进行详细的规划。这需要解决三大问题。第一，区位嵌入模式的类型有哪些？即企业在特定区位嵌入可供选择的模式有哪些？第二，为什么选择某种模式的区位嵌入？或者说不同的区位嵌入的优势何在？第三，如何进行有效的区位嵌入？即企业在何种情境之下选择适合的嵌入战略。

第一节 战略情境分析

一、企业区位嵌入

（一）嵌入与网络

嵌入或者嵌入性（embeddedness）最早由波兰尼提出，经由Grannvetter（1985）的重新阐述而成为新经济社会学的核心概念（符平，2009）。按照 Grannovetter 的定义，嵌入性是指经济行动嵌入社会结构之中。进一步说,随着网络概念的发展,嵌入的研究逻辑也就越加明确,即经济主体的网络嵌入影响其经济行为。按照这一逻辑,我们首先就要界定网络和网络特征这两个核心概念;然后在此基础上分析嵌入的基本模式(在后文简称嵌入模式),以及不同的嵌入模式对主体经济行为的影响。

网络的概念最早来自社会学对社会结构的研究。从形式的角度来看,网络是由多个点和各点之间的线组成的集合体,其中点代表行动者,线代表行动者之间的关系。在网络研究中存在一些"元假设":①行动者及其行动是相互依赖的,而不是独立的、自主性的单位;②行动者之间的关系是资源(物质的和非物质的)传递或者流动的"渠道";③个体所嵌入的网络结构可以为个体提供机会,也会限制其行动。(刘军,2004)在网络中,如果把点视为企业,把线视为企业间关系,那么这一网络就成为企业网络。社会网络研究的3个"元假设"仍然适用于企业网络研究:①网络中的企业是相互依赖的,即企业之间并不是完全独立的市场关系,而是在治理结构上和资源关系上都存在一定的依赖性;②企业间关系是资源传递的渠道;③企业所嵌入的网络结构可以为企业成长提供机会,也会限制其成长。(吴波、贾生华,2008)

从内容的角度来看,企业网络分为社会网络和商业网络。(Lorenzen,2005)Granovetter(1985)认为经济行为嵌入在社会关系之中,强调了网络的社会属性,即基于地缘、血缘以及际缘所形成的社会性关系。他的社会嵌入性思想使新经济社会学家在研究企业与市场之间的关系时开始考虑企业之间的社会关系。这种社会关系为企业之间的关系提供了社会性的信任,从而改变了原来的企业之间的纯粹市场交易关系。而随着新经济社会学的发展,经济学家也从经济博弈的角度重新诠释了"声誉"、"信任"的概念,认为"声誉"与"信任"的本质是企业之间基于经济计算的长期博弈的结果。(张维迎,2002)例如,Grief(1993)对11世纪北非马格里布商人联合会的研究表明,商人之间的经济信任与声誉是商人之间长期博弈和多边博弈的结果。Uzzi(1996)也以纽约纺织产业为例,说明了企业之间通过长期的互动所形成的商业关系也同样蕴含了信任的成分。因此,企业不仅仅嵌入于外生的社会网络,例如亲戚、朋友、同学等社会关系之中;还嵌入于商业网络,即企业与其他企业通过长期的商业往来而形成的网络(Lorenzen,2005)。并且,社会网络与商业网络又是彼此交织在一起的,难以完全分离。(邬爱其,2004)

(二)嵌入的内涵与刻度

借鉴社会资本理论,我们可以对企业嵌入的内涵进行清晰的界定。顾名思义,社会资本理论研究的是社会网络带来的资本化收益的内在机制。Porter(1985)指出,社会资本理论研究应该关注主体的网络特征和网络资源,其中前者是指网络本身所表现的属性,后者是行动者通过网络可以识别、获得和利用的资源。同样,Burt(1992)认为社会资本理论分析需要解决两个彼此相关的问题,一是主体的网络伙伴是"谁",二是主体"如何"接近,前者关注的是伙伴手中所持有的资源,后者则关注网络特征。(转引自周小虎,2006)林南(2002)认为社会资本是镶嵌于一定社会结构中的可以在有目的的行动中摄取或动员的资源,具体包括三点成分,分别是主体所嵌入社会网络的网络特征;主体所嵌入社会网络中蕴含的网络资源;网络能够带来什么样的期望回报。总之,借鉴社会资本的维度,我们认为企业嵌入的基本内涵主要包括两大维度,即网络特征和网络资源。

同时,网络特征与网络资源是内在统一的。其中,网络特征是对网络形式的直接刻度,即嵌入的形式特征;网络资源则是对网络中流动的资源的刻度,即嵌入的内容特征;这种资源既可以是信任与友谊,也可以是具体的信息等。网络特征决定了网络中所能够传递的资源,也就是说,"谁"(即网络资源)与"如何"(即网络特征)本身就是硬币的两面。(Burt,1992)因此,我们可以把网络特征与网络资源综合起来,并称之为嵌入模式,也就是说嵌入模式是指经济主体所嵌入网络的网络特征以及其所提供的网络资源的综合。那么,嵌入模式主要包括哪些基本模式?这就要求我们分析网络特征的刻度方式以及不同的网络特征所对应的网络资源,进而确定企业的网络模式。同时,由于网络特征决定了网络资源,因此,我们可以直接从嵌入形式的角度对网络模式进行划分。

从形式来看,网络特征的刻度方法众多。Granovetter(1973)从网络的关系维度提出了关系强度指标。后来 Burt(1982)将网络特征分为关系维度和位置维度。基于 Burt 的研究,Granovetter(1990)进一步将网络特征分为关系维度和结构维度,前者是指企业之间的关系特征,后者是指所有关系的总和所表现出来的结构特征。后来,Nahapiet 和 Ghoshal(1998)进一步将网络特征分为关系维度、结构维度和认知维度(cognitive dimension)。前两者与 Granvetter 的定义类似,后者是指企业之间共享的语言和符号、共享的愿景和隐性知识等。在此,我们主要从网络形式的角度来刻度网络,由于认知维度涉及网络资源的维度,因此本书选择 Granovetter 的分类方法,从网络关系和结构两个维度来刻度企业的嵌入性。在关系维度,网络特征包括关系强度和网络范围两大刻度指标;在结构维度,网络特征主要包括网络中心度和网络开放性两大刻度指标。

(三)嵌入的基本模式

根据不同的网络刻度指标,我们可以识别出不同的嵌入模式。企业嵌入理论的首要问题就是揭示最优企业嵌入模式。在众多的网络刻度指标中,学术界在关系维度主要探索了关系强度对企业的影响,在结构维度主要探索了网络开放性对企业的影响。

在关系维度,按照关系强度,嵌入模式分为强关系嵌入模式和弱关系网嵌入模式。Granovetter(1973)把人与人之间的关系从强度上分为四个维度,分别是双方时间的投入程度、情感紧密性、亲密程度以及服务的互惠性。对企业而言,关系强度就是指企业之间合作关系的稳定性(Uzzi,1996、1997),彼此合作经验的多寡(Hoang 和 Kothaermel,2005)。一般来说,企业之间建立股权联盟、合资企业、非股权合作企业等形式的关系时,双方的互动频率以及对关系的承诺都比较高,这就意味着企业之间建立了强关系,否则即为弱关系。

Granovetter(1973)首先提出了“弱关系的力量(strength of weak ties)”的论断,强调了弱关系嵌入模式的优势。他认为强关系更容易在具有相似社会经济背景的社会群体中产生;但在背景相似的群体中，主体间拥有信息的差异性不大，使得强关系所传递的信息虽然较多，但是其信息的冗余度往往较高。与之相反，弱关系往往产生于具有不同社会经济背景的主体之间，往往会充当信息“桥”的作用，所以弱关系所提供的信息虽然不一定会更多，但它提供的是具有更高价值的非冗余信息，因而对主体具有更大的价值。这一论断虽然提出了弱关系嵌入的优势，但是也间接指出了强关系嵌入的优势，即有利于主体之间的信息与知识的沟通与交流。

引申到企业这一主体，越来越多的学者开始探讨强关系与弱关系对企业成长与发展的影响。总之，在关系维度，强关系与弱关系对企业成长均具有正的影响。强关系有利于企业间信任的建立（Uzzi，1996、1997；Dyer、Singh，1998），有利于合作伙伴之间隐性知识的传递（Hansen，1999），从而确立双方的合作惯例（Zollo、Reuer、Singh，2002）以实现对合作伙伴资源的有效利用。而弱关系则有利于新信息（而非冗余信息）的快速获取（Granovetter，1973；Hansen，1999），有利于打破认知的路径依赖以及由此而带来的认知套牢问题（Hoang、Kothaermel，2005），从而获得新的成长机会。

在结构维度，按照网络开放程度，嵌入模式可以分为封闭网络嵌入模式和开放网络嵌入模式。以三角网络为例，如果三人组合中两两建立起联系，那么该网络就被称为封闭网络（或者密集网络）；但如果切断这个三角系统中一方的联系，与其他两方都有联系的一方拥有的网络则称为开放网络，即结构洞位置。

Coleman（1988）首先提出了“封闭网络”理论，把封闭网络嵌入的优势归纳为三个方面分别是信息沟通优势，义务与期望优势以及网络规范优势。所谓信息沟通优势是指密集的网络关系促使网络主体之间的频繁沟通，从而保证高质量信息（即隐性知识）的有效传递。信息沟通优势进一步带来了后两种优势：信息沟通促进了主体之间信任的产生，形成稳定的义务与期望，从而保证主体可以稳定获取网络资源；信息沟通优势也有利于网络规范的形成，这种网络规范不仅可以通过社会监督有效地抑制行动者的搭便车行为，而且也可以通过集体行动来有效利用网络资源。与之相对，Burt（1992）则进一步发挥了 Grannovetter 所提出的“桥”的概念，提出了结构洞理论，也就是开放网络嵌入优势理论，具体包括两个方面：一是信息优势，具体表现为占据结构洞位置的主体可以接近（access）并及时地（timing）获得新信息，同时拥有更多的成为被举荐人（referrals）的机会；二是控制优势，即占据结构洞位置的主体可以作为信息的中转站对信息进行控制，以实现对所联结的两个行动者的控制。

同样，把封闭网络嵌入模式和开放网络嵌入模式的逻辑应用于企业网络之中，就可以发现两种嵌入均具有其价值。总之，在封闭网络中，企业之间的紧密互动有利于彼此合作规范的形成，克服行动者的“搭便车”行为，推动企业间隐性知识的共享。（Coleman，1988）同样，在开放网络中，企业通过占据结构洞位置（Burt，1992）能够及时地获得新信息，以规避风险、发现机遇，进而推动企业发展。（Hargadon、Sutton，1997；McEvily、Zaheer，1999、2005；Tsai，2001）

基于以上两种模式的分析，可以发现强关系嵌入模式和封闭网络嵌入模式具有类似的优势，即企业之间的紧密互动可以促进信任的形成，降低治理成本；并通过提升企业之间的知识转移意愿和能力来实现隐性知识的有效共享；但是其维持成本相对较高，所传递知识的冗余度较高，并且会带来套牢的问题。因此，我们可以把以强关系与封闭网络为特征的嵌入模式称为机械网络嵌入模式。弱关系嵌入模式与开放网络嵌入模式也具有类似的特点，即虽然不利于信任和合作惯例的形成，但关系维持成本较低，并且可以为企业带来及时的新信息（或新的显性知识），从而获得新的成长机会，因此我们可以把以弱关系与开放网络为特征的嵌入模式称为有机网络嵌入模式。

（四）企业区位嵌入的两种模式

嵌入基本模式的研究表明，企业的嵌入模式分为以强关系与封闭网络为特征的机械网络嵌入模式和以弱关系与开放网络为特征的有机网络嵌入模式。应用到区位嵌入情境之下，我们就可以进一步识别出企业区位嵌入的两种基本模式。

已有研究强调了企业区位的机械网络嵌入模式，认为通过在本地的强嵌入以及所构建的封闭网络可以有效获得本地所嵌入的资源以实现企业成长。在具体的嵌入机制中,已有研究主要强调了,在本地的机械网络嵌入模式中,企业可以获得成本降低优势、知识溢出优势和集体学习优势。(吴波,2007)

首先,在特定区位中的机械网络嵌入模式之下,企业可以获得成本降低优势。这一逻辑的理论来自 Weber 和马歇尔所提出的区位集聚理论。Weber 首先提出地理上积聚的企业可以通过稳定的纵向交易降低交通成本的观点。后来很多学者沿着这一生产系统的思路拓展了 Weber 的思想,把这种与距离相关的交通成本,拓展到沟通成本以及物流成本。这种基于物流成本降低的积聚模型进一步被归纳为产业综合体模型。(Gordon、McCann,2000)马歇尔同样对企业在特定区位集聚的优势进行了研究,认为存在三大优势,包括本地专业化的劳动力市场、非贸易性支持体系以及技术溢出。(Krugman,1991)Krugman 强调了前面两种集聚优势,并称之为基于外部规模经济的成本优势(pecuniary gains)。(Krugman,1991)即随着特定区位中企业数量的增加,对劳动力和中间投入品的需求也开始扩大;本地专业化的劳动力市场降低了企业的劳动力获取成本;扩大的中间投入品需求也为上游生产商带来规模经济优势,从而降低了企业中间投入品的获得成本;共享的非贸易支持体系使每个企业所必须负担的成本大大下降。虽然来自 Weber 和马歇尔的研究都没有提到网络的概念,但是,从中我们不难发现机械网络的影子,即在特定区位之中,企业只有与本地上下游企业之间构建稳定的(强关系)商业网络来降低企业生产成本。因此,我们可以认为通过本地的机械网络嵌入(即强关系商业网络)可以获得成本降低优势。

其次,在特定区位中的机械网络嵌入模式之下,企业可以获得知识溢出优势。对知识溢出的研究最早来自马歇尔对知识溢出以及由此而产生的产业空气(industrial atmosphere)的论述。随后,以 Jaffe、Audrestsch、Feldman 等为代表的学者开始采用主流经济学的实证方法研究本地知识转移的存在性;另外一些以 Becattini、Saxenian、Camagni、Storper、Bathelt 等为代表的学者采用非主流经济学方法,主要是案例观察研究方法,研究美国硅谷产业集群、意大利产业集群以及欧洲其他产业集群，直接关注集群中的知识溢出对集群企业竞争优势的影响（Martin、Sunley，1996）。Jaffe（1989），Jaffe、Trajtenberg 和 Henderson（1993）以及 Audrestsch 和 Feldman（1996）研究认为，大学和科研机构的知识可以在一定的区域之中有效地溢出；同时，这种溢出知识的隐性特征，使知识只能在该区域溢出，而不能跨区域溢出。采用非主流的案例研究方法，GREMI 小组对欧洲集群的研究发现本地特殊的文化背景、共享的编码系统以及经济主体之间建立的密切（私人的或者公开的）关系对企业的创新性具有重要影响。（Camagni，1991）Storper（1995、1997）把集群企业与其他企业和非企业机构之间的关系分为贸易性依赖和非贸易性依赖，认为贸易性依赖所带来的成本优势（包括 Weber 所强调的交通成本降低优势和 Krugman 所强调的基于规模经济的成本优势）固然重要，但非贸易性依赖关系对集群企业成长同样不可忽视，因为本地的非贸易依赖关系可以为企业带来知识溢出优势，有利于企业快速掌握本地流转的知识，从而实现企业成长。后来，Storper 和 Venables（2002）进一步强调基于面对面交往的本地社会网络是产业集群内部知识溢出的渠道，因为社会网络中面对面的交往促进了集群中不同主体之间的沟通，有利于不同主体之间信任的建立，可以有效抑制机会主义行为，实现知识溢出。以上论述表明，知识溢出优势的实现依赖于企业嵌入到本地的密集的社会网络，即 Coleman 所提到的密集的封闭网络。因此，我们可以认为通过本地的机械网络嵌入（即密集的社会网络）获得知识溢出优势。

最后，在特定区位中的机械网络嵌入模式之下，企业可以获得集体学习优势。与知识溢出不同，集体学习是一种更为复杂的学习：从学习的实现基础来看，与知识溢出类似，集体学习的实现需要双方具备一定程度的共享性知识基础（Keeble、Wikinson，1999）；从学习的实现途径来看，集体学习是比知识溢出更大的概念，不仅包括被动的知识溢出，更强调企业之间主动地学习（Schmitz，1997、1999）。Bernardy（1999）对法国 Grenoble 高科技产业、Keeble 等（1999）以及 Lawson 和 Lorenz（1999）对剑桥高科技产业、Longhi（1999）对 Sophia-

Antipolis 产业的案例研究表明嵌入于社会网络的知识溢出优势仅仅是集体学习的一种被动表现，而企业与本区位中其他组织之间主动的合作具有更重要的意义。集体学习优势的实现不仅依赖于本区位中社会网络的嵌入，还依赖于企业与本区位其他组织之间正式的商业网络，这种稳定的商业网络（即强关系）可以保证企业有效接近和动员本地合作伙伴的隐性知识以实现成长。Knorringa（1999）、Nadvi（1999）、Rabellotti（1999）以及 Schmitz（1999）等学者对印度 Agra 鞋业企业、巴基斯坦 Sialkot 医疗器械企业、墨西哥 Guadalajara 鞋业企业、巴西 Sinos 鞋业企业的深入案例研究表明：在应对全球竞争压力时，企业开始有选择地与一些相关企业、科研院所、政府部门和协会等主体建立更加紧密的战略合作关系；而能够有效地建立战略合作关系的企业表现出更高的企业绩效。总之，集体学习优势的实现依赖于企业与本地其他组织所建立的以强关系和密集网络为特征的商业性和社会性网络的有效嵌入。因此，我们可以认为通过本地的机械网络嵌入获得知识溢出优势。在特定区位中机械网络嵌入模式的三种优势及其网络特征可以用表 5－1 进行清晰表述。

表 5－1　企业区位嵌入的机械模式：网络特征及其优势

优势	网络特征	网络性质
成本降低	强关系	商业网络
知识溢出	密集网络	社会网络
集体学习	强关系、密集网络	商业网络、社会网络

虽然区位嵌入的机械模式具有多方面的优势，但随着对这一模式研究的深入，越来越多的学者开始发现区位嵌入的机械网络模式的不足，而这些不足也直指与之相对应的另一种区位嵌入模式，即区位嵌入的有机模式。区位嵌入的机械模式诚然能够带来成本降低、知识溢出和集体学习优势，但是这一模式也会带来区位锁定的风险，为此一些学者提出了跨区域网络对企业成长的重要性。

基于对世界各地多个产业集群的对比研究，Bresnahan、Gambardella 和 Saxenian（2001）认为企业的持续成长需要建立地理上开放的网络，不断开拓新的市场，接触新的技术领域，这就要求不能把视野仅仅局限于本地。基于对波士顿生物科技产业的研究，Owen-Smith 和 Powell(2002)发现尽管在本地网络中知识溢出要比跨区域溢出更有效率，但决定性的、非累积的知识流动仍然由“跨区域管道”来传播，而不是通过非直接的、自发的“本地广播”来传播。Bathelt、Malmberg 和 Maskell(2002)进一步构建了“本地信息场—全球管道(local buzz-global pipeline)”模型，认为企业不仅通过本地信息场获取资源，同时还需要通过全球管道来获得全球资源实现企业成长。

另外，一些学者则根据发展中国家企业成长的经验，提出了全球价值链理论，认为企业通过嵌入全球价值链，一方面可以摆脱对机械网络模式的不足，防止过度嵌入所带来的套牢问题；另一方面也可以吸收本地之外的知识与资源，实现企业升级。(Bair、Gereffi，2001；Gereffi、Humphrey、Sturgeon，2005；Humphrey、Schmitz，2000、2002、2004；Schmitz、Knorringa，2000；Schmitz，2004)在全球商品链的基础上，Gereffi、Humphrey、Schmitz 等学者逐步建立起了全球价值链的概念及其理论框架。全球价值链是指为实现商品或服务价值而连接生产、销售、回收处理等过程的全球性跨企业网络组织，涉及从原料采集和运输、半成品和成品的生产和分销，直至最终消费和回收处理的整个过程，它包括所有参与者和生产销售等活动的组织及其价值分配。(UNIO，2002，转引自张辉，2004)

以上发达和发展中国家企业的发展经验表明，跨区域网络是企业破除本地过度嵌入的重要方法，这种跨区域网络无疑正是与机械网络相对应的区位嵌入的开放网络。在具体的跨区域网络方面，不同的学者也区分出了不同的网络形式。例如，早期的研究多强调跨区域网络是一种商业网络(Owen-Smith、Powell、2002；Bathelt、Malmberg、Maskell，2002)；后来一些学者强调参加全球会展也是构成企业跨区域网络的重要组成部分(Maskell、Bathelt、Malmberg，2005)。当然，一些社会性的关系网络也可以成为重要的跨区域网络，例如温州人通过在外地的温州人亲戚与朋友获得市场与技术信息就是典型案例。

因此,现有的研究已经初步指出了两种类型的区位嵌入模式:机械模式和有机模式,但是已有的研究对这两种区位嵌入模式的定义还不清楚。在此,根据企业网络理论对机械网络和封闭网络的一般定义,结合对区位嵌入模式的已有研究,我们可以初步地从关系强度、网络范围和地理开放性等三个维度来对两种基本的网络嵌入模式进行描述。其中,关系强度是从关系维度刻度网络,可以以网络中强关系占所有关系的比重来测度。(Uzzi,1996;黄洁,2006)网络范围和地理开发性从结构维度刻度网络,从不同的维度反映了企业的网络开放性。(Giuliani、Bell,2005;Boschma、Wal,2005)前者是指企业所拥有的异质性关系①的数量,反映了由于关系类型多元化所带来的网络开放性;后者是指网络中跨区域关系数量占所有关系的比重,反映了由于网络跨区域发展所带来的网络开放性。下面,我们进一步从这三个指标来分析企业区位嵌入的两种模式,具体见表5-2所示。

表5-2　企业区位嵌入的两大基本模式

	区位嵌入的机械模式		区位嵌入的有机模式	
	本地	外地	本地	外地
关系强度	高	低	低	高
网络范围	高	低	低	高
地理开放性	低		高	

根据表5-2,企业区位嵌入的机械模式强调的是与本地企业及非企业组织建立稳定的合作关系,以获得本地所拥有的各项资源,具体可以表现为成本降低、知识溢出与集体学习等三大优势,但是却可

① 我们认为异质性关系主要包括三个方面,分别是一级网络、二级网络(Johannisson、Ramírez-Pasillas,2001)以及基于会展的网络关系(Maskell、Malmberg,2005)。其中,一级网络包括企业与本地和外地的供应商、销售对象以及同行所形成的网络关系,二级网络包括企业与大学及科研院所、管理与技术咨询公司、金融机构、商业协会、行业协会以及政府相关主管部门等组织所形成的网络关系,基于会展的网络关系包括企业经常参加的本地与外地会展所形成的网络关系。

能导致本地锁定而丧失竞争力;与之相比,企业区位嵌入的有机模式则强调区位开放策略,在适度嵌入本地的同时,更加强调与区位之外的组织建立合作关系,以有效整合外地的资源,实现企业的持续成长,但是这种更加开放的策略也会带来较高的关系维持成本以及较大的资源甄别和获取风险,即难以有效识别外地真正有价值的资源。

二、两大情境要素:外部环境不确定性和内部能力动态性

在识别企业区位嵌入的两大基本模式之后,随后的问题就是企业应当如何选择适合自身的区位嵌入模式。本书认为,外部环境不确定性和内部能力动态性是两大关键的权变要素。下面首先对这两大要素进行界定,继而分析两大要素如何影响企业的区位嵌入模式选择。

(一)企业嵌入模式选择的情境要素

企业进行战略选择的情境要素不外乎两个方面,一是企业外部环境,一是企业内部环境。在这两大类环境要素中,我们需要进一步识别那些对企业区位嵌入战略产生关键影响的企业内外部的要素。基于已有文献,我们初步识别出外部环境不确定性和内部能力动态性这两大关键要素。

学术界首先关注到的是外部环境不确定性。这一研究认为,外部环境特征决定了企业成长所需的资源,而不同的嵌入模式则能够为企业带来不同的资源优势,这就要求外部环境特征与企业的嵌入模式相匹配。通过理论分析和实证检验,主流的研究表明在稳定环境中,机械模式能够保证企业之间稳定的资源共享,从而有利于企业的稳步发展;而在动荡环境中,有机模式则能够为企业及时地提供多元化的新信息,从而不断获得新的成长机会,并能够灵活应对外部环境的变动。(Leenders、Gabbay、Fiegenbaum,1999;Gargiulo、Benassi,2000;Rowley、Behrens、Krackhardt,2000;Goerzen,2007;Koka、Prescott,2008)

但是，也有个别学者置疑有机模式在适应外部动荡环境的作用。例如，Kraatz(1998)认为在动荡环境中，通过有机模式获得外部环境变动的新信息固然能够获得先行优势，但是风险也较大；而当组织不具备相应的独立决策能力时，通过机械网络来获得关键的隐性信息，以进行战略模仿，可以有效规避有机模式的风险。基于美国私人的小型文科学院的实证调查数据，Kraatz(1998)的实证研究表明通过机械模式，小型学院能够有效地从网络伙伴处"模仿"最优的环境应对策略(即应对美国国内以对文科教育需求的大幅降低以及公立大学的大幅增加为特征的环境变动的相关策略)，从而实现组织的生存与发展。

之所以得出不同甚至对立的结论，我们认为主流的研究主要以内部实力强大的跨国公司为样本，而 Kraatz(1998)的研究则以内部能力不足的中小型组织为样本，所以研究环境对企业网络模式选择的影响必然要考虑到企业内部能力的作用。这一发现对于我们研究发展中国家的企业以及发达国家的中小企业的嵌入战略选择的意义重大，因为这两类企业的内部能力大多难以与强大的跨国公司抗衡，这就进一步引出了第二个情境要素，即内部能力。

基于内部能力的权变分析认为不同的嵌入模式为企业提供了不同的资源，而企业只有具备一定的内部能力才能够有效地利用特定网络模式所提供的外部资源以实现企业成长。主流的研究主要分析了有机模式与企业的学习能力/吸收能力/创新能力之间的匹配机制(Hargadon、Sutton，1997；Tsai，2001；Zaheer、Bell，2005)，认为有机模式为企业提供了新知识，但是能否把这些"潜在的成长机会"变成"实际的成长机会"就依赖于企业内部的学习能力/吸收能力/创新能力。因为，强大的学习能力/吸收能力/创新能力能够创新性地整合内部资源以更好地把握机会，从而能够真正地脱颖而出。但是，已有文献并没有深入探讨与机械模式所匹配的内部能力状态，其原因在于国外研究所处的背景是知识经济时代，即外部环境极度动荡的产业环境，这就使得对于稳定环境中的机械网络模式及其所对应的内部能力状态的研究略显不足。

已有的研究回顾表明，外部环境不确定性和内部能力状态显然是两个重要的情境要素，并且基于外部环境的权变研究的对立性结论表明必然要同时考虑到企业内部能力的差异，这就要求我们同时考虑外部环境和内部能力对企业嵌入模式选择的影响。这一机制的逻辑即在于，外部环境特征决定了企业所需要的外部资源，而特定的网络模式则能够供给特定的资源，但是能否有效利用网络所提供的资源还依赖于企业内部是否具备特定的能力基础。

进一步，我们对这两个情境要素进行清晰界定，认为环境不确定性和内部能力动态性是两大基本情境要素，并对这两个变量进行清晰界定。一般而言，环境不确定性主要来自两个方面，分别是市场不确定性和技术不确定性。(Jaworski、Kohli，1993；Slater、Narver，1994)其中，市场不确定性包括市场需求的总量与结构的变动，技术不确定性是指企业生产所采用的技术的变动。两者共同构成了外部产业环境不确定的两大维度。当然，所谓的不确定性仅仅是相对而言的，没有绝对的不确定，也没有绝对的稳定。但是总的来说，现代社会的发展使企业所面临的市场与技术的不确定性也不断提高。

内部能力理论是战略管理理论在 20 世纪 80 年代所提出的重要概念。随着环境不确定性的增加，以及在演化经济理论的影响下，对核心能力刚性的反思，一些学者开始提出了动态能力的概念(Teece、Pisano、Shuen，1997)。根据演化经济理论的惯例概念，Zollo 和 Winter(2002)认为动态能力是一种通过学习获得的、稳定的集体行动模式，这种集体行动模式能够使得组织根据外部环境变动而产生和调整内部的操作性惯例。后来，Winter(2003)进一步提出了“阶”的概念，认为零阶能力是指在静态环境中，企业以相同的规模生产和销售同样的产品给特定的顾客群体的能力，即维持生存的能力；而动态能力则是更为高阶的能力，例如更新产品、调整工艺与规模都可以被视为一阶能力，所以企业的新产品开发能力就可以称为一阶能力。当然，阶的界定是动态的，例如对于专门从事研发的公司而言，新产品开发能力就是零阶能力，而根据外部环境变动调整自身的研发惯例的能力则成为动态能力,或者高阶能力。

之所以从内部能力动态性的角度来界定企业能力,主要是基于以下两个方面的考虑。第一,前文基于内部能力的权变研究文献表明学习能力/吸收能力/创新能力与有机模式的协同能够促进企业成长。事实上,这三种与有机模式相匹配的内部能力均为动态能力的具体形式;与之对应,不难想象与机械网络所对应的能力应当是一般能力。第二,能力的动态性与外部环境不确定性本身就是对应的两个概念。在稳定环境中,企业的能力建设应当以一般能力为主;而在动荡环境中,企业的能力建设应当以动态能力为主。(Winter,2003)

(二) 企业嵌入模式选择的权变机制

以上研究表明,企业嵌入模式的选择必须考虑到外部环境与内部能力的特点,在此我们将进一步明确一般企业嵌入模式的具体权变机制。这就要求我们首先对外部环境与内部能力进行具体分类。按照不确定性,外部环境可以分为稳定环境(即低不确定性环境)和动荡环境(即高不确定性环境)。按照能力的动态性,内部能力可以分为一般能力和动态能力。一般能力是指企业的零阶能力,即企业当前赖以生存的静态惯例,这种能力可以有效地管理企业在目前相对稳定环境中的生产经营活动;动态能力是指企业的高阶能力,是企业改变一般能力的能力,能够保证企业适应动荡的外部环境。(Winter,2003)

其次,根据环境与能力的分类,可以直接归纳出企业嵌入模式选择的内在机制,即"外部环境不确定性—嵌入模式的有机性—内部能力动态性"的综合权衡模型。这就直接引出包括两种理想的权变模型,分别是"稳定环境—机械模式——般能力"与"动荡环境—有机模式—动态能力"。具体来说,在稳定环境中,企业需要稳定获取网络伙伴的隐性知识,这就要求企业选择机械嵌入模式,而企业有效嵌入这一模式并从中获益依赖于企业强大的一般能力。与之相对应,在动荡环境中,企业需要选择有机嵌入模式,以有效获取外部环境变动的新知识,把握成长机会,但能否有效利用新知识以实现成长就依赖于企业强大的动态能力。

这两种理想模式的潜在假设是在稳定环境中,企业已经具备强大的一般能力,在动荡环境中,企业已经具备强大的动态能力。而在现实中,在特定的环境中,企业的内部能力可能并不会很强大,特别是对于占到企业绝大多数的中小企业,以及发展中国家的“发展中”的企业。这就要求我们进一步探究当企业的能力较弱的时候,企业需要选择什么样的嵌入模式?具体而言,在稳定环境中,当企业一般能力不强的时候,企业根本就难以建立一个机械网络,特别是与强大的合作伙伴建立一个对等的合作关系,那么企业应当选择何种嵌入模式?在动荡环境中,当企业的动态能力不强的时候,企业即使选择了有机模式,但是却难以甄别有价值的信息,即使把握到了有价值的信息,也难以对企业进行战略调整以有效利用这一有价值的信息来实现企业成长。例如,很多 IT 企业都看到移动互联网的巨大价值,但是在这一宏大的发展方向中,企业应当怎样选择“正确”发展路径?为了走向这一“正确”的路径,企业是否具备足够的动态能力以进行有效的战略调整?这都是企业需要直面的问题。

对这两个问题的思考,直接引出了两种中间模型。我们认为在稳定环境中,当企业内部的一般能力较弱的时候,企业可以选择有机的嵌入模式来最大化的发掘成长机会以获得成长;在动态环境中,当企业内部的动态能力较弱时,企业可以选择机械的嵌入模式来跟随行业中的成功企业,通过战略模式实现企业成长。综合两大理想模型和两个中间模型,我们可以得到四种企业嵌入模式选择模型,具体如表 5-3 所示。

表 5-3 企业嵌入模式选择的四大基本模型

<table>
<tr><td></td><td></td><td>稳定环境</td><td>动荡环境</td><td></td><td></td></tr>
<tr><td rowspan="2">一般能力</td><td>弱</td><td>Ⅰ有机模式</td><td>Ⅲ机械模式</td><td>弱</td><td rowspan="2">动态能力</td></tr>
<tr><td>强</td><td>Ⅱ机械模式</td><td>Ⅳ有机模式</td><td>强</td></tr>
</table>

在表 5-3 中,虽然Ⅰ和Ⅳ均为有机模式,但是这两种有机模式却是截然不同的两种网络,因为两者所处的外部环境不同,所依托的内部能力不同,因而这看似形式相同的网络所包含的网络伙伴不同,所传递的资源不同。例如,在稳定环境中,一个能力不强的加工企业

辛苦地寻找机会以谋求生存，所依托的是有机模式；在动态环境中，一个研发能力强大的制造企业寻找新的产品设计理念，所依托的是形式相同的有机模式。但是，这两种模式所涵盖的内容却是截然不同的。同理，Ⅱ和Ⅲ形式上虽均为机械模式，其内涵也截然不同。

（三）企业区位嵌入模式选择的权变机制

把企业嵌入模式选择的基本逻辑应用到区位战略上，我们就可以直接得到企业区位嵌入模式选择的权变机制，可以得到相应的四种模型。

第一，在稳定环境中，当内部一般能力较为薄弱时，区位嵌入的有机模式有利于企业成长。当内部一般能力较弱时，内部能力难以构成企业的竞争优势，更快地发现外部多元化的新信息以获得新的成长机会就成为企业成长的关键。（Hansen、Podolny、Pfeffer，1999；Moran，2005）事实上，在稳定环境中，内部一般能力不强的企业大多数是在低端市场上生存，由于生产相对简单，企业与合作伙伴之间并不需要复杂的知识交流，快速地获得多元化的新信息有利于企业不断发现新的利基市场，从而实现产量的快速扩张。而区位嵌入的有机模式则能够为企业提供多元化的新知识。因此，在稳定环境中，当内部一般能力较弱时，企业应当选择区位嵌入的有机模式。

第二，在稳定环境中，随着企业一般能力的增强，区位嵌入的机械模式有利于企业成长。①强大的一般能力是企业与高档次合作伙伴建立稳定合作关系的基础。在相对稳定的环境中，强大的一般能力是企业从竞争中脱颖而出，并与外部高档次的上下游企业建立稳定的合作网络的根本条件。②机械模式促进集群企业与伙伴的合作，提高合作价值。机械网络模式意味着企业与合作伙伴频繁的互动，有利于提升企业间信任，促进隐性知识的共享以及合作惯例的形成，进而有利于提高合作绩效，从而创造更大的合作价值。③强大的一般能力使自身具有更大的不可替代性，从而在合作租金的分配中占据更大的优势。因此，在稳定环境中，随着一般能力的提升，企业应当选择区位嵌入的机械模式。

第三，在动荡环境中，当内部动态能力较为薄弱时，机械模式有利于企业成长。由于动态能力的缺乏，企业难以自主把握外部环境的发展趋势以实现企业成长，而更倾向于模仿行业中的先行企业以有效地适应外部环境的变动；而机械模式有利于企业间信任的形成与隐性知识的共享，从而实现有效的模仿。（Kraatz，1998）这种跟踪与模仿战略是发展中国家规避动荡环境所带来风险的现实战略选择。（徐冠华，2002）所以，在动荡环境中，当内部动态能力较为薄弱时，为了有效模仿行业中的先行企业，企业需要选择机械模式来推动企业成长。

第四，在动荡环境中，随着动态能力的增强，强大的动态能力与有机模式的协同有利于企业成长。当具备了较强的动态能力时，企业就具备了较强的自主创新能力，而创新的实现需要企业从不同渠道快速获得多元化的新知识，从而发掘与利用新的成长机会，而这正是有机模式的优势。所以，强大的吸收能力与有机模式匹配，企业就可以利用动态能力来整合有机模式所提供的新信息来调整企业内部运营以规避潜在风险，并变潜在的成长机会为现实的成长。因此，在动荡环境中，当企业内部动态能力较强时，企业需要选择有机模式以实现成长。

第二节 典型案例分析

在上一节中，我们从理论研究的角度提出了企业区位嵌入模式选择的四种基本模型，但是这一逻辑还比较抽象，这就要求我们以具体的案例进行实证说明。在本节的第一部分，我们将以浙江制造企业为研究对象，分析一般制造企业区位嵌入模式选择的基本逻辑。在此基础上，我们在第二部分进一步以嵊州领带企业为例，进行更为具体的案例研究。

一、浙江制造企业区位嵌入模式选择机理研究

浙江产业经济的一个重要特点就是企业在特定区位的集群化发展,即产业集群,因此,选择浙江制造企业进行一个一般性的研究就具有典型意义。为此,我们在浙江的多个区域搜集了 196 家制造企业,以此为样本我们进行了统计分析来检验上文所提出的企业区位嵌入模式选择的基本逻辑。

(一)浙江制造企业区位嵌入模式选择的基本逻辑

以浙江制造企业为研究对象,我们首先对相关的概念进行具体化。我们对企业区位嵌入模式与外部环境不确定性采取一致的定义,对内部能力动态性则进行相应的具体定义。根据已有文献以及对浙江制造企业的深入访谈,我们以吸收能力来刻度浙江制造企业高阶的动态能力,以制造能力来刻度企业的一般能力。其中,吸收能力是指企业评估、消化外部新知识并最终商业化应用的能力。(Cohen、Levinthal,1990)制造能力是指企业在现有相对稳定的市场与技术条件下进行加工制造的能力,这取决于企业生产设备与工艺的先进性以及生产员工队伍的稳定性。

选择吸收能力来刻度制造企业动态能力的原因在于,一方面,吸收能力是企业吸收消化外部新知识,保持内部能力动态调整的关键;另一方面,吸收能力也是目前企业成长的能力基础观研究的重点,认为吸收能力是企业有效应对外部环境变动的能力基础。(Giuliani、Bell,2005;Boschma、Wal,2005)选择制造能力来刻度企业一般能力的原因在于制造能力是企业在稳定环境中实现企业有效运营的关键能力,是企业能否进入的高档次生产网络、获取更大附加值分成的决定性力量。

在对三大核心概念定义的基础上,我们可以进一步识别出浙江制造企业区位嵌入模式选择的四种基本模型,具体见表 5 - 4 所示。

表 5－4　浙江制造企业区位嵌入模式选择的四种模型

		稳定环境	动荡环境		
制造能力	弱	Ⅰ有机模式	Ⅲ机械模式	弱	吸收能力
	强	Ⅱ机械模式	Ⅳ有机模式	强	

（二）浙江制造企业区位嵌入模式选择的四种模型

根据浙江制造企业区位嵌入模式选择的四种预期模型，利用所搜集的 196 家制造企业样本，我们进行了实证研究。实证研究结果与研究假设基本吻合，直接验证了上文所提出的研究逻辑。从中，我们可以直接概括浙江制造企业区位嵌入模式选择的四种具体模型。

模型Ⅰ：在稳定环境中（例如产品制造领域），当制造能力较弱时，制造企业依托以区位嵌入的有机模式（外地的社会性的大范围网络）实现成长。

这种成长模式在浙江创业期的中小型制造企业中尤为常见。由于加工制造能力没有优势，为了发展，企业就需要找到适合的利基市场，而获得这种利基市场信息的途径，就是别人难以具备和模仿的“关系”和“门路”。这种“关系”的特点包括外地和社会性两个方面。之所以是“外地”，是因为本地的信息是相对公开的，只有外地的关系才具备专有性，企业才能因此获得更高的收益。之所以是“社会性”，是因为企业能力基础薄弱，难以建立对等的商业关系，因此更多的是依赖于具有一定利他性的社会关系，例如亲戚、同乡、同学。例如，对诸暨山下湖珍珠产业的调查发现，一些早期珍珠企业凭借在国外做生意的亲戚朋友来拓展国外市场，并获得了飞速发展。总之，这一模型体现了浙江制造企业的特色，即广布全球浙江人，以及由此而形成的“浙江人”经济。

模型Ⅱ：在稳定环境中（例如产品制造领域），随着制造能力的提升，制造企业依托区位嵌入的机械模式（商业性的小范围网络）实现成长。

随着市场竞争的加剧，浙江的制造企业开始强化制造能力，追求产品品质与质量成为浙江企业家的核心理念。拥有较高的制造能力后，企业就具备与本地乃至外地高档次伙伴进行合作的能力基础，也就具备了从合作中获得更大比例合作收益的筹码。所以，强化内部的制造能力，打破社会网络的约束，按照市场规范与少数高档次伙伴建立合作关系就成为企业进行战略转型的关键。当然，在这里并非所有的合作伙伴都是本地的，事实上很大比例的高档次合作伙伴都是非本地的。这一方面与浙江企业家"宁为鸡首不为凤尾"的思想有关，本地企业家之间的合作存在一定的难度；另一方面则主要是因为浙江制造企业仍然是相对落后的企业，高档次的合作伙伴有很多都在外地。

模型Ⅲ：在动荡环境中（例如研发与销售领域），当吸收能力较弱时，制造企业依托区位嵌入的机械模式（小范围的强关系网络）通过跟踪、模仿实现成长。

为了应对竞争压力、谋取更大的发展，一些制造企业开始进军不确定性更高的研发和销售领域。在新的领域中，当吸收能力较低时，制造企业难以直接获得市场相关的多元化信息，并从中把握未来的发展趋势。而本地小范围的强关系网络使企业可以通过定向模仿以较低的成本、迅速地把握市场的未来趋势，即分析者战略。但是，这种成长模式会由于跟随战略使企业获得信息的及时性与新颖性大打折扣，因而收益也会降低。例如，很多开始从事研发设计的制造企业，大多数都是从直接模仿本地龙头企业的设计起步的。当然，这种模仿可能会对本地龙头企业带来一定的不利影响。

模型Ⅳ：在动荡环境中（例如研发与销售领域），随着吸收能力的增强，制造企业依托区位嵌入的有机模式（大范围的弱关系网络）通过自主创新实现成长。

在动荡环境中，伴随着吸收能力的增强，制造企业需要搭建区位嵌入的有机模式来获得多元化的新信息，以保证企业能够直接掌握市场的发展趋势，并有效地调整企业内部经营，从而实现企业成长，即先行者战略。这反映了制造企业通过吸收能力的提升依托自主创新实现企业成长的特点。但是，总的来说，在浙江只有少数的企业具备这种能力。

二、嵊州领带企业区位嵌入模式选择的案例研究

在进行一般分析的基础上，我们进一步以嵊州领带企业的区位嵌入模式选择为案例进行清晰说明。

（一）嵊州领带产业集群的发展历史

嵊州市地处浙江东部，是绍兴市辖的一个县级市。自1984年12月第一家全国中外合资领带企业"浙江佳友领呔有限公司"成立至今，嵊州市已拥有1100余家领带企业，2003年领带年产量3亿条，占国内市场的80%，占国际市场的33%，年出口领带1.8亿条，远销日本、韩国、美国、意大利、法国、德国、荷兰等80多个国家和地区，出口额达3.84亿美元①。嵊州不仅已经成为全国最大的领带生产加工基地、批发销售基地和外贸出口基地，还成为了国际领带首选及最大的加工基地。

嵊州领带产业集群的发展历史可以分为三个阶段。（盛世豪和郑燕伟，2004）第一阶段是1984—1992年，是嵊州领带产业集群的起步阶段。这一阶段是以中外合资领带企业"浙江佳友领呔有限公司"成立为标志。随后，一些嵊州籍的港商以及在深圳领带企业打工的嵊州人纷纷回到家乡开始创业，开办了一批领带企业，促进了嵊州领带产业的快速成长。这一阶段产业集群发展的主要特征是通过低成本优势获得量的扩张，即在企业数量、从业人员以及产值等方面的快速增加。

第二阶段是1992—1998年，是嵊州领带产业集群的市场培育与开拓阶段。这一阶段嵊州领带产业发展的主要原因包括深圳领带产业的转移、嵊州对个体私营经济的鼓励、中国领带城的正式运营等方面。嵊州领带企业的蓬勃发展形成了比较完善的本地生产网络，产品的档次有了明显的提升，产品的销售量不断增加，并随着嵊州领带专业市场的建立与蓬勃发展而确立了一定的区域品牌。但是在不断

---

① http://www.ec.com.cn/pubnews/2004_06_10/100131/1020576.jsp，嵊州领带产业集群发展情况介绍。

的国际市场竞争中,也清楚地看到了与世界品牌的差距。

第三阶段是在1998年之后,是嵊州领带产业集群构筑国际性领带都市阶段。在1998年之前,嵊州大部分领带企业仅仅获得产品生产的加工利润,而其他大部分的附加值被其他企业分享。这反映了嵊州领带企业普遍规模较小,产品档次雷同,设备偏于陈旧,技术含量较低,经营管理水平有待提升以及无序价格竞争严重的问题。围绕这些问题,嵊州领带产业集群开始进行产业升级。对此,地方政府出台了相关措施,包括领带行业标准的建立、“中国领带在线”专业网站的创办和领带工业园区的筹建。一些领带企业纷纷投入巨资,引进世界一流的领带制造设备,组建自身的研发团队,提升企业的品牌与形象。

(二)嵊州领带企业区位嵌入模式选择的四种模型

经过20多年的发展,嵊州领带产业集群已经形成了较为完善的生产网络,其产业链条主要包括织丝、花型设计、领带生产、包装与销售等环节(朱华晟,2003),具体见图5-1所示。

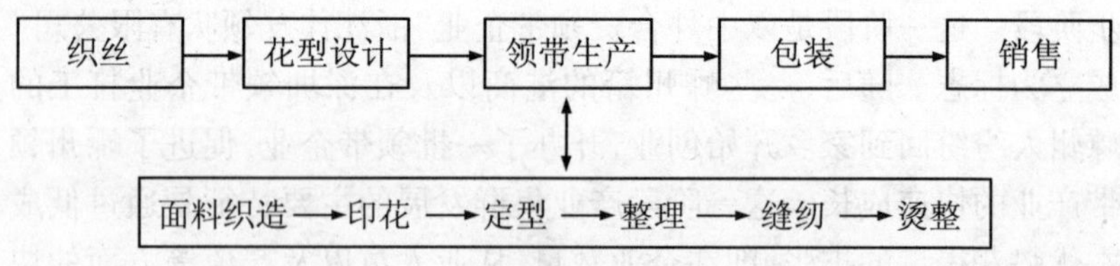

图5-1 领带制作的主要流程

注:转引自朱华晟(2003)。

在嵊州领带产业集群的早期发展阶段,领带企业往往选择市场风险较小、资金投入较低的领带生产环节,主要依托低成本优势进入市场。所以,企业面临的产业环境相对比较稳定,内部的制造能力相对比较弱,企业之间基本上没有什么差异。这时候,企业家的社会网络对企业成长至关重要,社会网络的范围决定了企业能否有效获得企业成长所需的资金与渠道,进而决定了企业能否实现快速成长。这就体现了上文所提到的模型Ⅰ。

早期的领带企业家主要包括两种人,一是嵊州籍的港商,一是曾在深圳领带企业打工的嵊州人。随着嵊州领带产业的发展,一些其他嵊州本地人也开始加入创业者的行列。在我们对很多企业家的访谈中发现,大多数企业的第一单生意都离不开自己亲戚与朋友的支持,很多企业家都强调朋友越多,企业的生意也就越好做。目前,很多中小型的领带企业也同样都是处于类似的环境,依托企业家的社会网络来获得资源以实现企业成长。嵊州的一家领带衬布切割厂的老板深刻地体会到社会网络对企业成长的作用,他说:"现在嵊州领带产业各部门的竞争都很激烈。但我并不担心,因为我朋友多、人缘好,加工产品的质量又没有问题,服务热情。以前在集体企业工作时的很多同事和老朋友都有自己的领带厂,他们中的大多数都是我的客户,而且还经常介绍一些新的客户给我。在这里,人际关系好,生意就越做越兴隆。"从中,我们可以看出,在稳定的产业环境中,当企业的制造能力较弱时,企业社会网络的多寡就决定了企业成长。

但是,随着嵊州领带产业集群内部企业之间以及与外部企业之间竞争的加剧(尤其是经常发生的价格战),嵊州领带企业的成本优势逐渐削弱,又由于企业之间缺乏差异化,企业只能不断地降价来维持生存,从而陷入低成本陷阱。于是,一些企业开始考虑通过企业升级来提高企业的竞争力以实现企业成长。在这一发展的过程中,表现出不同的升级路径。第一是在稳定的产业环境中,依托生产设备的改进来提高企业的制造能力,通过进军国际高端市场来扩大产品附加值的道路,即上文所提到的模型Ⅱ。巴贝集团、浙江麦地郎领带服饰有限公司的发展都体现了这种升级方式。巴贝集团董事长金耀原是佳友(前文已提到该企业是嵊州的第一家领带企业)的总经理,在任期间提出了企业发展的"三新"设想,即设备新、原料新、工艺新。但是,这种发展思路并没有得到董事会的同意。于是,在 1993 年 12 月金耀投资 1200 万元创业成立了巴贝集团,经过多年的发展,6 次引进先进设备,包括瑞士"苏尔寿·鲁蒂"剑杆织机和"史陶比尔"电子提花机以及德国提花织物"EAT"电脑设计系统。目前巴贝公司一共拥有240台国际先进的电脑织机、34台染丝设备。[①]“三新”设想的实践极大地提升了巴贝的领带制造能力。制造能力的提升使巴贝跳出了社会网络的约束，具备了与国际高档品牌合作的基础，其中法国的皮尔卡丹、日本阿罗发等国际知名品牌陆续成为巴贝的合作伙伴，从而使巴贝在很短的时间内发展成为嵊州最大的领带生产企业。

与巴贝类似，浙江麦地郎领带服饰有限公司也表现出类似的企业升级之路。[②]麦地郎继引进产自韩国的剑杆织机后，1999年又投资800多万元引进了6台意大利生产的电子提花式剑杆织机，目前已经拥有98台世界一流的电脑提花剑杆机。先进的织造设备与强大的设计系统相配套，能生产出目前最高档次的提花领带面料，可根据不同客户、不同季节的不同要求任意组成任何花型图样。设备投产后，一台织机的产量相当于以前的4台织机。随着企业的领带制造能力的提升，企业的外部网络也开始发生变化，企业开始嵌入到全球价值链之中，与高端客户建立了稳定的合作关系，从而极大地提高了企业生产的附加值。

除此之外，一些企业则通过进入花型设计环节来提高企业的附加值，从而实现企业成长。花型设计是领带生产的前一个环节，是领带制作流程中附加值比例最高的环节之一。相对领带制造环节，花型设计环节涉及更大的不确定性，需要企业有效把握领带市场的流行趋势，并快速设计出符合潮流的花型设计。由于花型设计能力的构建需要企业能够快速消化吸收市场上流行花型的相关信息，并设计出自身风格的花型以适应市场，从而需要较高的吸收能力。而这就需要较长时间的积累与较大的投资。所以，花型设计环节通常都被国际品牌所占据。正是由于花型设计能力的不足，大多数的嵊州领带企业往往只能获得微薄的领带加工费用。面对这一现实，从1999年开始，很多领带企业已开始从简单的依样加工向仿样加工、

---

① 巴贝集团网页 http://www.babei.com，后文的相关数据也主要来自企业网站。

② 浙江麦地郎领带服饰有限公司网页，http://www.maidilang.com。

创造性加工转化，在这一过程中，计算机被大量应用，很多企业的设计水平有很快的提高，开始告别手工描花型、手工制版的历史。

目前，由于吸收能力的不足，从事花型设计的大部分企业还处于被动的模仿创新阶段，即上文所提到的模型Ⅲ。由于花型具有较高的时效性，很多企业都会对自己正在生产的花型进行保密，所以，只有企业双方具有较高的信任程度，双方才可能会透露相关的信息。事实上，一些领带企业经常会从有限的几个长期合作客户那里了解到最新的领带花型，而这些客户往往与这些领带企业具有一定的社会关系。例如，很多嵊州的领带企业都通过有限的几个稳定客户来了解市场上流行的花型，并对这些花型进行一些简单的再设计，从而形成了自身的花型系列。在访谈中，一家领带企业的总经理就花型设计说道："目前嵊州很少有完全自主设计的花型，大部分企业都是通过自己的几个长期的外地客户来了解流行的花型款式，再进行稍微的改动就形成自己的花型款式。虽然还是一种模仿，但是这种模仿已经不像前几年那样完全照抄照搬，已经有了自己的一些东西在里面。"

巴贝集团是嵊州有限的几家能够进行相对独立的自主花型设计的企业，反应的是上文所提到的模式Ⅳ。为了建立自身的品牌优势，巴贝集团一直把领带面料、花型的开发能力作为评价领带企业综合实力的重要标志。在最初，为了提高企业的花型设计能力，巴贝一方面引进了世界上先进的德国EAT领带花型电脑设计系统，奠定了企业花型开发设计能力提升的硬件基础；另一方面还组建了企业自己的专业化的花型设计团队，构成了企业花型开发设计能力提升的人员基础。2002年，巴贝又成功地收购了意大利的一家设计销售公司，更加增强了公司对领带花型的设计能力。目前巴贝已经拥有省级技术中心和中国新型丝织技术研究开发中心。硬件与软件的投入明显提高了巴贝对领带市场的流行趋势的吸收与消化能力，提高了企业依托流行趋势进行花型自主设计的能力，即吸收能力。吸收能力的提升使企业具有了与国际专业设计公司、大学和科研机构交流的平台。巴贝于是开始通过构建大范围的网络来获得多元化的花型设计的相关信息，一方面与意大利、美国、日本等专业花型开发公司在领带花型设计与流行趋势方面建立合作关系，另一方面还与浙江工程学院通过合作开发新产品。巴贝公司开发的花型风格已被行内人士誉为“巴贝风格”，在领带企业竞争的核心——面料、花型设计方面具备了核心能力，成为国内领带流行趋势及花型设计的信息中心。

（三）评论

从嵊州领带企业的成长经历中，我们可以清晰地看出上一部分所提出的企业区位嵌入模式选择的四种基本模型。在相对稳定的产业环境之中，在创业的早期，企业的制造能力通常都比较弱，企业往往通过社会网络来构建自己的生产网络。朱华晟(2003)对嵊州领带企业的问卷调查说明，至少有一半的企业是通过社会网络关系建立起自己的供应商与销售商网络，并且认为在产业集群发展初期，这个比例会更高。因此，在稳定环境以及较弱制造能力的条件下，企业社会网络的范围越大，网络的地理开放性越高，企业越容易实现快速成长，即模型Ⅰ。

但是，随着嵊州领带产业内部竞争的加剧，尤其是价格战的频繁出现，领带企业所依赖的低成本优势开始被大幅度削弱。为了摆脱低成本的陷阱，很多企业开始考虑构建自身的核心能力，并调整自身在本地的嵌入模式以实现企业升级。对此，一部分企业是通过“三新”改造来提升自身的制造能力，开始与高档次的国际品牌进行合作，提升企业产品的附加值，即模型Ⅱ。在本案例中，巴贝与麦地郎是实践这条升级道路的两个典型企业。在这一过程中，商业关系开始替代社会关系成为企业网络的主导。朱华晟(2003)在对嵊州领带企业的实地访谈中也发现类似的情况，并提出了社会网络的功能演变的观点，认为：“市场竞争格局由‘价格战’向‘质量战’的渐变以及企业市场定位的分异导致了社会网络……的功能地位渐趋下降。”

除此之外，一些企业还通过涉足花型设计环节来实现企业升级。与领带生产环节不同，花型设计环节面临着更大的市场不确定性。涉足这一环节的大部分的领带企业由于吸收能力不足，难以有效把握领带市场流行的面料和花型，所以往往通过有限的几个长期客户来获得相关的信息，并进行适当的模仿创新以谋求发展，即模型Ⅲ。目前嵊州领带产业中，只有少数企业具备了自主的花型与面料设计的能力。从巴贝的案例来看，专业化的花型设计团队的构建、相关的硬件系统的引入以及对意大利一家专业的花型设计公司的收购使企业具备了较高的吸收能力，这就使企业具备了相对自主的花型设计能力。随着吸收能力的提高，企业的网络范围也开始扩大，因为大范围网络为企业提供了多方面的相关信息，有利于企业快速地对领带市场的流行趋势做出反应。因此，在动荡环境以及较高吸收能力的条件下，领带企业所拥有的更加开放性的嵌入模式促进了企业的快速成长，即模型Ⅳ。

第三节 本章小结

区位嵌入战略是企业成长必须解决的问题。本章首先分析了企业区位嵌入的两种基本模式，即机械模式和有机模式。认为两种模式各有其优劣势：机械模式有利于企业获得成本降低、知识溢出和集体学习优势，即区域集聚效应，但是却不可避免地带来本地锁定的问题；与之相比，有机模式则有利于企业获得外地的新知识，为企业带来新的成长机会，但是却面临较大的不确定性。在此基础上，我们进一步识别了企业区位嵌入模式选择的两大情境要素，分别是外部环境不确定性和内部能力动态性，并分析了这两大情境要素对企业区位嵌入模式选择的权变影响，最终识别了企业区位嵌入模式选择的四种基本模型。最后，我们以浙江制造企业为研究对象进行了深入的案例分析，研究证实了我们所提出的企业区位嵌入模式选择的基本逻辑。

第六章

■ 企业区位迁移战略

经过 30 多年的发展，我国企业在获得显著成长的同时，也孕育出了更高的外迁意愿与能力。获取外部资源以弥补当地资源之不足激发了企业的外迁意愿，而一定的实力保证，则使企业能够获得充分信息，有效组织企业外迁。在浙江，越来越多的龙头企业开始外迁，当然大多为部分迁移。例如，温州正泰把高压输配电设备制造基地设在上海，把工业自动化和太阳能生产基地迁往杭州，把输配电配套设备基地迁往嘉兴。

但是，在“大迁移”时代，企业区位迁移道路并非一帆风顺。在大量外迁的同时，也伴随着大量的回迁。这表明企业的迁移绩效难以令人满意，这或者是由于企业难以融入目标区域的产业网络，难以获得目标区域的潜在资源；或者是难以实现企业跨区域发展之后的整合问题。因此，如何优化迁移的战略决策，提升迁移绩效，就成为迁移企业所面临的核心问题。我们认为企业区位迁移战略是指随着内外部环境的变化，企业需要调整其区位以实现企业持续成长的战略决策。具体包括三个方面，一是什么是企业的区位迁移，二是企业为什么要进行区位迁移，三是企业如何进行有效的区位迁移。

第一节 战略情境分析

在本节,我们首先对企业区位迁移进行概念的解构,在此基础上分析企业进行有效的区位迁移策略所面对的三大情境要素对企业迁移的影响。

一、企业区位迁移

(一) 企业迁移的定义与形式

企业迁移是企业进行区位调整的一种特殊形式,是指企业经济活动在空间中的再配置或企业经营活动的区位再选择,是企业谋求新的发展空间以更好地满足成长需要的决策过程。(白玫,2005)

按照迁移区位所涉及的范围可将企业迁移划分为三种:区域内的迁移、跨区域的迁移和跨国的迁移。(Pellenbarg、van Wissen、van Dijk,2002;Mariotti,2002)从发达国家的经验来看,区域内的迁移主要关注的是大城市周围集聚产业的郊区化,区域间的迁移关注的重点则是经济中心区域向边缘区域或者发展中区域的产业分散。而从发展中国家的视角来看,则可能是一种相反的路径,例如浙江很多制造企业开始把研发设计中心迁往意大利、德国等地。跨国迁移,也可以表现为跨国投资,在全球化时代日益成为重要的迁移形式。

按照迁移主体的差异,企业区位迁移分为整体迁移和部分迁移。(Mariotti,2005)前者指整个企业的所有生产经营活动从某个区域迁移到另一区域;后者主要指企业活动的一部分从某个区域迁移到其他区域,而其他活动仍保留在原来区域,如总部迁移、生产部门迁移、研发部门迁移、销售部门迁移等。整体迁移对企业的影响相对较大,特别是企业迁往一个远离现有区位的地区,企业需要调整的不仅仅是区位本身,更重要的是要重新构建自己的上下游关系网络,这往往可能导致企业损失巨大。因此,整体迁移多为一些小型企业所选择,并且迁移的距离不会太远,从而能够保证已有的上下游关系网络不会产生太大的调整。与之相对,部分迁移往往是大中型企业进行战略性区位布局的重要手段。为了谋求自身的发展以及更为有效地利用特定区位的优势,大中型企业会将部分业务活动分离出去,从而形成部分迁移。例如,我们在前文所提到的温州正泰的迁移行为就是典型案例。

按照迁移目的的差异,借鉴 March(1991)对组织学习的分类法,以及 Makino 等(2002)对跨国企业 FDI 类型的分类法,我们可以把龙头企业外迁分为利用型外迁和探索性外迁。企业区位迁移的目的是为了更有效地利用迁入地的资源,不同企业迁移所指向的资源也存在较大差异。所谓的利用型外迁是指利用已有资源和能力,通过外迁获得迁入地的配套资源(低阶要素),以获得更多利润的经营性迁移。与之相对,探索性外迁则是指为了获取新的资源和能力(高阶要素),以提升自身长期竞争力的战略性外迁。与这一分类方法类似,从国际产业转移的角度,特别是考虑到发达国家与发展中国家关系的角度,企业迁移也可以分为顺梯度 FDI/迁移和逆梯度 FDI/迁移。(王凤斌、杨阳,2010)

按照迁移企业对关联企业的影响来看,企业迁移可以划分为个体迁移和群体迁移。顾名思义,个体迁移是指单个企业在区位上的重新选择,群体迁移则意味着多家企业同时进行区位迁移。目前随着企业之间联系的紧密,特别是一些龙头企业的涌现,群体迁移的现象也越来越多;一个企业是否进行区位迁移也不仅仅是个体的独立决策,而是依赖于其关联企业的迁移决策。因此,龙头企业的迁移问题也就受到越来越多的关注。

(二) 企业区位迁移的关键节点

在对企业区位迁移进行初步分类的基础上,我们需要对企业区位迁移的整体流程进行更为清晰的把握。企业要不要进行迁移?一个貌似简单的问题,却要求企业对此进行系统的思考:企业为什么迁移?企业要迁到哪里?企业的一个部分还是整体进行迁移?迁移需要付出多少以及何种类型的成本/投入?迁入之后,企业能否有效获得迁入地资源?所获取的迁入地资源能否进行有效的跨区域整合?

……为了把这一复杂的问题进行简化，我们主要识别出企业区位迁移的三大关键节点，具体见图 6－1 所示。

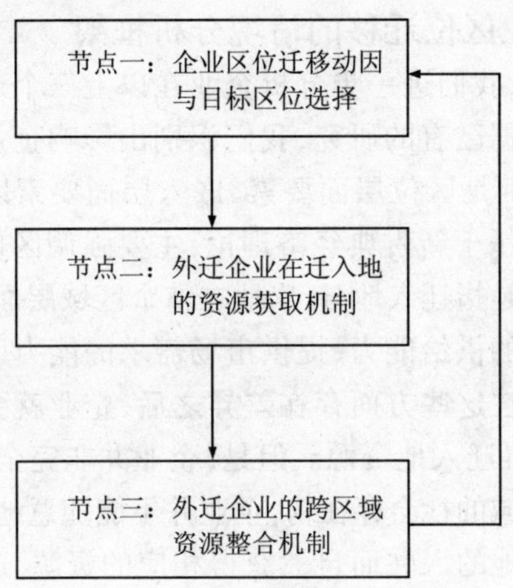

图 6－1　企业区位迁移的三个关键节点

总体而言，我们认为企业区位迁移不仅仅是一个简单的决策点，而是一个系统的过程，是一个根据内外部条件变化而进行区位再选择的过程，也是为了获得目标区位所具备的对企业成长有价值的稀缺资源的过程。从图 6－1 来看，企业区位迁移的第一关键节点是企业外迁动因与目标区位选择，即企业为什么外迁以及选择什么样的目标区位。如果企业决定迁移，那么随后进入企业区位迁移的第二关键节点，即外迁企业在迁入地的资源获取机制。如果企业能够较好地获得迁入地的资源，那么就进入企业区位迁移的第三个关键节点，即外迁企业的跨区域整合机制，也就是说，企业需要将资源在不同区域进行有效整合以最大限度地实现区位迁移所带来的优势。当然，如果企业预期能够实现跨区域的资源整合时，那么也就会进一步强化企业的外迁动因与区位再选择。那么，在这三大关键节点中，企业应当如何进行决策？这就要求我们首先界定企业的迁移模式，以及企业迁移的影响因素。

二、三大情境要素:区域层面、嵌入层面与企业层面

(一) 企业区位迁移的情境分析框架

在这一部分,我们进一步分析企业在以上三个迁移关键节点如何进行决策。根据已有的研究,我们识别出影响企业区位迁移的三大情境要素,分别是区位层面要素、嵌入层面要素以及企业层面要素。早期研究依托于新古典经济理论,主要强调区位层面要素。所谓区位层面要素是指迁入地/迁出地在整个区域层面的特点,包括区位在人财物方面的供给能力、提供市场需求的能力以及政府服务能力。当不同区域在这些方面存在差异之后,企业就会迁往更具吸引力的区域,以获得迁入地资源。但是,企业并非完全独立的个体,而是嵌入于特定区域的社会存在物,企业并不能随意地脱离迁出地,也不能随着在迁入地的入驻而自然获得相应的资源,这就涉及企业在迁入地/迁出地的网络嵌入性,即嵌入层面要素。在新制度经济学视角下,企业迁移受到企业在迁入地/迁出地的网络要素的影响。除此之外,不同的企业也存在不同的差异,这就要求我们必然要考虑到企业特质性要素,即企业层面要素。下面,我们以这三个要素来具体分析企业区位迁移的三个关键节点。具体逻辑如图 6-2 所示。

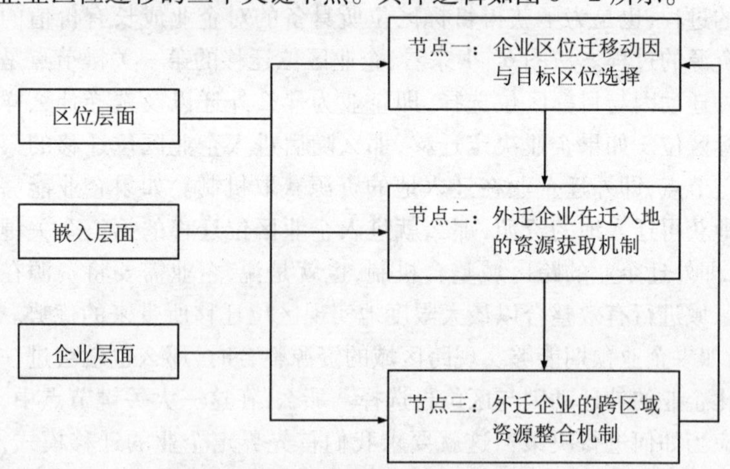

图 6-2 企业区位迁移的情境分析框架

（二）区位层面要素对企业区位迁移的影响

新古典经济学对企业区位迁移的研究主要关注了区位要素，其基本逻辑是不同的区位在众多区位层面要素之间的差异导致企业的区位再迁移。已有研究主要识别了两类关键的区位因素，分别是最小成本因素和区位基础设施因素。（杨菊萍，2010）其中，最小成本因素是指特定区位可以提供的能够降低运营成本的相关要素，例如劳动力成本、物流成本、接近市场的成本；区位基础设施因素是指特定区位，尤其是政府所提供的基础设施，例如基础水电、生活空间等。当然，最小成本要素与区域基础设施要素并非完全独立，而是存在一定的交集。例如在劳动力成本这一要素中，既有区域自身自然形成的部分，也离不开区域政府在提供合格劳动力方面的努力。

表 6-1　企业区位迁移的区位层面要素

类别	因素	相关研究
最小成本因素	运输成本	Hart、Denison、Henderson（1989）
	劳动力成本	Schmenner（1980），Karvel、Musil、Sebastian（1998），Sleuwaegen、Pennings（2006）
	税收	Wasylenko（1980），Hart、Denison、Henderson（1989），Devereux、Griffith（1998），Karvel、Musil、Sebastian（1998），Vogel（2000）
	公共补助金	Vogel（2000），Mariotti（2005），Sleuwaegen、Pennings（2006）
	本地竞争性	Karvel、Musil、Sebastian（1998），Hanna、Pavlos（2007）
	市场规模	Brouwer、Mariotti、Ommeren（2004），Sleuwaegen、Pennings（2006）
区域基础设施因素	市场、劳动力或供应商临近性	Schmidt（1979），Hart、Denison、Henderson（1989），Karvel、Musil、Sebastian（1998）
	基础设施、水电	Hart、Denison、Henderson（1989）

续 表

类别	因素	相关研究
区域基础设施因素	交通便利性	O' Connor(1987),Hart、Denison、Henderson(1989)
	宜人性/生活质量	Harding(1988),Hart、Denison、Henderson(1989)
	区域位置	Malizia(1984),Meester、Pellenbarg(2006),Hanna、Pavlos(2007)
	地理集聚性/产业“氛围”	Hart、Denison、Henderson (1989), Devereux、Griffith(1998),Meester、Pellenbarg(2006),Hanna、Pavlos(2007)
	发展空间	Schmidt(1979),Schmenner(1980),Vogel(2000)

注:资料来自杨菊萍(2010)。

按照要素来源,区域资源可以分为外生性的资源禀赋和内生性的知识积累。外生资源禀赋的有限性是指本地的要素供给和客户资源的有限性。这种有限性带来了规模不经济(Krugman,1991;McCann、Folta,2008),表现为随着企业数量的增加,企业之间对各种要素资源的竞争加剧,导致拥挤成本(Prevezer,1997),驱动企业外迁。内生知识积累的有限性是指知识积累的路径依赖性。作为一个演化系统,由于知识积累的路径依赖,特定区位知识系统的发展存在知识本地锁定的风险。为了规避这种知识的本地锁定风险,企业就有动机通过区位迁移来摆脱对本地知识的依赖,获取新知识以实现企业成长。(Pouder、St. John,1996;Poter,2000;Boschma、Frenken,2006)

首先,从区域层面要素来看,企业迁移是为了规避迁出地不利的区域条件,利用迁入地的区位优势以降低成本;在目的地选择方面无疑是选择能够提供最低运营成本的区位。对于这一问题,早期的

Weber 的工业区位理论就给出了回答,他认为产业①区位由投入与产出的最小运输成本所决定。后来,Losch 从利润最大化的视角寻找最优区位,把市场需求作为空间变量,进而探讨了市场区位体系和工业企业最大利润的区位,试图弥补早期区位理论忽视需求的缺陷。(Mariotti,2005)Isard 借助后来发展形成的区域经济学原则,把区位问题重新表述为一个标准的替代问题:厂商可以被看作是在权衡运输成本与生产成本,正如它们做出其他任何成本最小化或利润最大化的决策一样,对区位理论进行回顾和总结后,提出了利润最大化视角下最优区位选择的一般理论原则。(杨菊萍,2010)

其次,从区域层面要素来看,已有研究认为企业通过入驻迁入地可以自然而然获得迁入地的资源,认为企业可以自然而然地实现跨区域资源整合。新古典经济理论在极大地简化企业的假设之后,也自然而然地认为企业可以有效获得迁入地的资源,并实现资源的跨区域整合。当然,当企业所获得的资源均为较低级的资源时,例如获得迁入地所提供的经营空间、获得迁入地相对低廉的劳动力,这一结论并不会带来太大的问题;但是随着企业迁移所预计获得的资源趋于复杂和多变时,这种简单的假设存在相当大的问题。例如,嵊州一家领带企业为了提升自己的品牌形象,获得高水平人力资源,就把设计和销售部门迁往上海以利用这一区位所具有的优势。但是迁往上海之后,企业却发现自身难以有效获得当地高水平人力资源的青睐;同时,企业也发现在上海的两大部门和嵊州本部的沟通存在较大的问题,因而企业认为自身难以获得上海的区位优势,提升品牌形象也随之成为无本之木。为此,企业后来只能黯然把两大部门迁回嵊州本部。这一简单的案例表明,当企业是为了获得高级资源时,这种基于新古典经济学的简单逻辑就存在较大问题,即企业获取迁入地的资源,特别是高级资源,并非自然而然形成的,即使获得了相应的资源,企业的跨区域资源整合也存在较大的风险。这就要求学者关注

① Weber 研究的重点还在于产业,但是这一逻辑也可以应用到企业这一层面。

随后的嵌入因素和企业因素。

总之,区位因素的提出使学术界认为区域禀赋的差异是造成企业迁移的动力;由于强调完备信息和理性行为,新古典理论视角下的企业迁移被看作一项没有成本的活动,一项没有任何摩擦的获得。因此,从 19 世纪 60 年代起,随着企业资源越加复杂,这一假设受到越来越多的批评。企业除了考虑不同区位禀赋的差异,还要考虑迁移所造成的成本(厂房、基础设施等)损失、劳动就业关系的维持以及地方政府的压力等因素的影响,这些因素就是促使企业留在现有区位的阻力因素。

(三)嵌入层面要素对企业区位迁移的影响

嵌入层面的要素是指与企业相关联的各种关系网络,不仅包括在迁出地的关系网络,也包括在迁入地的关系网络。嵌入层面要素决定了企业能否真正摆脱迁出地的束缚,能否真正获得迁入地的资源。那么,嵌入层面要素包括哪些? 又如何影响到企业迁移? 在企业的区位嵌入战略中,我们已经对此进行了深入分析,在这里仅仅做简要分析。

嵌入层面要素是指企业在迁入地或者迁出地的嵌入性,具体可以采用企业在区位之中的网络特征来刻度。企业在特定区位的迁入模式包括机械模式和有机模式两大类,概而论之,当企业需要新的成长资源时,企业需要建立区位嵌入的有机模式,即通过更多的跨区域网络来获得外地的新资源以实现成长。而迁移则是企业直接进入外地,并构建跨区域网络的重要方法,因此,区位迁移战略可以视为企业构建区位嵌入有机模式的一种方式。例如,嵊州的巴贝集团就通过并购一家意大利的设计公司来构建跨区域网络,以提升网络的开放性,这种行为也可以视为企业的部分迁移策略,即把企业的一个设计部门迁往意大利。

首先,企业在迁出地的有机网络嵌入所提供的外地信息指明了企业外迁的满意区位。企业在迁出地的有机嵌入模式使企业拥有更多的跨区域网络,能够提供大量外地的信息,从而指明了企业外迁的方向。在新古典经济学框架下,企业都是完全理性和信息完备的,所以企业总是会迁往最优区位。但是,现实情况表明,企业总是难以寻找到最优区位,而往往是相对较近的区位。例如永康五金企业在迁移的过程中,通常会选择附近的区位,尽管中部和西部在劳动力、土地资源方面更为充裕,但是企业并不会直接搬迁到中部和西部。正如一位企业家所说,那些区位我们不熟悉。这一案例表明,现实的企业都是有限理性的,都是不完备信息的决策主体,而网络是企业获得信息的重要渠道。在迁出地的开放网络模式则有可能为企业带来更多外地的信息,企业就可以从中判别出外迁的方向。当然,在这里,外迁区位的选择并非最优的选择,而是在企业所拥有的有限信息中所选择的满意区位。

其次,企业在迁出地的机械嵌入模式对企业迁移动机起到双重影响。一方面,企业在迁出地的机械嵌入模式可能阻碍企业的外迁。这主要是因为企业难以承担在本地脱嵌所带来的各种不利影响,因而难以有效割舍在本地的关系。例如,企业员工的社会关系、企业与当地政府的关系以及企业与当地配套企业的关系。企业员工,特别是核心员工,都在本地保持一定的社会关系,长距离的外迁必然导致这些核心员工的流失,因此为了保持核心团队的稳定性,企业在外迁的时候往往会选择附近的区域,而不是很远的区域。企业与当地政府的关系决定了企业能够获得当地政府所提供的资源的多少和优劣,如各种奖励和荣誉、在税收上的明的或暗的优惠、在土地供给方面的各种优惠。因此,当企业决定外迁时,必然要考虑到这一机会成本。企业与当地配套企业的长期的合作关系使彼此之间能够有效合作,提升彼此的效率,因此这也构成了企业外迁的一种机会成本,从而构成外迁的阻碍因素。另一方面,企业在本地的机械嵌入也使企业的迁移决策受制于其合作伙伴。当企业的主要合作伙伴决定迁移时,为了能够保持彼此的合作,企业也会选择被动的迁移,即通常所提到的集体迁移。一个典型的情况就是,本地的一个龙头企业的外迁,往往会带动其合作伙伴的同步外迁。因此,企业在迁出地的机械嵌入模式将会对企业外迁动机和目标区位选择产生积极和消极的影响。

再次,企业在迁入地的嵌入性决定了企业能否获得迁入地资源。在嵌入的逻辑下,企业并非能够通过直接入驻而自然获得迁入地的资源,这是一个在迁入地嵌入的过程,是一个有效吸收的过程。根据我们在第五章对企业区位嵌入战略的研究,企业在迁入地的机械嵌入模式决定了企业能否真正获得目标区位的资源。当然,这种机械嵌入模式的建立是一个全新的过程,是一个有别于在迁出地的网络构建过程,特别是当企业在迁入地不具备相应的关系时。这也是很多企业在迁入地构建相应的关系网络难以成功的重要原因。例如,嵊州一家领带企业把自身的营销部门迁移到上海的时候,发现自身与当地的各种组织难以建立真正的合作关系,从而也就难以获得上海的各种资源。同时,企业能否真正获取这种资源还需要具备一定的吸收能力。这将在下一部分重点论述。

最后,在迁入地和迁出地的嵌入为企业实现跨区域资源共享提供了必要条件,但是能否最终实现跨区域资源共享还依赖于企业的内部能力。

总之,从嵌入层面要素来看,企业在迁入地和迁出地的嵌入性决定了企业能否真正获得迁入地的资源。从嵌入性的角度,我们可以较为容易地解释三个经典的迁移现象。第一,外部没有优越的区域,企业并不愿意外迁;第二,有时企业自身并没有强烈的外迁动机,但是当企业的主要合作者进行迁移的时候,企业也不得不进行迁移,即集体迁移;第三,企业即使迁移到目标区域,但是难以获得当地的资源,以至于出现回迁的现象。这三种现象存在的重要原因就是企业不能有效控制企业在迁入地和迁出地的嵌入模式。

(四)企业层面要素对企业区位迁移的影响

自2000年以来,越来越多的学者开始探讨企业层面的要素对企业迁移的影响。企业层面的要素有很多,表现为各种不同的指标。但是这些不同的企业层面的要素对企业区位迁移的影响主要是通过企业知识/能力这一关键要素来发挥作用的。因此,在企业层面,我们主要关注知识/能力异质性对企业区位迁移三大关键决策的影响。具体包括三个方面的能力,分别是企业的知识积累程度、企业的知识吸收能力以及企业的知识整合能力。这三个方面的知识/能力要素决定了企业迁移在三个关键节点上的决策。

首先,企业差异化的知识积累决定了企业的迁移动机与目标区域选择。其主要逻辑在于企业之间差异化的知识积累决定了在迁出地集聚效应的非对称分布,以及在迁入地的竞争效应,最终表现为差异化的迁移行为。①从知识积累的角度,企业可以分为高品质的企业和低品质的企业,这种差异具体表现为资源储备丰裕程度(Shaver、Flyer,2000)、能力水平的高低(Alcácer,2006)以及生产效率的高低(Baldwin、Okubo,2006)。②知识积累的差异性导致了集聚效应的非对称分布,即高品质企业为集聚效应(包括外部规模经济、知识溢出、需求提升)的生成贡献良多,而收益较少;与之相反,低品质企业通过与高品质集群企业共存,所获得的集聚效应较多,而贡献较少。(Shaver、Flyer,2000;Alcácer,2006)简单来说,这种集聚效应的非对称是指:高品质与低品质企业的共存,使高品质的企业处于外流的状态,而无所获,甚至出现显著消极的影响;与之相反,低品质企业则可以通过各种渠道(通常表现为各种正式与非正式的网络关系)有效吸收高品质企业的知识,从而获益匪浅。③集聚效应的非对称分布使高品质企业有远离低品质企业集聚区域的动机,使低品质企业有迁往高品质企业集聚区域的动机,从而形成“你追我逃”的循环迷局。具体来说,高品质企业为了规避消极的集聚效应,就会有远离低品质企业的动机;而低品质企业为了能够更好地学习与成长,更倾向于迁往高品质企业集聚的地方。这可以解释为什么很多发展中国家的企业为了提升自身实力,会并购发达国家的企业或者在发达国家建立研发与销售部门的企业经营行为。④除了集聚效应,异质性企业之间的竞争效应限制了彼此区位选择的自由,破解了“你追我逃”的循环迷局,形成了高品质企业集聚在一起,而低品质企业集聚在一起的相对稳定的状态,即异质性企业的分异。具体来说,高品质集群企业可以通过竞争机制设定进入壁垒,限制低品质企业的自由迁入。(Alcácer,2006)例如,在沃尔玛周边不会存在其他的大中型超市。总之,企业在知识积累的差异性带来了集聚效应的非对称分布,形成了不同企业的差异化的迁移动机与目标区位选择,带来了高品质企业与低品质企业“你追我逃”的循环迷局;而高品质企业则通过各种竞争手段控制了低品质企业的迁移行为,从而形成了高品质企业集聚在一起,而低品质企业集聚在一起的相对稳定的状态,具体见图 6-3 所示。

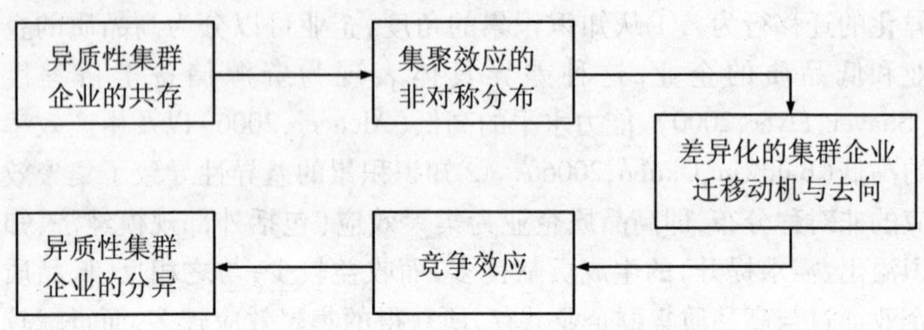

图 6-3　企业异质性假设下的企业迁移机理

其次,企业的知识吸收能力决定了企业能否真正从迁入地获取资源。诚然,优良的区位为企业提供了成长所需资源,同时区位嵌入性所构建的各种网络关系为企业获得这些资源提供了渠道,但是能否把这些资源真正吸收到企业内部,还依赖于企业内部的知识吸收能力,特别是对于探索性迁移或者逆梯度 FDI/迁移的企业而言。由于逻辑较为简单,在这里不再详述,仅强调两点。一是这种吸收能力具有对象专有性的特点。已有研究在研究吸收能力时,强调了吸收能力的一般性,诚然,随着知识基础越加宽广厚实,企业的知识吸收能力越强。但是,对于一个成长性的企业而言,知识吸收能力必然要强调对象专有性,即在特定的知识领域中的知识积累,而不是宽泛的知识积累。例如,对于海宁皮革企业而言,为了提升企业的皮革设计能力,企业会把自身的研发部门迁往上海甚至意大利。而为了有效提升自身的皮革设计能力,企业的吸收能力的培育就应当强调两种对象专用性,分别是知识领域的专用性和区域特色的专用性,前者强调在皮革设计这一专门的知识领域,后者强调迁入地的区域特点。二是吸收能力的动态性。与对象专用性相关,吸收能力的动态性是指随着吸收对象的变化而应该动态地调整自身的吸收能力，这意味着企业并不能因为在一个领域的成功而忽略了自身吸收能力的持续提升。

最后，企业的知识整合能力决定了企业能否实现知识的跨区域整合。当企业获得迁入地区域资源时，如果不能够和企业已有资源进行有效整合，所获得的资源的价值也将大打折扣，从而降低企业的迁移绩效。知识整合能力是指企业有效整合不同部门、不同领域的知识，是一种高阶的动态能力。在浙江，为了获得高水平的人力资源，企业开始把知识密集型的研发和销售部门迁往上海。但是在大量外迁的同时，也存在大量的回迁现象。其中大量企业都是因为缺乏相应的知识整合能力，从而导致迁移战略的失败。例如，温州柳市一家企业虽然在上海获得了一些订单，并进行了相应的设计开发工作，但是却难以和远在柳市本部的制造中心进行及时、有效地沟通，导致部分订单生产出现了一些失误，引起了较大的损失。为此，企业进行了一定的调整，虽然在上海的研发和销售中心仍然存在，但是重心迁回了柳市本部。从中，我们不难发现，企业进行跨区域的知识沟通存在的问题导致了企业难以有效利用迁入地的资源。当然，跨区域的知识沟通仅仅是知识整合的一个初级的环节，有效的知识整合还需要企业从事更多的工作。而知识整合能力的形成更多地依赖于经验的积累，即"干中学"。

总之，区域层面、嵌入层面以及企业层面的三类要素决定了企业迁移的三个关键决策点。我们认为企业迁移决策不是一个简单的决策，而是一个系统的过程，并把企业迁移分为三个关键节点，分别是企业区位迁移动因与目标区位选择、外迁企业在迁入地的资源获取以及外迁企业的跨区域资源整合。在此基础上，我们进一步识别了影响企业迁移的三类情境因素。区域层面的要素决定了目标区域是否具备企业成长所需的各种资源，嵌入层面的要素则决定了企业能否接近(access)相应的资源，企业层面的要素，特别是知识/能力要素，决定了企业能否真正获得相应的资源。当然，在这里，我们仅仅宽泛地提出了企业迁移决策的三类权变情境及其对企业迁移三大关键决策点的影响。那么，具体的企业如何进行相应的迁移决策？对此，我们将在企业迁移的典型案例分析中进行论述。

第二节 典型案例分析

在本节，为了进一步说明上面所提及的理论逻辑，我们主要采用三个相关的案例进行详细说明。一是以慈溪家电企业为对象，深入剖析外迁的动机；二是从企业迁移的视角来探讨合肥家电产业发展的奥秘；三是以温州正泰集团为对象，探讨企业的迁移战略及其所形成的跨区域协同成长路径。

一、慈溪家电企业外迁动机的案例研究

（一）慈溪家电产业概述

慈溪家电产业起步于20世纪70年代中期，从塑料零配件加工起步，历经从零配件加工到整机制造组装、从来料加工到贴牌生产再到自主创牌、从小家电仿制到大家电制造、从单一品种到多品种系列化生产、从先发优势到机制优势再到产业链优势的一个渐进式的发展历程，实现了以中小企业集群为特色的快速成长。如今，慈溪家电产业依托其灵活、完善的产业配套推动了家电企业的快速成长，从而发展成为我市的支柱产业，并先后获得“中国家电产品出口共建基地”、“中国家电采购基地”、“国家火炬计划宁波慈溪智能新型家电特色产业基地”和“中国家电产业基地”等称号。

慈溪家电产业2008年实现工业总产值601亿元，占慈溪工业总量的近30%，工业增加值120亿元，出口额25.7亿美元，利税39.6亿元，吸纳就业28万多人。其中规模以上企业实现产值281.4亿元、工业增加值61.5亿元。慈溪家电产业拥有整机生产企业近2000家，加上配套企业共近万家，形成了以较为完善的产业链为基础的产业集群优势。现有10亿元以上企业2家，1亿元以上60家，5000万

元～1 亿元 38 家,3000 万元～5000 万元 33 家,1000 万元～3000 万元 128 家,规模以上企业 351 家。慈溪家电产业主导产品主要有取暖器、饮水机、洗衣机、电熨斗、电冰箱、三明治炉、电风扇、吸油烟机、电吹风、吸尘器等,以小家电为特色的产品结构不断向大家电和健康护理家电等领域拓展。

慈溪家电产业拥有国家级高新技术企业 16 家,宁波市级以上各级企业技术(研发)中心 22 个,其中国家级 1 个;累计获得国家授权专利 6000 余项,10 多家企业主持或参与了国家、行业相关标准的制定、修订。其中,沁园“节能型饮用水深度处理系列设备的研发与产业化”项目获 2008 国家科技进步二等奖。慈溪家电产品出口占较大比例,饮水机、电吹风、电熨斗、电源插座等小家电的出口量名列前茅,国际市场多元化步伐加快。当前紧抓“家电下乡”机遇,中标企业 30 余家,占全国的 1/4,产品涉及冰箱、洗衣机及冰柜共 48 个品牌、396 种型号的产品。方太等龙头企业的专卖店建设如火如荼,为开拓国内市场奠定了良好基础。①

虽然企业数量上万,总体产能较大,但相较国内其他两大家电生产基地而言,慈溪家电集群企业的整体素质明显较差,面临着更为迫切的升级压力。为此,慈溪市政府制订了从家电制造为中心转向研发、制造和销售/品牌均衡发展的升级路径,并希望龙头企业发挥龙头作用带动其他企业共同发展,进而实现整体升级之路。与此同时,龙头企业也在加大研发设计和品牌塑造方面的投入,希望占据附加值更高的价值链环节,以实现企业升级。

(二)驱动慈溪家电企业迁移的关键要素

以慈溪家电企业为例,我们主要研究了慈溪家电企业迁移动机的影响因素。为此,我们进行了问卷设计以搜集研究数据。问卷结构主要包括三个部分:一是企业的基本特征,二是企业对区域环境的评价,三是企业的外迁意愿。

---

① 资料来自 2009 年笔者主持课题的研究成果《慈溪市家电产业集群转型升级实施方案(2009—2012)》。

以影响企业迁移的三类情境因素为基础,针对慈溪家电企业的具体情况,调查问卷进行了适应性调整。其中,区域因素主要包括三个方面,分别是要素供给环境、产业诚信环境以及政府服务环境。其中,要素供给环境分为劳动力丰裕性和融资便利性两个部分;产业诚信环境调查通过询问企业对慈溪区域诚信环境的满意程度得来;政府服务环境调查通过询问企业对8个方面的满意程度得来,具体包括工商服务、税务服务、金融服务、社保服务、法律服务、项目审批、社会治安以及服务通关等。嵌入因素主要以企业规模来测度,一般来说,企业规模越大,企业与当地的关联性也就越大,企业在当地的嵌入程度也就越深。企业层面要素主要包括企业能力,具体采用全员生产率来测量,即员工的人均销售额。2009年2月,在慈溪市经济发展局的协助下,我们对慈溪的家电产业中的企业迁移意愿进行了大规模的问卷调查,获得有效调查问卷83份。并利用SPSS13.0软件,主要采用分层二元Logistic回归分析来探索慈溪家电企业迁移动机的影响因素。

通过深入的实证分析,我们主要得到以下结论。在区域层面,对产业诚信环境以及对本地社会治安的不满导致企业更倾向于外迁,而劳动力的丰裕程度、融资便利性以及政府服务的其他维度对集群企业外迁意愿并不存在显著影响;在嵌入层面,企业规模越大,企业越倾向于留守在本地;在企业层面,生产效率对企业外迁意愿的影响并不显著。从中我们可以延伸出以下四个方面的结论。[①]

第一,在区域层面,不可替代的区域要素是决定集群企业外迁的关键动因。按照企业能否替代其不利影响,企业外迁的区域因素分为不可替代区域因素和可替代区域因素。当区域因素可以通过其他渠道进行替代的时候,企业就不会轻易选择外迁;反之则将会驱动企业外迁。本书的实证研究表明,产业诚信环境和本地治安环境是慈

① 此处文本主要来自浙江工商大学浙江省属高校人文社科重点研究基地(企业管理学)工作论文,吴波、曲亮、肖迪:《集聚优势耗散与集群企业外迁》,2010。

溪家电企业难以通过其他渠道进行替代的区域环境因素，而劳动力丰裕程度、融资便利性以及政府服务的其他维度则是企业可以通过其他渠道弥补的因素。

第二，在嵌入层面，规模较大的家电企业则表现出显著的留守意愿，反映了与其他主体的谈判优势是慈溪规模较大的家电企业留守本地的重要动机。规模较大意味着企业更为有效地构建本地网络关系，可以获得与本地三类利益相关者（上下游企业、合作机构以及当地政府）的支持。

第三，在企业层面，能力较强的家电企业并没有表现出显著的外迁意愿，这表明知识管理（即流入与溢出）还不能构成能力较强的企业外迁的显著力量，反映了慈溪家电产业低技术的产业特征以及企业能力/知识基础薄弱的特点。在知识经济下，接受外部的知识流入，规避本地消极的知识溢出，是高品质企业外迁的重要动力，但是这一逻辑在慈溪家电集群企业之中还没有明显的体现。其原因在于：或许慈溪家电企业之间的能力/知识差异并不大，知识外溢对溢出方虽有消极影响，但是影响并不大；或许慈溪高品质家电企业的能力/知识基础仍然较为薄弱，即使外迁也难以获得外部的高品质知识。事实上，在慈溪家电产业集群之中，这两个方面的因素同时存在，且以后者尤为显著。

第四，慈溪家电产业仍然存在高品质企业外迁的潜在风险。实证研究表明，慈溪家电产业集群中的高品质集群企业还没有呈现出显著的外迁意愿，但是随着家电产业的发展，家电企业内部实力的不断增强，外迁依然是高品质家电企业的战略选择，慈溪市政府仍需不断调整政策以有效应对这一趋势。

二、引导企业迁入，推动合肥家电产业发展的案例研究

（一）合肥家电产业概述

改革开放以来，合肥家电产业经历了从繁荣到落寞再到腾飞的过程。20 世纪 80 年代中后期到 90 年代中期，合肥市涌现出了荣事

达、美菱、黄山、万燕、天鹅等多个知名家电品牌,中国第一台窗式空调诞生于天鹅,世界第一台 VCD 诞生于万燕,第一台仿生洗衣机诞生于荣事达,第一台变容式冰箱诞生于美菱。但是,合肥人的兴奋很快就被无奈所代替。万燕夭折在襁褓中,美菱和荣事达也陷入发展的瓶颈。"中国人的生活,中国人的美菱","荣事达,时代潮",这些曾经让人耳熟能详的广告语,也只能成为一种渐去渐远的记忆。合肥市政府经过深入的分析发现,合肥拥有丰厚的家电产业基础,在地理区位、人力资源、科技力量等方面都拥有得天独厚的优势,只要运用恰当的政策引导可以使合肥的家电产业浴火重生。

在认清了目标后,合肥家电产业步入了调整轨道,从 2000 年至今可以分为两个大阶段。第一阶段是 2000—2005 年,主要工作是对家电企业进行改制重组,通过资产优化吸引国内家电巨头的加盟。在这个阶段,合肥引来了海尔、美的、长虹、华凌、三洋等国内外大企业投资落户,使行业产值年均增长超过 20%,洗衣机、冰箱、彩电、空调的产品产量,2005 年比 2000 年成倍增长。第二阶段是 2006 年至今,主要工作是利用坚实的产业基础和区位优势承接沿海产业转移。在这个阶段,合肥吸引了格力、欧力、尊贵、晶弘等企业入驻,本土品牌美菱、荣事达与国内大牌长虹、美的强强联合增资建园,并带动冰箱及空调的核心配套件知名生产企业入驻。小家电及新能源、新材料产业也蓬勃发展,产值年均增长近 35%。

目前,家电产业已经成为了合肥市工业经济重要支柱之一。2008 年合肥市规模以上家电企业 111 户,其中年销售收入超 100 亿元的企业有 3 家,超 50 亿元的企业有 2 家,其中五户大型集团企业(海尔、长虹美菱、荣事达美的、合肥三洋、格力)占整个行业产值的 90% 以上,完成工业总产值 320 亿元,占全市工业总量的 22.4%,全部家电企业实现工业总产值 400 亿元。全年生产冰箱 896 万台,洗衣机 678 万台,彩电 212 万台,空调 210 万台,小家电 300 万台。冰箱、洗衣机、空调和彩电的产量分别居全国第 3 位、第 3 位、第 4 位和第7位。[①]

（二）合肥有效引导企业迁入的关键要素

那么，合肥市是如何有效引导这些高品质企业迁入的？其原因众多，但其主要原因在于几个方面。

第一，地理区位优势。合肥的地理位置非常独特，是我国中部重镇，具有贯通南北、连接东西的独特区域地理优势。以合肥为中心，以500公里为半径，其市场圈覆盖人口4亿～5亿，这部分市场在中国消费市场中占有重要的地位。现在中国的中西部地区以及三级、四级市场正处于快速增长时期，是国内外产业和资本加快向内地尤其是长三角转移的第一站，很多大型企业出于战略发展布局的需要选择合肥作为其生产基地。格力空调将生产基地设在合肥的重要原因之一就是看中了其区位优势，可踞合肥望华东，为格力在拓展华东市场上赢得了更多筹码。位于合肥高新区栢堰工业园的格力合肥生产基地，共分三期建设，最终形成年产500万套总装能力、30亿元商用空调和年产500万台压缩机的项目。这是格力除珠海之外的最大空调生产基地，也是中东部地区最大的空调生产基地。

第二，人力资源优势。合肥是我国重要的教育基地，是国家唯一的科技创新试点城市，拥有中国科技大学、合肥工业大学等各类高等院校59所，中科院物质研究所、电子16所、38所、43所等各类研究所200多个，拥有20多万科技人才，人才资源丰富，是除北京以外国家重大科学布局最密集的城市。此外，合肥家电业经过30年发展，美菱、荣事达等为家电企业培养了一批人才，具备了专业人才优势。在当地就可吸引到大企业的熟练工人和管理人才。最后，合肥的劳动力成本低廉，仅相当于北京的50%，降低了产品的成本，提升了产品的价格优势。

第三，政府服务优势。合肥对推动家电产业发展有着重大影响

① 资料来自主要来自浙江工商大学浙江省属高校人文社科重点研究基地（企业管理学）调研报告，肖迪（2009）：《关于合肥市家电产业集群发展的调研报告》。

的重点招商引资项目非常重视，以“商鞅变法”的精神开展效能革命，使合肥一举成为中西部乃至国内审批环节最少、办事效率最高、服务意识最强的城市之一。安徽省委常委、合肥市委书记孙金龙和合肥市长吴存荣为项目的引进和建设倾注了大量精力，多次亲临现场指导协调，帮助企业解决项目建设中遇到的难点问题。

例如，尊贵电器在成立初期曾考虑在苏州新加坡工业园设立生产基地，但合肥市政府积极主动为企业解决实际困难，不仅在税收上给予优惠，园区 34 项行政事业收费由政府免单、园区代办，出口展销、认证都有补贴。政府还善于“搭台”为企业“唱戏”，去年第二届家博会期间，尊贵的客户全部被请到合肥，在家博会期间召开商家贸易洽谈会和订货会，极大地提升了尊贵品牌的影响力。此外，为了引进京东方，合肥市成立由常务副市长张晓麟任组长的京东方项目筹备领导小组深入推进京东方项目工作。上至市委、市政府主要领导亲力亲为，三番五次亲自调度，亲自登门拜访；下至基层办事员，每个相关人都贡献着自己的力量。每个人、每个部门都为着同一个目标，发出一样的声音，付出共同的努力。京东方董事长王东升说：“对这个项目，很多城市书记、市长都非常重视，待我都如上宾，到了下面的机关和单位，力度明显下降，就像拳头打在棉花上。要说上下一心，团结凝聚，唯有合肥。”

在高度重视的同时，合肥市政府出台了一系列政策推动家电产业的发展，如《合肥优先加快工业发展行动纲要》、《关于加快新型工业化发展的若干政策》、《关于调整完善加快新型工业化发展若干政策的通知》等，为家电产业发展提供了强大的政策支持。为了推动技术创新，合肥市拟投资 40 亿元建设科学城，着力打造总部基地、科研孵化基地、机电产业园等几个特色园区。合肥还计划以企业为主体建设 10 个产学研联盟，在探索产学研合作的新途径、搭建产学研合作的有效平台和加大对产学研合作的投入等方面取得新的突破。此外，市政府正在全面落实同驻肥高校科研机构所达成的合作协议，以协会、学会、沙龙等形式搭建产学研合作的要素对接平台，建立有效集聚、推介、转化科研成果的长效机制，推动成果就地转化。

第四,利用曾经的高品质家电企业吸引了最早的几家高品质企业的进入,早期进入的高品质家电企业进一步带动了其他高品质企业的进入,从而形成了高品质家电企业的集聚区。合肥家电产业中的美菱、荣事达等均为20世纪90年代初期的代表企业,迄今仍然屹立不倒,仍然在各项资源方面具有竞争优势。这些企业成为吸引最早的外部高品质家电企业进入的重要筹码。例如,美菱、荣事达与国内大牌长虹、美的强强联合增资建园,实现了"引得凤凰来"。在第一阶段,随着海尔、美的、长虹、华凌、三洋等巨头的进入,进一步吸引了其他高品质企业的进入,格力、欧力、尊贵、晶弘也开始进入合肥发展。

总之,合肥家电产业引入高品质企业实现产业发展的案例表明,在区域层面,优越的区位因素是吸引企业迁入的重要因素;在企业层面,本地已有的高品质企业资源更是吸引外部高品质集群企业进入的关键。当然,限于资料,我们没有对嵌入层面的要素进行深入研究,这也是我们未来研究的一个方向。

三、通过迁移战略,实现正泰跨区域协同成长的案例研究

(一)正泰集团简介

正泰集团的发展与温州柳市低压电器产业的发展紧密相关。柳市镇位于浙江温州乐清市,以柳树下形成集市而得名,是我国著名的低压电器产业集群。2006年,柳市镇实现工业总产值281.42亿元,超亿元企业已达41家①。柳市低压电器产业集群的发展历史可以分为以下四个阶段。第一阶段是1977—1984年,是柳市低压电器产业的起步期,这一阶段为低压电器行业的发展积累了相当的资金与经验。第二阶段是1984—1992年,是柳市低压电器产业的成长期,这一阶段柳市经历了1989—1990年中央对柳市低压电器产业的集中打假运动之后,柳市企业家认识到了产品质量的重要性。第三阶段

① 资料来源:柳市镇人民政府网,http://www.liushi.gov.cn/。

是1992—1996年，是柳市低压电器产业的结构调整期，在这一阶段，柳市产业内部组织结构进行重组，一些企业通过兼并、相互持股等形式打造了以正泰、德力西、人民等为代表的一批集团公司。第四阶段是1996年迄今，是柳市低压电器产业的转型升级期。在这一阶段，一方面，企业产品开始从低压向高压、高科技智能化发展；另一方面，企业也开始真正走出柳市，开始通过迁移战略进行跨区域的企业布局，以有效整合不同区域的资源。其中，正泰集团就是一个典型。

正泰始创于1984年7月，现辖8大专业公司、2000多家国内销售中心和特约经销处，并在国外设有40多家销售机构。产品覆盖高低压电器、输配电设备、仪器仪表、工业自动化、建筑电器、光伏电池及组件系统和汽车电器等产业，产品畅销世界90多个国家和地区。正泰集团的发展经历可以划分为三个阶段。一是起步与积累阶段(1984—1990年)。在这一阶段正泰依靠质量和信誉求得生存，完成原始资本积累，为企业的发展奠定了基础。二是专业化发展阶段(1991—1996年)，在这一阶段，正泰开始引进国外先进技术和设备，充分利用合资企业的优惠政策，发展壮大企业实力，并确立了电器专业化发展方向，并通过成立国内低压电器行业第一家企业集团，实现规模经济优势，实现了专业化的快速发展。三是提升与跨越阶段(1997年以来)，在这一阶段，正泰集团确立了“打造国际性电气制造基地”的战略目标，通过内部的现代公司制度改革，提高内部治理效率，并逐步走出温州地理局限，进行跨区域发展。

（二）正泰集团的迁移行为

为了实现电气制造基地的目标，自2003年以来，正泰集团开始积极通过迁移战略以实现对多个区域资源与优势的整合，推动企业的跨区域发展。目前正泰集团已经形成温州为低压、仪表和建筑电器制造基地，上海为高压输配电设备制造基地，嘉兴为输配电配套设备基地，杭州为工业自动化和太阳能生产基地的“长三角布局”。下面我们从正泰网站上摘录了正泰集团在2004—2009年间涉及上海和杭州的迁移行为。

涉及上海的迁移行为：

2004 年 1 月 2 日，正泰集团在上海成立正泰电气股份有限公司，并于 4 月 2 日动工建设总投资 35 亿元、占地 1500 亩的输配电设备生产基地，这是正泰向高压输配电产业发展的里程碑。7 月，正泰电力设计安装工程公司在上海注册成立，并于 10 月取得了送变电工程专业和机电设备安装工程专业资质证书，标志着正泰由元器件和设备制造商向系统工程总包业务发展。

2006 年 5 月 8 日，上海输配电工业园一期工程竣工并投入使用，年内，110kV 变压器和 GIS 分别在山东等 13 个省市挂网运行，220kV 变压器在内蒙中标，标志着正泰输配电产业在高电压等级市场取得了新的突破。

2006 年 6 月 16 日，投资 2.6 亿元人民币、占地约 206 亩、建筑面积 13 万平方米的正泰技术研发中心及配套区在上海开工建设，标志着正泰在加大科技研发投入、提升技术研发水平方面迈出了重要一步。

2007 年 11 月 30 日，注册成立上海云杉投资管理有限公司，标志着正泰股权投资与新领域发展迈出了新的步伐。

涉及杭州的迁移行为：

2005 年 5 月 22 日，正泰集团浙大中自科技园奠基仪式在杭州经济技术开发区举行。浙大中自科技园总投资约 1.2 亿元人民币，占地面积 70 余亩，将建设 80000 余平方米的现代化厂房。

2006 年 10 月 8 日，投资 2980 万美元的浙江正泰太阳能科技有限公司在杭州滨江高新技术园区注册成立，标志着正泰继低压电器、高压输配电、仪器仪表和自动化产业之后，开始进入环保可再生能源领域。

2007 年 10 月 26 日，在杭州滨江区投资 10 亿元的正泰太阳能产业基地二期工程开工建设。

2008 年 11 月 7 日，浙江正泰仪器仪表有限责任公司的全资子公司——杭州正泰仪表科技有限公司宣告成立。

注：资料来自正泰集团网站：http://www.chint.com/staging/home/index.jsp。

（三）正泰集团成功迁移的关键要素

正泰集团的迁移战略与区位布局的背后体现了企业对区域层面、嵌入层面以及企业层面三类关键要素的准确掌控。

首先，差异化的区域资源决定了正泰集团各项业务布局，决定了企业迁移的动机与目标区位选择。简而言之，正泰集团相对低端的低压制造业务主要放在温州柳市，而把相对高端的高压制造和太阳能业务放在上海和杭州。这主要是因为温州柳市是低压电器产业基地，具备了低压产品制造相关的劳动力、配套企业、区域品牌等区域资源。而上海和杭州是高端人才集聚的区域，具有良好的区域品牌，特别是上海，作为长三角的政治、经济和文化中心，能够为正泰集团提供各种高级要素，而这是温州柳市难以提供的。因此，正泰集团的业务布局体现了不同区位之间的区域资源的差异。

其次，在迁入地的良好嵌入性决定了正泰集团能够有效利用迁入地的资源。这种嵌入性表现为多个方面，例如与政府的关系、与当地同行的关系以及各种社会关系。以上海为例，我们可以清晰地发现，正泰集团的高压制造业务有效地嵌入了当地，并获得了相关的多项资源。例如，从嵌入的角度来看：

2005 年 8 月 19 日，正泰电气股份有限公司党委经中共上海市松江区委组织部批准成立，隶属于松江区社会工作党委，按二级党委履行职责。

2006 年，南存飞执行总裁当选上海市松江区工商联会长，高亦强董事当选为中国电器工业协会标准化委员会副理事长。

2007 年，执行总裁南存飞当选上海市第十一届政协委员。

2008 年 1 月 4 日，松江区现代装备企业协会成立，正泰电气股份有限公司总裁高亦强当选首任理事长。作为松江区五大主导产业之一的现代装备制造业，到目前为止已有 400 余家企业。此番专门成立协会，旨在打造装备行业内企业的交流平台，为会员企业提供指导、咨询、中介、协调等服务，加强企业间的交流与合作，同时开展业务技术和岗位培训等。正泰电气股份有限公司等 49 家企业成为首批会员。

2008年4月16,中共江西省委书记、省人大常委会主任苏荣和省委副书记、省长吴新雄率江西省党政代表团莅临位于上海松江的正泰电气工业园。中共上海市委副书记、市长韩正等陪同考察。

2008年7月22日,解放日报报业集团主办的第十六届文化讲坛在上海举行。正泰集团股份有限公司董事长兼总裁南存辉与著名经济学家吴敬琏、联想控股有限公司总裁柳传志、阿里巴巴集团主席兼首席执行官马云一起,共论“命运与共三十年”。

注:资料来自正泰集团网站:http://www.chint.com/staging/home/index.jsp。

最后,正泰集团的持续创新战略是企业能够获得迁入地资源的决定力量。在迁入地的有效嵌入为正泰集团提供了接近迁入地资源的渠道,但是真正获得迁入地资源还依赖企业的能力建设。为此,正泰集团确立了自主创新的发展主旋律,通过持续创新,先后获得各种国内外专利200多项,大大提升了企业的内部能力,从而保证了企业能够有效吸收和整合迁入地资源。以上海为例,通过持续创新,正泰集团获得了上海市政府、行业协会的认可及其所提供的各项资源:

2005年3月3日,正泰电气股份有限公司输变电设备产业基地被列入2005年"上海市先进制造业重大产业升级项目计划",这是此次被列入计划的唯一一家民营企业。

2006年11月30日,在上海成功承办电气行业国际标准化会议,本年度共领衔、参与制定了22项国际国内标准。完成新产品开发173项,取得国际认证51项,其中燃气表通过意大利认证。126kVGIS等7种高压开关新产品通过国家级鉴定并被认定为达到国际先进水平。全集成新一代自动化系统获国家科学技术进步二等奖。

2008年8月5日,上海市松江区人民政府关于表彰2006—2007年度松江科学进步奖会议在区政府礼堂召开。正泰电气的ZF21—126气体绝缘封闭开关设备荣获松江区科技进步一等奖,正泰电气股份有限公司领导到会领奖并在会上作经验交流发言。

注:资料来自正泰集团网站:http://www.chint.com/staging/home/index.jsp。

总之,正泰集团的迁移战略与区位布局的成功离不开企业对区域要素的敏锐把握、对嵌入要素的有效构建、对企业内部能力要素的持续创新。

第三节 本章小结

经过30多年的发展,我国企业在利用初始区位成长的同时,也开始放宽眼界,尝试着通过迁移以利用不同区位所拥有的资源,进而实现跨区域协同发展。企业区位迁移是企业进行区位再选择的战略决策,包括不同的表现形式。例如,整体迁移与部分迁移、探索性迁移与利用型迁移、群体迁移与个体迁移。企业区位迁移在为企业带来新资源的同时,也使企业丧失了原有的很多资源,这就要求我们对企业的迁移策略进行深入研究。

首先,我们认为企业区位迁移不是一个简单的决策,而是一个系统的过程,是一个根据内外部条件变化而进行区位再选择的过程,是一个为了获得目标区位所具备的对企业成长有价值的稀缺资源的过程。基于理论研究以及我们对企业实践的观察,我们把企业的迁移过程分为三个关键的决策节点,分别是企业区位迁移动因与目标区位选择、外迁企业在迁入地的资源获取以及外迁企业的跨区域资源整合。

其次,我们识别了影响企业区位迁移的三类情境因素。区域层面的要素决定了目标区域是否具备企业成长所需的各种资源,嵌入层面的要素则决定了企业能否接近(access)相应的资源,企业层面的要素,特别是知识/能力要素,决定了企业能否真正获得相应的资源。只有有效掌控这三类因素,企业才能够在区位迁移的三个关键节点做出合理决策,才能够有效获得迁入地资源,才能够实现企业的跨区域协同成长。

最后,我们分别以慈溪家电企业、合肥家电企业以及正泰集团为对象进行案例研究,进一步证实了上文所提出的企业区位迁移逻辑。当然,我们的理论和案例研究还较为粗略,在企业区位迁移领域还存在很多有意思的问题,特别是影响企业区位迁移的三类情境要素之间的相互作用关系就是一个有待深入研究的问题。

第七章

■ 企业区位共生战略

企业区位共生战略是指作为复杂系统的企业和区域通过建立一种相互适应、不断演化的种群关系，实现资源之间的交互，进而实现两个有机体协调发展的目的。应该说，立足种群生物学的视角对企业和区域之间的关系进行演绎分析，是一种大胆的尝试，其战略情境基础在于两者都是抽象意义上的理论范畴，是两个复杂的特殊组织。企业的特殊性在于它是要素转化为资本后，创造社会财富的单元，而区域则是承载了各种要素并且具有消费能力的经济社会系统，因此从种群生物学的共生分析框架中可以找到企业在区位中生存与发展的新思路。

第一节 战略情境分析

一、企业性质的复杂性

企业的性质对于很多管理学的研究而言都是非常重要的，经济学也为此展开了长达百年的分析和论证，一个共识性的结论是：企业是一组特殊的或者有着特别功能的契约的集合。由于对企业契约的认识不同,经济学的现代企业理论又划分出完全契约和不完全契约两个分析框架,也由此展开了对企业内部黑箱的探索历程。近30年来,现代企业理论的蓬勃发展,似乎已经将企业的本质问题很好地解决了,从经济学的角度完成对企业存在的合理剖析,但是从管理学的角度而言,现实中的一些问题,甚至是核心的问题尚未解决。

按照科斯(R. Coase,1937)经典的论断,企业存在的意义是为了节省交易费用,优化社会资源的有效配置。但这只是企业与市场两分法下的理论产物,而作为科斯的理论发展,企业是一组特殊的契约集合,其目的和作用是通过产权或者委托—代理关系来解决企业中由于信息不对称而导致的对于理论或者是企业剩余瓜分时的分歧,这些直白的经济学解释,还是很难对管理学的研究提供最为直接的理论依据,例如很难解释具有百年历史企业的生存之道。

以上的主流经济学的观点是基于企业内部的,也是基于企业运作机理上的解释。与此相对应的一种非主流的经济学观点(杨其静,2005)认为,企业是一种维护企业家的定价器,企业家这种专有性的人力资本只有通过企业才能有效地体现其价值,为社会创造出更多的财富。此时原本向资本家倾斜的现代企业理论的天平开始向企业家一方略为缓和了,原因在于现代企业对于企业家的依赖以及我们对于企业家定义的宽泛,使企业家这种专有性的人力资本在社会体系中特别是在企业内部发挥出越来越大的作用。

但是企业家的企业理论背景显然是一种市场经济发育相对成熟,特别是买方市场下的企业理论,或者说是一种完全竞争市场并且要素普遍稀缺环境下产生的企业理论。这种市场环境依赖企业家的现象,原因在于竞争的残酷。但是我们认为企业不是市场经济下的唯一产物。在高度计划的经济制度和卖方市场下,企业依然存在,并且同样有生命力,此时企业家的存在倒成了一个值得考证的问题。事实上,在高度计划的经济体制下以及在政府强烈管制的垄断性行业中,企业家的存在似乎并不突出。此时在不依靠企业家,只有资本家或者只有管理者的企业中,企业存在的意义又是什么呢?

从管理学研究的角度而言,我们一般默认企业的客观存在,不去过分探究企业的性质、边界问题，而把着眼点立足于企业内部的效率问题上，强调企业的竞争优势。从当前的管理学体系而言，对企业唯一的界定可能就是要素集合，有目标的一种组织了，追求企业利润最大化、股东价值最大化或者是当前广为讨论的利益相关者的效用最大化是企业可供选择的目标。对企业目标的解释也是立足于主流经济学对于企业所有权配置、要素收益获取等企业内部的性质展开的。

但是，如果深究企业作为组织的特性，我们又必须把目标转移到组织行为学的学科子类中去，不再从整体的角度加以把握。事实上，组织行为学的研究现状更为关注的却是个体与群体的动机、情感、绩效等工业心理范畴的微观问题。因此，对于企业作为组织的本质研究就处于缺失的状态，企业的性质以及企业存在的价值究竟是什么依然是一个未被清晰认知或者是形成共识性的问题。由于企业存在的价值没有澄清，接下来就必然引起管理学相关学科或问题研究进程的混乱或失衡发展，一个突出的学科就是战略管理领域。

战略管理产生、发展了近半个世纪，应该说是企业管理学中一个完备并且重要的学科领域，尽管学说林立，但是从基本的定位观点和企业内部的资源观点还是能够解决这一个学科的主要问题，其目标也非常明确，就是通过企业战略的设计、选择、执行和控制，让企业获得竞争优势，最终实现良好的利润或现金流等绩效。

为了实现企业的目标，战略管理理论越来越强调企业要不断成长、不断扩张、不断做大，与此对应的一个大样本研究的基本结论在于，企业成长和利润是弱相关的。另一个突出的实例是在全球分布的无数产业集群中，中小企业都是在保持规模的情况下，持续赢得利润，可谓基业长青。这就让我们反思，单纯地追求企业成长的战略导向是否存在问题，或者说，现实中企业之间普遍存在的追求成长问题，是不是有别的原因支撑，而这个原因恰恰又是当前战略管理理论所不能解释的。

另一个角度，由于市场竞争激烈，要素的稀缺和环境的变化，特别是地方政府行为的差异，使企业原有的以行业和内部能力为着力点的战略管理难以适应现有的经济状况，而需要将区位因素重新考虑到战略选择中去,这不同于以往FDI理论和基于价格机制的企业选择理论,而是立足于企业对于目标区位中政府和企业的应对策略。换言之是环境决定企业的战略决策,而不是以往将环境因素作为以企业为中心的战略选择的条件来处理。

到此,我们会渐渐澄清一个问题,战略管理本身也非常强调环境对于企业的重要,但是这种强调或关注是在企业利润或成长目标支配下的,如果我们不能明确论证和验证企业存在的目标就是成长或利润,没有了逻辑基础的战略管理框架就岌岌可危了,而由此制订出的战略组合也会剑走偏锋。简言之,企业属性的复杂性使单纯经济管理视角的战略管理思想存在局限。

二、区位内涵的复杂性

区位一词来源于德语"standort",英文于1886年译为"location",即定位置、场所之意,我国译成区位,日本译成"立地"①,其含义既包括地理意义上的区划概念,也包含了该区域所拥有的资源、人口以及环境等诸多复杂要素。

对于区位的认知可以立足不同的视角,一个视角是立足行政区划的空间布局,将区位的范畴锁定在国家行政区划的基础之上,其基本思路在于政府管理层级的存在是最为清晰的区域边界,而区位的"灵魂"就是地方政府。在西方经济学文献中,"地方政府"(Local Government)与"地方主管机构"(Local authority)、"地方委员会"(council)、"市政当局"(municipality)交替使用,有时被简称为"次级中央政府机构"。这些提法尽管不失其准确性,但是很难反映出地方政府的本质特性。以西方民主政治体制而言,地方政府可以视为一个经由民主选举而产生的机构,它的管辖权仅限于当地范围并通过授权获得地方税收以及地方公共服务供应的自由裁量权(Cole、Boyne,1995)。这样的理论描述尽管较为严谨,但是与我国行政体制

① 转引自百度网"区位"词条解释,参见http://baike.baidu.com/view/174956.htm。

下的地方政府有一定的距离,因此要对我国具体情境下的地方政府进行界定和分析。

除了中央一级的国家枢纽机关外,我国的地方政府还包括省级政府、市级政府、县级政府、区级政府。多级政府并未进行明确的区分,这主要是因为我国宪法和组织法中未就各级政府的职能范围做出明确的区分,在实践中表现为我国不同层级政府在纵向职能、职责和机构设置上的高度统一、一致[①],中央职能部门、省级职能部门、市级职能部门、县级职能部门同时管理一件事情,机构设置上则是"上下对口,左右对齐",中央政府也需要并可以随时关心甚至直接干预某个县或者镇的具体个案,甚至连最基层的地方政府也需要从中央的角度来进行全局性的战略思考,这还只是问题的一个方面。

另一个方面,中国的干部制度是一种"向上负责"的制度,即下级政府接受上级的指令并对上级政府负责,因为"政府官员的考察、提拔、去留和待遇都取决于直接上级部门的决策"[②],下级政府与它们的上级政府在激励机制上具有明显的同构性。上述两个方面结合起来,我们就可以发现,尽管我国地方政府具有复杂的层级,但是就行为而言是层级之间互相强化,成为一体,因此从经济学和管理学研究的角度而言,区分的必要性不大。

在我国每一个层级的地方政府的机构设置中,通常又会包含四个部分:地方各级党委、政府及其工作部门,地方各级人大、政协及其工作部门,地方各级法院、检察院及其他地方专政机构,承担行政管理的事业性单位。尽管就分工而言,地方政府不同部分发挥着不同的效力,但是就企业战略决策选址角度而言,第一部分产生的影响最为显著,特别是政府相关主管部门直接发挥的效力。因此,在本研究中不对地方政府的具体机构进行特指,仅仅将以党政机构为主,其他机构共同发生作用的地方政府作为一个整体看待。

---

① 朱光磊、张志红:《"职责同构"批判》,《北京大学学报(哲学社会科学版)》2005 年第 1 期。

② 周雪光:《"逆向软预算约束":一个政府行为的组织分析》,《中国社会科学》2005 年第 2 期。

除了地方政府这个视角外，立足于市场营销视角对消费者需求的把握，区位往往是细分市场的代名词；立足经济地理学的认知，区位往往代表了一个复杂的地理信息系统，这个系统不仅仅涵盖地表的人口、资源与环境，还包括地下矿藏、大气、洋流等更为复杂的综合实体；立足新经济社会学视角，区位更多地意味着在某个具体区域所形成的社会网络以及立足于该网络所构建的复杂关系。

立足本书研究的视角，我们更为关注的是地方政府经济行为干预下的地域概念，这个地域不是针对某一个层级的行政区划，而是行政区划基础上的分解和整合，特别还可能涉及区位之间的分工合作与协调发展。简言之，对于区位的内涵，笔者将立足于企业战略的决策而逐步展开，但是其外延的复杂与包含要素的多样是毋庸置疑的，因此复杂性的特征是明确的。

三、共生理论对于企业区位战略问题的适用性

自改革开放以来，中国经历了从计划经济向市场经济、从非工业化向工业化、从内部发展向国际化发展的复杂转型过程。在此期间，由于存在所有权配置以及市场监管等复杂的内生性关系，使企业和地方政府之间形成了错综复杂的关系，这种关系就直接表现为企业区位选择战略表现的差异性。

事实上，这种政企关系不同于单独产权配置下的国有企业与中央政府之间的关系，更表现为激烈地方政府竞争和市场竞争下的非理性行为，大肆划设开发区与工业园区而囤积大量土地造成资源浪费，或者是无限制的产业引进和外迁造成的资源和环境破坏，都严重影响了区域乃至整个国家的持续发展，企业与区域如何协调发展已成为政府和学术界广泛关注和迫切需要解决的问题。在以往众多学者的研究中，较多地立足于区域经济学和产业经济学的视角，将企业和区域作为两个存在对立统一关系的经济矛盾体，通过对协调发展的目标、动力机制、制约因素等进行研究和分析，归纳和总结出一系列的区域协调发展措施与对策，作为理论依据指导实践运作。

尽管以往的研究取得了丰硕的成果，但是随着城市化进程的加

快以及区域经济一体化程度的不断加深，人们逐渐发现企业与区域统筹发展作为一项系统工程不仅仅涉及经济力量间的协调，还涉及政治、生态环境、人口、文化以及观念上的协调统筹。换言之，两者作为统筹发展的主体，是两个存在复杂关系的有机体，尽管造成当前政府和企业发展的原因是出于经济发展的历史需要，但要解决当前存在的问题就必须采用一个超越经济的视角来进行协调统筹发展。

因此，本章正是基于企业与区位统筹发展的内涵及目标，引入了种群生态学中的共生理论，将企业和区位作为两个存在复杂关系的生态有机种群，通过分析两者存在共生关系时的共生单元、共生模式和共生环境，提出了城乡统筹发展的最佳模式。同时，本书还通过共生界面分析，指出了在共生理论下，两者统筹的运作机理及可行对策。

在现有的研究文献中，对于两者统筹发展的内涵分析还很难达成共识，许多对于企业区位发展的研究融于城乡一体化、产业融合以及城市化发展的问题中，社会学界、经济学界、生态学界以及城市规划者分别从不同的角度对企业在区域的生存和发展问题进行了探讨，但还存在一定的分歧。

一方面，理论界的分歧来源于研究视角的不同，同时充分说明了企业区位发展问题是一个复杂的系统工程，涉及方方面面的内容，需要抽象到一个更高层面来分析该问题。共生理论作为种群生态学的核心理论之一，正是研究复杂种群之间信息传递、物质交流、能量传导以及两者共生的模式和环境，对该问题具有良好的兼容性和适用性。

另一方面，有的学者将理论界对于企业区位发展问题的界定加以综合，发现该问题的核心内容在于企业和区域内部资源的协调发展。即把企业与区域建设成一个相互依存、相互促进的统一体，互为资源、互为市场、互相服务，空间上互为环境，在经济、社会、环境效益统一的前提下，促使整个系统的可持续发展。这恰恰是生态共生理论中的一个较高层次共生模式的形成和运行过程，因此，就企业区位发展问题的内容、目标和机理而言，其与共生理论具有很强的一致性和适用性。

第二节 模型构建与分析

一、共生理论概述

“共生”作为一个生态学上的概念，首先由德国真菌学家德贝里于1879年提出，其定义为不同种属生物生活在一起的一种状态，并且特别指出短期的种群联系不是共生关系。随着共生研究的深入，生物学家对共生的概念初步有了统一的认识：共生是指不同种属按某种物质联系而生活在一起。或从一般意义上说，共生是指共生单元之间在一定的共生环境中按照某种形式形成的关系。

从生物共生的定义可以看出，生物共生理论包括三个要素：共生单元、共生模式和共生环境。共生单元是指构成共生体或共生关系的基本能量生产和交换单位，是形成生物共生的基本物质条件，其特征在于种群的复杂属性。共生模式也可以称为共生关系，是指共生单元相互作用的方式或相互结合的形式。从行为方式上，共生模式可以分为寄生关系、偏利共生关系和互惠共生关系；从组织程度上，共生模式可以分为点共生、间歇共生、连续共生和一体化共生等多种情形。共生单元之间的关系即共生模式是在一定的环境中产生和发展的。共生单元以外的所有因素的总和构成共生环境。

共生三个要素相互影响，相互作用，共同反映着共生系统的动态变化方向和规律。在共生关系的三个要素中，共生模式是关键，共生单元是基础，共生环境是重要外部条件。共生模式之所以是关键是因为它不仅反映和确定共生单元之间的复杂的生产和交换关系，而且反映和确定共生单元对环境可能产生的影响和贡献，同时它还反映共生关系对共生单元和共生环境的作用。

共生三要素相互作用的媒介称为共生界面，它是共生单元之间物质、信息和能量传导的媒介、通道或载体，是共生关系形成和发展的基础。共生界面集中体现了共生单元相互作用的机理,是共生模式形成的内在动因。共生界面选择机制是处理共生单元复杂关系的核心。

二、城乡统筹的共生单元分析

共生单元是指构成共生体或共生关系的基本能量生产和交换单位,是形成生物共生的基本物质条件,其特征在于种群的复杂属性。当我们将包含企业和区位内其他要素的系统看成是一个共生体时,地方政府、消费者及资源环境整体就成了一个个共生单元。以下将从共生单元的特征及相互关系入手,分析企业在区位协调发展下的产业结构及发展区域的界定问题。

刻画共生单元的特征指标主要有三个:共生度、关联度以及共生密度。

(一)共生度与关联度

共生度的基本含义是两个共生单元或共生系统之间由于各自内在属性而相互影响的程度。关联度则是强调共生单元整体之间的相互关系。这两个指标尽管在定义上有所区别,但都是刻画共生单元之间的联系程度。根据生物共生的长期研究归纳,我们发现:一方面,对于共生系统,共生单元之间必定存在一组相互兼容的变量,也就是说共生系统存在一个联系的纽带;另一方面,共生关系的形成过程中,共生伙伴的选择并不是随机的,而是表示出一定的规律性,即共生单元之间的关联度不会低于一个临界值,任何共生单元都会优先选择能力强、匹配性好的候选共生单元作为共生对象。这一规律就为企业在区位的产业匹配发展问题上提供了依据。

在企业发展过程中,要真正达到企业与区域融合发展,形成共生的状态,就必须在两者之间形成关联,具体而言就是要在企业投入产出与区位的资源和需求之间寻求耦合。一方面,在当前的区域经济发展过程中,城市经济的发展主要依靠新型工业化的发展道路,其核心在于信息化带动工业化,工业化促进信息化。因此城市发展主要凸现为能源、生物、新型技术的兴起以及原有工业的升级改造,以及由此带动的金融、房产、旅游等服务产业的长足发展。另一方面,对于区域内包含的农村经济发展，强调的是新型的农业现代化，除了改造传统农业外，还要沿着“科技含量高、经济效益好、资源消耗低、环境污染少、人力资源得到充分发挥”的方向，寻找新的经济增长点。

立足区域内的城乡需求和发展方向，企业就要充分把握区位内的有效资源，通过合理的产出来满足区域内部地方政府和居民的需求，并且有效规制自身的负外部性行为，保持区位的可持续发展。就共生度和关联度的视角而言，要加大企业与区位的关联，本地化战略就是较为显著的战略举措。

通过对企业投入的本地化策略，本地化雇员比例，原材料和半成品的本地化采购水平，交通、服务等公共设施的本地化利用水平，企业产品的本地化市场战略率水平的提升，都将大大加强企业与区域之间的关联度水平。这种关联水平可以分解为不同的维度，产业关联、人员关联以及市场关联将为企业融入区域建立良好的基础。但是，这仅仅是问题的一个方面，较强的关联水平，会加大企业与区位的共生水平，但是如果这种共生并非是一个合理的共生模式，就会为企业发展和区位发展带来限制，出现双方共同牵制的局面，这在后文我们将进一步探讨。

（二）共生密度

共生密度反映共生关系中共生单元的数量的多少。在共生系统的发展过程中，一般而言，共生单元即使具备所有的共生条件，也不可能无限地增加，因为密度增加过程既有共生能量的增加，也有共生损耗的加大，所以存在一个共生密度的均衡状态。

在企业区位发展过程中，区域的协调范围十分关键。随着区域范围的扩大，一方面，区域内要素资源的含量在不断提高，相同产业内的规模效益不断加强，核心城市的辐射和带动范围也在不断加强，产生企业区位发展的正效应；另一方面，统筹区域的扩大还会带来区域内协调机制不畅、重复建设增多、市场内部竞争激烈、资源抢夺、区位发展极辐射力不强以及地区文化冲突等负面效益。因此，对于企业区位发展的范围应该存在一个合理的共生单元密度，这一密度一方面取决于区域内中心城市的辐射范围以及城市之间、城乡之间、农村之间的行政协调能力以及要素流动水平等区位内的客观环境因素；另一方面，更取决于企业自身的发展规模、内部关联以及协调能力、产品属性。

具体而言，放眼中国市场，企业可以立足于区域和产品的特点，通过区域事业部制的组织架构，将具体的省份进行区位的划分，大致可以考虑三种不同思路。

其一是按照东部、中部、西部的方式进行划分，其依据是我国经济发展的地区水平差异；其二是将范围划小，按照省份之间的特征和历史沿革分为东北、华北、华东、华中、华南、西北、西南等七个区域。以华东为例，浙江、江苏和上海在地理位置上隶属长江三角洲，两省一市之间产业结构关联度强，苏州、杭州、上海、温州等核心城市辐射力强，并且区域内还建立了如高层联席会议等一系列的协调机制，尽管尚存在一些问题，但区域整体保持了良好的发展态势，区位市场消费能力较为接近，国内的大中型企业以此作为一个区域范围较为合理。

三、城乡统筹的共生模式分析

从共生单元之间的利益角度分析，共生单元之间的共生模式有三种，即寄生关系、偏利共生关系和互惠共生关系。寄生是共生的一种特殊形态，其特点在于共生单元之间一般不产生新能量，能量由寄主向寄生者单向流动。偏利共生是从寄生关系向互惠共生关系转化的中间类型，其特点在于共生单元之间尽管产生新能量，但能量只向某一方流动，总的来说是对一方无害而对另一方有利。互惠共生特点在于共生单元之间产生新能量，且新能量在共生单元之间分配，存在双方的利益交流机制。根据能量在共生单元之间的分配比例是否一致，互惠共生分为非均衡互惠和均衡互惠两种。

回顾我国企业与区位发展的历史我们不难发现，两者发展的过程经历了寄生模式、偏利共生和非均衡互惠共生三个模式。

新中国成立后，我国处于经济体系的建立和发展阶段，国民经济性质主要由国有经济成分构成，企业作为国家的经济单元在区位配置上完全服从国家的计划经济指令，企业也不存在自身的发展问题，产品国家统购统销、统一定价，企业利润上缴国库，企业存在困难由国家解决。但是有一个重要的事实不容忽视，新中国成立后的工业化建设以工业的最佳生长点——城市为基地来实施，并吸引大量农村人口流入城市，所需的农产品和工业化的原始积累只能来自工农产品剪刀差。因此城市工业发展实际上是以牺牲农业、农村乃至农民利益为代价的，而农业农村在区位发展中所占的比重是非常大的，因此就区域整体发展而言，企业发达发展所依赖的城市化进程，是以牺牲区域大多数农村利益来完成的，为了某个大型国有企业的发展，区域内部的土地征用、劳动力迁徙以及其他要素的流动都服从和服务于该企业的发展，企业此时的区位发展模式就属于寄生模式，较为典型的例子是大庆油田的兴建过程。

步入改革开放时期，国有企业开始进行以放权让利为核心的制度改革，企业开始逐步获得经营自主权和收益权，生产效率被普遍激发，企业在产品销售以及原材料采购等环节存在竞争，因此对于企业所在区位较为关注，有意识地开拓并巩固本地市场、加大本地雇员的比例、适当的产品外包都是企业所采取的举措。

1978 年以联产承包责任制为主要形式的农村经济改革和 1984 年开始的城市经济体制改革使城乡经济开始渗透，城乡分割和相互封闭的局面开始缓解，农村收入提高。但是由于城乡“二元结构”存在，工农产品剪刀差还没有消除，使城市居民生活大幅改善，而农民生活水平变化不显著。但是随着分税制改革的逐步推进，区位自身的能动性大大加强，面对区域之间的竞争，招商引资，发展本地经济的动力加强，保持、发展本地区的企业，特别是优秀的企业，就成为区位内政府关注的重要内容，因此有意识地与企业协调发展，此时两者之间就基本属于偏利共生模式，企业还是在区域中处于较为主导的地位，其原因就在于国有经济在地区经济中的主体地位。

步入 21 世纪，民营乡镇企业异军突起，给区域经济发展注入了新的生机，加之原有的城乡产业结构都开始升级和调整，使国民经济迅猛发展，人们生活普遍富裕。此时企业已经基本摆脱了行政体制的束缚，在市场经济浪潮中获得生存和发展的契机，而地方政府也给区位赋予了生机与活力，两者之间的协调互动发展成为新时期的主流。一方面，企业立足区位内的资源，建立地缘优势，形成以块状经济为特征的产业集群雏形，充分发挥企业之间合作的规模优势；另一方面，地方政府鼓励私营经济发展，提供优惠政策，构建企业共享平台，建立专业市场，通过打造龙头企业的方式提升地区的经济实力，最终形成区域品牌。企业和地方政府之间的协调发展，就属于典型的非均衡互惠共生模式。

30 多年的改革历程使我国城乡都发生了历史性的飞跃，但是就企业和区位之间的共生系统而言，还存在着模式上的不完备状况。

首先，各个地区企业和区域之间的共生模式还存在着较大的差别性，在东部沿海发达地区非均衡互惠共生已经较为普遍，但在西北地区，工业和农业的产业结构还较为落后，偏利共生甚至寄生模式还在一定程度上存在，这是与区域经济发展水平的不平衡性相一致的。

其次，就长期发展而言，非均衡互惠共生模式还存在不足。当前区域之间差距水平进一步扩大的原因并非农村经济停滞不前，而是由于不同区域之间企业的发展速度存在着较大的差异。因此，长期存在非均衡互惠共生模式，对于企业和区位之间的发展而言还是存在很大的弊端的。

因此，对于企业与区域协调发展，较为理想的是均衡互惠共生模式。在具体的发展过程中，就必须把关注的焦点放在不同区位之间企业发展的相对速度以及企业和区位之间利益的分配上，要从要素、政策、居民权利等角度都最大限度地实现平等对待，尽可能降低互惠共生的非均衡水平，最终接近互惠共生的均衡水平。共生因素以外的所有因素的总和构成共生环境。事实上，对于企业和区位这一共生系统而言，共生环境主要是指两者发展所面对的宏观经济环境以及区域发展现状，对于该环境中的积极因素往往是人们所熟知的，在此不再赘述。

四、城乡统筹的共生界面分析

共生界面是共生单元之间物质、信息和能量传导的媒介、通道或载体,对共生关系的形成与共生系统达到均衡有着重要的影响。共生界面有两种,一种是无介质界面,此时共生单元之间直接相互作用,它要求共生单元之间一一对应且直接接触,不仅效率低而且共生对象选择具有很大的局限性,一般寄生共生模式较为普遍;另一种是有介质界面,此时共生单元之间通过介质间接相互作用,这种界面不仅缩小了共生单元之间的共生时间与成本,而且极大地扩展了共生的维度和密度。

生物共生界面作为一种特别的、功能良好的界面,决定了共生关系的形成和发展,具体来说主要体现在作为信息载体传递信息,作为中介进行物质和能量传递,进行分工和合作。

对于企业和区位之间的共生系统而言,主要采用的是有介质界面,其介质以及介质直接的关系往往决定共生系统的运作机理。当前,共生界面的介质主要包括三个部分:市场、政府以及民间组织。

对于要素的传递,价格信号的传递市场往往处于主要地位,这是由市场经济决定的,对于市场发育健全的区域,城乡统筹过程中的产业结构调整,区域分工与合作也可以由市场来完成。政府仅仅充当信息披露和制度保障的载体,行业内部、区域之间的协调往往由民间的行业协会以及峰会、论坛等组织形式完成。

然而,对应共生系统环境,我们需要注意在要素传输过程中,对于农村剩余劳动力这一特殊部分,需要充分协调三种介质的关系。综上所述,在城乡共生的界面构建上,把握不同介质的属性,调整相应的力度,逐渐构建一个网络化的要素、信息、文化的传输体系将极大地加快企业和区位之间协调发展的步伐。

第三节 典型案例分析一：山西煤炭业整合案例

一、山西煤炭产业概述

山西是一个产煤大省，煤炭产量占全国的1/4，也是我国最大的焦煤生产基地。这里的煤炭资源不仅总量丰富而且煤种稀缺，拥有世界上最优质的焦煤、高热值的动力煤和稀缺的无烟煤，因而在国家的能源供应上有着重要的战略地位。同时煤炭产业也是山西经济增长的重要支柱，全省有11座城市属于煤炭资源型城市。

在煤炭产业的发展上，山西省长期推行"有水快流"的政策，导致产业集中度不足，中小煤矿长期占有相当大的比例，2005年底山西省拥有生产煤矿3811座、4278对井，平均单井能力不足14万吨。特别是乡镇煤矿，平均单井能力只有7.48万吨。省属五大国有重点煤炭集团的煤炭产量占全省总产量尚不足40%，占全国煤炭总产量不足10%。[①] 此外，在煤炭资源整合前山西煤炭产业还存在着以下问题：安全生产基础薄弱，众多中小煤矿生产能力低、设备落后，加上从业人员大部分为当地农民，极不适应安全生产的需要；资源环境破坏严重，大量地方和乡镇煤矿采用粗放式低成本开采，资源采出率不到30%，同时对当地的土地和水资源也破坏严重；煤炭的加工转化等深度利用不足。这些同大量中小煤矿的存在都不无关系，据统计中小煤矿的百万吨死亡率是重点大矿的17.8倍，资源回收率为15%左右，仅相当先进水平的1/4。为此自2004年起，山西省政府就开始尝试对煤炭资源进行整合。

---

① 资料来源：山西省人民政府办公厅关于印发山西省煤炭工业"十一五"发展规划的通知(2010－8－22)，http://www.lawyee.net/act/act_display.asp?rid=565923。

二、重组——产业格局的重新洗牌

山西省人民政府对煤炭业的改革大致可以分为以下两个阶段。

（一）产权改革及资源整合

山西省煤改政策可以追溯到始于2004年的煤矿产权改革。2004年5月份山西省以临汾市为试点推行煤炭资源整合及有偿使用的改革，当年全省关闭了4000多座非法煤矿，并将年产3万吨以下的煤矿彻底淘汰。2006年2月山西省人民政府颁布《煤炭资源整合和有偿使用办法》，在全省推行煤炭资源整合及有偿使用的改革。该规定要求关闭核定产能在9万吨/年以下的煤矿，并按焦煤3.8元/吨、无烟煤3.3元/吨的价格收取采矿权价款。

这次改革使煤炭资源的“无偿划拨”开始变为“有偿使用”，并开始明晰产权关系使采矿权、经营权和所有权“三权合一”。有偿使用提高了煤炭行业的进入门槛，促进了小煤矿的淘汰。而产权的明确在法律上确立了煤矿的实际控制人对于煤矿的权利和责任，明确了政府的监管对象，也刺激了煤矿企业进行合理开采，珍惜资源。

（二）行业内兼并重组

受国际金融危机的影响，从2008年下半年开始，煤炭市场的需求减少、价格下降、社会库存增加，煤炭业的发展受到了严峻的挑战，而与此同时山西省也加紧了对煤炭产业的调整。

2008年9月份，山西省政府发布《关于加快推进煤矿企业兼并重组的实施意见》，要求到2010年底，山西省内煤矿企业规模不低于300万吨/年，矿井个数控制在1500座以内，在全省形成2～3个年生产能力亿吨级的特大型煤炭集团，3～5个年生产能力5000万吨级以上的大型煤炭企业集团，使大集团控股经营的煤炭产量达到全省总产量的75%以上，煤改政策开始聚焦于行业内的兼并重组。在此次重组中还形成了包括中煤集团、阳煤集团、晋煤集团、同煤集团、潞安集团、焦煤集团、山西省运销集团和山西省煤炭进出口集团在内的重组主体。

2009年5月，山西省出台《山西省煤炭产业调整和振兴规划》，该规划要求到2011年,山西全省煤炭矿井总数由2598座减少到1000座,到2015年减少到800座,并进一步提高了煤炭行业的准入门槛,要求兼并重组的矿井规模达到90万吨/年,企业规模不低于300万吨/年,保留矿井要全部实现以综采为主的机械化开采;煤矿高管逐步实现职业化和专业化,全员培训后上岗。同时为了照顾地方的经济,允许各市、县(区)具备300万吨/年生产规模,且至少有1个120万吨/年机械化开采矿井的骨干企业作为兼并重组的主体。截至2010年1月,山西省重组整合煤矿正式协议签订率达到98%,兼并重组主体到位率达到94%,采矿许可证变更也已经超过80%。

这次改革的推行将有望改变山西煤炭业产业集中度低的问题,为提高煤炭产业的技术水平和安全生产水平打下了基础。

三、煤老板何去何从——民间资本的选择

山西中小煤矿绝大多数是由民间资本投资,而其中浙江民营资本占有不小的部分。在煤改中山西省政府通过行政命令方式强制重组中小煤矿而且收购价存在着极大的争议,导致许多浙江煤老板损失惨重。据浙商资本投资促进会估计,此次煤改令约450家浙商投资企业受损,受损资金达500亿元左右。由于浙江煤矿投资者的资金多来自亲朋好友的集资,有的甚至是高利贷,山西煤改对浙商的影响人数超过数万。我们可以从以下事件中看到浙商作为一个群体对于山西煤改的反应。

2009年11月9日浙江省浙商资本投资促进会以特快专递的形式向全国人大、国务院、全国政协以及山西省委、发改委、国土煤炭资源厅等相关部门提交了《关于要求对山西省人民政府规范性文件内容的合法性、合理性问题进行审查处理的公民建议书》,质疑山西省人民政府2008年发布的《山西省人民政府关于加快推进煤矿企业兼并重组的实施意见》以及2009年4月出台的《关于进一步加快推进煤矿企业兼并重组整合有关问题的通知》的合法性和合理性。

2009年11月18日由浙商资本投资促进会主办的"地方产业政策延续性以及企业投资信心"的研讨会在杭州召开,研讨的重点便是

关于山西煤炭整合的问题。2010 年 1 月浙商资本投资促进会在杭州发出《致全球浙商的公开信》,将山西省列为 2010 年浙商投资预警区域的候选地区。

然而在这场博弈中,浙商的声音并没有显著地影响重组的结果。据业内人士估计将会有 3000 亿的资金从山西煤炭业流向其他行业,转型已成为众多煤老板的选择。这场煤改也给煤老板带来许多的经验和反思,比如在风险控制上应意识到投资中小煤矿所存在的高风险,因而需要在项目的评估和投资方式的选择上尽量降低风险,如寻求同有技术和实力的国有大型煤矿企业合作;在社会责任上,应意识到安全生产的重要性;在产业格局上,更应该了解到改变煤炭业粗放式开采进行产业内部调整的必然性。

第四节 典型案例分析二:奥克斯集团建立南昌生产基地

一、奥克斯集团简介

奥克斯集团是在全球电力计量设备和中国家电行业具有较高市场地位、在通信行业具有较强竞争力和广阔发展前景的大型企业集团。该集团现拥有总资产 91 亿元、员工 2 万名,涉足电力、家电、通信、地产、医疗、服务业等诸多领域,并已形成了宁波、南昌、深圳、上海、天津五大产业基地,2009 年,实现销售收入 201 亿元。

目前,奥克斯集团的年产能为空调 700 万台、电能表 2500 万只、变压器 600 万千伏安、手机 500 万部、小家电 200 万台(OEM)。其中电能表产能连续 9 年居全球第一,市场占有率达 30% 以上;奥克斯空调是中国空调行业的前四强,此外,奥克斯置业年开发房产 80 余万平方米,是排名前列的专业地产开发商,在上海、江西、宁波等地进行了房产开发。

二、奥克斯南昌生产基地简介

奥克斯南昌生产制造基地位于南昌市昌北经济技术开发区。它是奥克斯集团投资16亿元打造的、占地1230亩的空调器生产制造基地。基地依托奥克斯先进的技术水平及强大的研发力量,引进日本、德国、法国、芬兰等世界顶级空调生产制造设备,采用五套日本"日高精机"、十几套内螺纹铜管弯管机和自动焊接机,德国瓦格纳喷涂生产线,以及法国静电测试仪等世界等级的生产设备,主要从事于空调生产、电力研发、地产投资及其他高新科技产品的研发与制造等。

基地从2003年6月签约至2004年12月18日正式投产,历经一年半时间,第一期15万平方米立体厂房顺利竣工并全面投入使用,形成了空调年产能150万套、变压器年产能200万千伏的生产规模。一期工程占地面积近千亩,拥有员工2000多人;二期工程开发面积300多亩,并于2008年12月建成投产。

三、奥克斯与南昌协调发展

(一)南昌促进奥克斯发展

2002年初,奥克斯开始了其第二基地的选址工作。当时,奥克斯打算建一个年产能100万套左右的空调分厂,其产品主要供应中原地区和西部地区,在奥克斯透露此消息后不到一年的时间里,就有十多个大中城市的招商引资项目组到宁波与奥克斯洽谈。而建分厂的原因是奥克斯已经成长为一个全国性的品牌,产销量也在大幅增长,中原地区和西部地区是奥克斯今后发展的战略重点。

此次南昌市能在十几个备选城市中脱颖而出,最终将奥克斯引入,一方面是由于南昌市的地理位置优越,另一方面是南昌政府对企业的大力支持。

1. 南昌地理位置优越

与江西周边接壤的6个省,空调市场潜力巨大。2003年,分布在南昌周边的6个省的空调市场总容量约在120亿元左右,占全国市场容量的40%以上。而奥克斯空调此时在这6个省和江西市场加起来总的市场份额不过15亿元,约占该区域市场总容量的12%。奥克斯新的计划是要抢占该区域市场容量20%以上份额。据南昌方面提供的数据表明,如以南昌基地为中心,奥克斯可以辐射周边4.5亿人口的市场。为此,奥克斯进驻南昌,将提高市场辐射能力和对周边市场潜力的挖掘能力。

同时,南昌的航运能够协助奥克斯构筑"一小时经济圈"。从南昌的昌北机杨起飞,分别飞往香港、上海、广州、深圳、福州、武汉、南京、温州、珠海、杭州、宁波等大中城市仅为一小时航程。奥克斯南昌工业园建成以后,奥克斯的管理线拉长,从宁波总部到南昌仅一小时航程,非常方便管理。而以南昌基地为中心辐射周边市场也均在一小时航程以内。由此,奥克斯的"一小时经济圈"基本构成。

在物流运输上,南昌的地位又为奥克斯成功打造了"一夜物流圈"。奥克斯所称的"一夜物流圈",即是周边市场经销商在当天晚上向奥克斯下了订货单之后,第二天早上就可以拿到奥克斯空调,中间仅仅相隔了一个夜晚。在铁路提速后,从南昌至北京的火车仅需14小时,至广州仅需12小时,至上海仅需11小时,至杭州仅需8小时,至宁波仅需7小时,基本上都是隔夜到达。"一夜物流圈"的构成,使奥克斯在市场发展上如虎添翼。

此外,优越的地理位置能节约大量运输成本,例如,从宁波运送一台空调到华中、华南地区,运费会超过50元,在家电利润很薄的今天,这是一块巨大的费用,而在南昌制造空调销往华中、华南地区,利润空间得到了保证。以2007冷冻年为例,一年的运输费用就节约近亿元。更为重要的是,在"空调旺季一天的销量等于淡季一个月的销量"的非常时期,从南昌到华中、华南输送的时间比从宁波输送要快2～3天,从而使南昌基地对保证该地区旺季的销量起到了关键性的作用。

2. 南昌市政府大力支持

南昌市政府为了支持奥克斯在南昌的事业顺利发展,除了做好政策引导和服务工作外，在奥克斯所在的昌北经济技术开发区，还特意划出一块土地让奥克斯的配套企业入驻、生产或者设立分厂，为奥克斯在南昌的生产制造商提供就近服务。这一举措为南昌的招商引资工作注入了活力，也为其他企业开发江西建立了基地，更为奥克斯南昌基地的生产制造提供了及时、便利的配件供应，降低了运输成本，从而出现了三方受益的共赢局面。

此外，当地丰富的劳动力资源、快速扩容的消费市场，都被奥克斯视作可以同自身条件进行优势互补的有利因素。另据悉，奥克斯是2003年南昌空调市场的销量冠军，奥克斯集团相信“产地销”策略有助于巩固和保持这种领先优势，并期待在更多对平价空调同样存在极大需求的邻近内陆省市，也把奥克斯提升为第一品牌。

（二）奥克斯促进南昌发展

奥克斯南昌工业园项目的签约，是奥克斯集团投资江西的良好开端。如此而来，作为双赢另一方的南昌市，赢面自然更大。因为对于目光更为长远的政府机构来说，奥克斯输入的不仅仅是巨额投资，同样“值钱”的，还有该企业的品牌、技术、管理，以及由此带来的“产业群聚效应”。随着奥克斯南昌工业园的落成，多家空调配件厂也就随之携资入赣，以就近为奥克斯集团做配套，这对该市的招商引资工作将极为有利。

同时，这对软环境的贡献同样巨大。由于奥克斯集团决定今后让奥克斯南昌工业园内的5000名工作人员，包括高级行政干部，能在当地解决的坚决在当地解决，这就能为江西省培养一批管理、技术、营销等方面的优秀人才和高素质的产业工人。

四、园区企业共生

工业园区的一般特征是大量企业在一定区域的集中，这些企业之间有着或强或弱的联系，彼此之间既有相互竞争，又有基于资源共享和专业分工所形成的协作。正如自然界中不同生物按照类别、地理条件等形成不同的生物群落，并在一定的食物链下共同生存和协同进化一样，工业园区内企业之间也会由于外部因素或市场演化力量的作用而集结在一起形成企业网络,在一定的价值链下共同生存和协同进化,达到共同繁荣的目的。

奥克斯南昌工业园的企业网络是“核心—边缘”结构,园区中奥克斯作为规模较大的核心企业,由于经营上的成功吸引了同行业的其他中小企业以及相关支持性产业的企业加入,然后,中小企业与核心企业间逐渐建立起上下游的稳定供需关系和相互间的信赖合作关系,最终形成一种相对稳定的共生状态。例如,2003 年 6 月建立并于 2004 年 12 月投产的年产 150 万套空调的奥克斯南昌空调生产基地,2005 年销售额一举进入江西省前 18 强,解决劳动就业 2000 余人,带动的配套企业跟进投资近 60 亿元,培养当地配套企业 35 家,此外,还引进外来配置企业 60 余家。

第五节 本章小结

借助共生这个种群生物学的概念来探讨企业的战略问题是一种换位思考的尝试,面对复杂的企业决策问题,不能仅仅立足企业自身的视角,而是要放在一个更为宽泛的范畴来深一步地思考企业的生存与发展问题。

回顾本章的内容,我们可以得出以下的一些基本观点。

首先,我们认为企业与区位是两个相关独立又具有联系的复杂系统,两者之间的关系可以用共生的分析框架加以思考,两者应该寻求一个长期可持续发展的状态。由于两者之间属性和状态存在差异,因此其共生的模式也存在差异性,但是可以从共生单元、模式以及介质的维度来分析和预测两者的关系。

其次,我们识别了企业与区位之间的三种共生模式。企业与区位之间存在寄生关系、偏利共生和互惠共生三种不同的模式,企业与区位之间的理想模式是互惠共生,但是由于历史发展和区位资源的差异性,会呈现出寄生和偏利共生的非均衡模式,但是通过演进的视角以及两者之间的资源交互将能够朝着互惠共生的方向发展。

最后，我们以两个案例分析了企业与区位之间的共生关系，我们可以发现无论立足省级还是开发区层面，企业和区位之间都可以采用共生的分析框架进行分析，其中作为区位这个抽象概念，地方政府是一个非常重要的主体，企业和区位的共生发展，很大程度上是企业和地方政府之间的博弈结果，因此立足共生的分析框架，深入分析企业和地方政府之间的关系将是一个值得进一步思考的问题。

第八章

■ 企业区位创新战略

创新是企业蓬勃发展和基业长青的重要构成要素之一，然而综观国内外诸多企业的创新之路，可以明显地发现：尽管创新能够给企业带来巨大的收益，但同样也让企业承受巨大的成本和风险。一些企业通过创新实现了“凤凰涅槃”，但更多的企业却陷入了“创新—失败—再创新”的恶性怪圈而最终走向衰亡。为什么不同的企业创新却导致了不同的结果？是企业自身对创新能力的高估，还是对创新模式管理的失误，还是企业所在的区位环境没有给企业的创新行为创造更多的支持？

带着上述这些问题，本章将就企业创新模式和企业创新的区位条件两个方面对企业区位创新战略进行深入的分析，以便企业能够深入分析和评估自身的创新能力和区位条件支持创新的能力。最后，本章还给出了美国硅谷、绍兴纺织等案例的深入分析，以便向区域政府提供一个可以给企业创造创新环境的区位管理借鉴。

第一节 企业区位创新的定义和模式分析

一、企业创新与企业区位创新

迈尔斯(S. Myers)和马奎斯(D. G. Marquis)在其1969年的研究报告《成功的工业创新》中将创新定义为:技术变革的集合。显然,迈尔斯和马奎斯这两位学者是典型的技术学派,根据他们的观点,创新是从新思想、新概念开始,并通过技术的实现来解决不断出现的问题,最终将技术通过一个有经济价值和社会价值的新项目在实际中进行推广和应用。

然而,企业创新的目的不仅仅是开发新技术,同时还有商业模式和运作模式的创新。尽管汽车的最先发明不是由亨利·福特来完成,但却是通过亨利·福特的生产运作模式创新和管理模式创新(流水线的大规模生产方式)在全球范围内进行了推广。因此,我们可以在迈尔斯和马奎斯这两位学者定义创新的基础上对企业创新重新进行界定:

企业创新是以企业家为主导的技术创新、运作创新和管理创新的综合,其目的是为了充分发挥企业投入资源要素的实际价值和潜在价值,从而确立或保持市场的竞争地位,企业创新的根本出发点是以营利为目的。

从企业管理的角度来看,上述关于企业创新的推动力、目的性和创新内容的阐述是较为全面和合理的,但我们可以明显地看到:上述关于企业创新的定义并没有考虑到企业的外部环境,而仅仅从内在创新动力来解释企业创新显然是不够的。

诸多案例已经充分表明,离开"区位"这个最根本的外部环境、资源、经济、文化和政治等诸多要素而简单谈企业创新并不合理。而我们也可以从美国底特律汽车城的兴起和衰败、中国中西部资源型城市的兴起和衰落等案例中看到:企业所在的区位条件并非亘古不变,在一系列外部和内部因素的影响下,企业的区位条件也在影响企业的创新动力。融资难、技术落后、人才匮乏、管理模式陈旧、资源枯竭、自然环境破坏、治安动荡等不断恶化的区位条件会在很大程度上遏制企业的创新。当然,企业创新的行为同时也会克服上述区位条件。应该从更广的视角来看待企业创新问题,因此我们认为结合区位条件的企业创新将会是更为全面的视角。本书中,我们将企业区位创新界定为:

企业在不抛弃原有的区域地理位置的基础上正确评估宏观和微观环境之后产生新思想、新概念,在新思路的指导下克服一系列困难后在内部或外部建立起新的既符合经济价值评判标准又符合社会价值评判标准的联系,并以新的联系覆盖、替代旧有的联系,从这个角度创造了全新的企业生存发展环境。

二、企业区位创新的模式分析

本书认为,传统关于企业创新模式的分析对于企业区位创新模式的分析仍然有效。我们依然可以将企业区位创新模式分为三大类,分别为自主创新模式、模仿创新模式和合作创新模式。然而与传统仅从企业实力角度观察企业创新不同的是,本书在上述三种创新模式中融入了区位的元素。

(一)企业区位的自主创新模式

自主创新是创新源与创新体合一的创新模式,具有率先性、突破性等特点。企业自主创新通常来自于经济动力、市场环境和资源要素提升的需求。但企业自主创新并非仅仅影响自身的市场竞争地位,同时在很大程度上塑造了所在区位的诸多特点:由企业自己投入资金、技术、人才等不可或缺的要素也在很大程度上为企业创造了更为有利于持续发展的经济地理区位。这就类似于人与自然的关系,自然环境的变化迫使了人的进化,而人的创造又改变了周围的自然环境。

在这种企业区位创新模式中,企业创新行为占有绝对主导的地位，而区位支持企业创新的要素处于平稳和高效的状态。既然企业创新的行为在这种模式中占有重要地位，那么我们再分析这种模式的优势和劣势就可以围绕企业创新这个主体进行了。

企业区位自主创新具有几个优势：企业创新受外界限制较少，区位提供的资源要素完全可以满足企业的创新需要，区位提供了足够完善的法律、金融和其他中介支持，保护企业自主创新（尤其是技术型的自主创新），支持企业获得创新的超额收益，并对后来者设置一定的“进入壁垒”。同时，企业通过创新后获得的市场竞争优势，又可以通过对所在区域的公共设施的完善、法律政策的改善以及区域整体科技水平的提高创造物质支持，通常拥有更多自主创新企业的区位往往是区域经济和科技的典范，美国硅谷、美国好莱坞、德国鲁尔工业区企业创新的成功实践都是这种创新模式的典型案例。

然而，企业区位自主创新模式同样也存在一定的弊端，例如企业自主创新研究、开发的投入较大，技术创新的成败及创新成果的市场认同具有很大的不确定性，因而技术风险和市场风险较高。区位条件对企业自主创新的支持通常跟不上企业创新的需求，例如人才培养、法律支持、金融服务以及其他中介服务并非认同原创性的企业自主创新，同样也阻碍了企业自主创新的脚步。

（二）企业区位的模仿创新模式

企业模仿创新是指创新主体通过学习模仿率先创新者的创新思路和创新行为，在先行者成功经验和失败教训的基础上进一步改进和完善，以确立企业在创新产品开发方面的竞争地位。借鉴该定义，我们可以将区位要素引入该模式之中，并将其描述为：企业区位模仿创新是，企业创新主体借鉴其他成功技术和成功经验，对所在区位不足的条件进行投入和培育，通过完善相关配套要素，确定企业在新产品开发和市场开发方面的竞争地位。例如，中国大连市通过引入和自建软件高科技园区，经过十多年的培育和创新，形成了中国北方最大的软件外包产业基地，向英特尔、IBM 和微软等诸多 IT 企业输出了大量软件服务。

企业选择区域模仿创新模式，重点是依据相关性原则挑选出区位条件相似的被模仿者,这样可以充分利用企业的区位条件,降低模仿成本、提高模仿效率、顺利实现模仿创新。模仿创新模式在韩国企业区位创新中被充分表现出来。第二次世界大战后的韩国百废待兴,在拥有相似的地理区位和经济区位的前提下,韩国企业积极学习日本企业的生产、管理模式,引进高级生产线和先进技术,韩国政府也实行鼓励企业创新的政策,努力为企业发展创造良好的环境。通过三十多年的努力,韩国的经济飞速发展,成为"亚洲四小龙"之一。

模仿创新模式的主要优点决定了创新资金投入不足、知识匮乏、技术基础薄弱的欠发达地区企业适宜选择该模式进行企业区位创新。例如,中国在诸多领域的发展可以借鉴国外的经验,形成明显的后发优势。

然而,该模式也存在许多不足之处。跟随别人的脚步将很难把握技术的发展趋势,很多模仿他人的企业或区域往往陷入一个低层次发展的循环,我国众多开发园区并没有达到预期目标就是一个例子。其次,许多率先创新者的成功案例并不容易模仿,尤其是先进技术的复杂性、垄断性和受法律保护等特点造成的壁垒,常常让模仿者束手无策。最后,模仿他人也意味着与强大的率先创新者在市场上存在更多的竞争,随之而来的是巨大的市场竞争压力,一旦外界环境改变,整个区域的产业都会受到冲击(如2008年以来,浙江省小商品出口贸易的下滑)。

(三) 企业区位的合作创新模式

合作创新是指企业间或企业、研究机构、高等院校之间的联合行为,是两个或多个实体利用各自的创新资源,在一定的契约约束下共同参与技术创新的过程(陈敏菊,2007)。合作创新通常以企业为主体,以合作伙伴的共同利益为基础,以资源共享或优势互补为前提,有明确的合作目标、合作期限和合作规则,合作各方在技术创新的全过程或某些环节共同投入、共同参与、共享成果、共担风险和共同发展。

在这种模式中,区位要素的影响将会变得非常重要,尤其是区位的智力要素支持(或互补)往往成为这种创新模式的主导力量。一个合理的解释,并非每个区位都拥有对应的知识储备,大学、研发机构往往都集中于大城市,而对于一些处在中小城市中的企业要进行创新,从所在区位中很可能找不到对应的智力支持。

因此在这种模式中,合作创新的类型包括产学研联合创新和企业与企业联合创新两种具体模式,其优势主要是能够克服单一主体力量不足的困难,使各主体的创新能力和创新资源得到整合,风险共担、联合攻关,实现重大技术创新。该模式以企业、高校和科研机构为核心,强调在政府、科技中介机构、金融机构等的大力支持和协同下进行合作创新。合作创新可以缓解企业技术创新的资金不足和区域智力资源不足,可以共享创新所需的人力、技术、信息等稀缺资源,可以降低创新企业的风险,因而是许多中小企业在进行区位创新模式时较好的选择。值得特别指出的是,"产学研"一直是为大多数企业所青睐的创新模式。

但这种模式中,最大的缺点是合作关系建立通常具有一定的曲折性;合作的特征又使创新成果产权难以界定,合作的收益难以划分。区位的地方保护主义,通常又会在出现利益分歧时倾向于本地企业或机构,很大程度上造成区位合作创新模式中利益分配的不公平,从而阻碍了这种创新模式的进一步发展。

三、企业区位创新的模式选择

(一)针对企业内部环境的企业创新模式选择

产品有市场生命周期,企业也存在类似的生命周期。企业处在不同的发展阶段,其规模、结构、资源等企业实力有很大差异,一般而言,在创业期和成长期处于新进入者的劣势状态,不适宜自主创新模式。当企业在市场中占有较大份额并拥有较强的经济实力和技术实力时,容易建立起自给自足的创新基础,自主创新模式是较好的创新模式。处于衰退期的企业风光不再但实力尚存,往往采取模仿创新的模式跟随行业领导者或是找到创新合作伙伴,力求挽回失去的优势、收复丢掉的市场份额,延长企业的生命周期。

此外,还应该综合考虑其他内部环境影响,这些内部环境要素包括企业组织模式、企业战略以及企业文化。传统的线性组织模式偏向模仿创新,新兴的柔性组织模式更适合自主创新与合作创新。企业实施的战略决定了企业未来的发展轨迹,若实施领先型战略则相应地选择自主创新模式才能保证企业在该领域的领导地位;若实施跟随战略,则以模仿创新的方式紧随率先创新者;实施紧缩型战略的企业则大多选择合作创新模式寻找突破。企业文化同样对企业区位创新模式的选择有着向导的作用。

(二)针对区位的企业创新模式选择

1. 区位的市场结构

对创新模式选择影响较大的市场结构主要有寡头垄断市场结构和垄断竞争市场结构。处于寡头垄断市场的企业创新集中于自主创新和合作创新,垄断竞争市场中的企业更倾向于模仿创新。

2. 要素市场体系

要素市场包括技术市场、资本市场、劳动力市场等,要素市场体系的完善程度与创新带来的风险、效益等均有密切的联系。开放的要素市场体系有助于合作创新和自主创新。

3. 相关法律制度

国家和地方的法律制度是构成区位条件的重要内容,也是企业进行区位选址时所必须遵循的规则。除此以外,一些法律法规对区位创新模式也有一定的导向作用。以知识产权制度为例,严密的知识产权保护法律体系在一定程度上鼓励了自主创新和合作创新,而相对宽松的体系则降低了模仿创新的风险。

4. 政府政策

对于企业区位创新活动,政府的影响力依然极其重要,在某些情形下甚至上升为关键因素。政府如何转型、怎样履行职能等通过出台政策的方式表现出来,因而政府政策关系着企业未来的发展趋势。政府的基础设施建设如对交通条件的改善关系着企业的原料运输、产品销售、职工生活便利程度等;政府的人才引进战略、人才落户政策、对教育的重视程度影响着企业的人员素质、人才储备、技术更新速度等;政府的产业集聚区建设政策、税收政策、环境保护政策等都与企业的生存和发展息息相关。对于中国而言,政府政策在影响企业创新方面具有重要的推动作用,从发展趋势上看,政府政策将更加鼓励企业自主创新和合作创新。

第二节 企业区位创新情境要素分析

企业进行区位创新时不能不考虑企业自身所具备的创新能力或要素,同时还需要考虑外部区位所能提供的资源要素。根据上一节的企业区位创新概念,我们可以将企业区位创新视为内部的企业主体创新要素和外部的区位创新要素结合的结果,如图 8-1 的分析框架所示。

本节将就企业创新要素和区位创新要素对企业进行区位创新的影响进行分析,以便企业管理者能够更好地发挥内外两部分要素以用于企业区位创新战略。

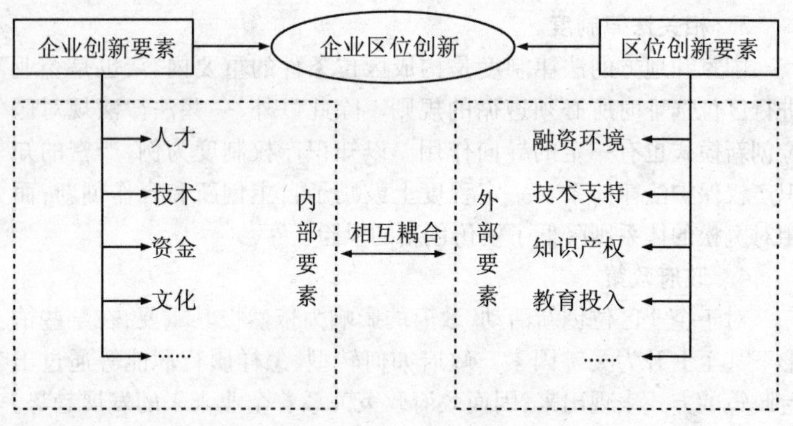

图 8-1 企业区位创新要素分析框架

一、企业创新要素对企业创新的影响

（一）人才

人才是企业区位创新的主动脉，是企业创新活力的源泉，是企业所拥有的最大财富。通过一系列配套措施使企业需要的人才实现“以我为主，为我所用”的新型人才机制是企业区位创新的根本保障，这有赖于企业和区位协同创造的人才引进、竞争和激励机制和环境。

美国硅谷的发展初期，产业的主要发展方向是电子工程，主要是延续二战以来美国军方和斯坦福大学联合开展的尖端武器项目攻关，这些实验室的大量经费为军方合同。斯坦福校长雷德里克·特曼为了成功争取国防项目，从20世纪40年代末开始，就引进了10多名在战时联邦政府科学研究与发展局管理下的实验室工作的顶尖专家。科技和军方项目促进了斯坦福所在州（加利福尼亚州）工业的繁荣，但随着第二次世界大战的结束，硅谷的注意力开始转向利用先进技术创造新市场，硅谷也顺势推出许多吸引人的科技项目和独特的创业支撑政策，从东部吸引了一大批雄心勃勃的工程师、教授。硅谷的区位人才要素开始形成，在后来的几十年中硅谷诞生了惠普、IBM、微软等一系列国际知名企业。

（二）技术

技术一直以来都是企业区位创新战略过程中所需要特别留意的关键点，技术联盟、产学研结合、知识产权战略等企业与企业、企业与高校及科研机构、企业内部三个不同方面的企业主体行为为企业区位创新提供了保质保量的技术支持。

在《工矿业技术研究组合法》的鼓励和推动下，许多日本企业之间以技术联盟的形式进行研发合作，形式主要包括以下三种：一是参加者通过签署合作研发协议，共同提供研发费用来进行合作；二是由参加者共同出资，成立另一法人机构加以实施；三是依据《工矿业技术研究组合法》设立研究开发组合来进行合作。通过以上三种技术联盟形式，日本企业通过企业的组织形式有效地改变了技术区位环境。

不同于技术联盟中企业与企业的合作,产学研相结合的合作创新模式以企业与高校或科研机构合作为核心。越来越多的企业把高校和科研机构作为新理念、新技术、新工艺、新产品的孵化器,从大学或科研机构已有的科技成果或科技人力资本中发展、筛选出能与市场结合的项目,通过"技术+资本"的运作实现企业的技术创新。

此外,实施知识产权战略是企业针对技术要素进行自我提升的一个重要保障。开展知识产权战略研究,主要包括三个层次的内容:制订企业总体知识产权战略规划、企业技术或产品的专利战略研究、建设企业内部共享专利信息平台,这些研究有利于企业提高知识产权意识,充分有效地利用资源提高创新吸收能力,开拓市场、推动创新技术产业化。

(三)资金

资金是企业区位创新的血液,只有在源源不断的资金链的保证下企业才能大刀阔斧地进行区位创新,否则就会出现"巧妇难为无米之炊"的尴尬局面。2008 年下半年爆发的席卷全球的金融危机引发了对实体经济的冲击,最显著的就是对我国筹资手段单一、融资渠道狭窄的中小企业的影响。社科院的调研报告显示,截至 2009 年 6 月,中国已经有 40% 的中小企业在此次金融危机中倒闭,40% 的企业正在生死线上徘徊,只有 20% 的企业没有受到此次金融危机的影响。

解决资金问题,企业应该同时从"收"和"支"两方面着手,只有既开源又节流,才能从根本上解决企业因资金不足无法成功进行区位创新的困境。力求拓宽融资渠道,在法律政策允许的范围之内进行内部资本的改造,通过内部股份的分配进行融资也不失为一种有效途径。同时,区域中政府也会推出支持企业创新的基金,企业也可以通过创新项目的形式向政府申请发展资金。

企业创新的资金来源主要还是依赖于自身,过多的融资和政府扶植并非长久之计,在一定程度上还会造成企业过分依赖外部资金的现象。企业应当把更多的注意力集中到如何利用好现有的资金上,提高经营管理水平,生产出适销对路的商品,提高资金的运用效益。通过拓宽融资渠道、合理的成本管理、增强企业的独立性等企业主体行为,可以从解决资金问题的角度切入为企业区位创新提供必要条件。

（四）文化

文化是企业区位创新所依赖的凝聚环境。企业文化是企业在其他各方面的举措的综合内在表现,同时企业文化也潜移默化地表现在企业各方面的举措中。

先进的企业文化是企业的软实力,鼓励企业通过区位创新永葆生机;陈旧的企业文化将成为企业前进道路中的绊脚石,是企业融资困难、技术落后、人才匮乏、管理模式古板的根源。为了营造先进有益的企业文化,管理者应当加强理念教育,用正确的价值理念统一员工的思想,为企业塑造一个“企业灵魂”,并以开放的态度迎接区位创新带来的机遇与挑战。

二、区位创新要素对企业创新的影响

企业区位创新是一个内因外因共同推动的过程,在外部环境中起决定性作用的主体无疑是政府。政府通过财政、货币、法律、行政等手段调节控制企业所处区位的经济环境,对企业的区位创新方向、区位创新能力、区位创新过程控制、区位创新绩效评定都产生深远的影响。

（一）融资环境

如前所述,中小企业占我国现有企业的绝大部分,而融资难是制约中小企业进行区位创新的瓶颈问题,其中小企业的问题尤为突出。全国工商联深入调查研究后发现:我国金融资源的实际供给与实体经济的有效需求存在严重矛盾,最主要的矛盾是绝大部分金融资源供给由以国有银行为主的大中型银行金融机构控制,绝大部分金融资源配置由国有企业和非国有大中型企业获得,绝大多数(95% 以上)小型企业得不到任何正规金融资源;我国中小企业融资难,主要难在小企业,应当改变对问题的认识角度与政策思路,将解决中小企业融资问题改变为解决小企业融资问题,改革相关制度,调整相关政策,明确改革目标。

为了解决上述矛盾,政府应当向服务型政府转变并督促金融部门真正转变服务观念。通过税收优惠、财政补贴、贷款援助、政府采购等方面的有力措施促使银行增加对小企业有效的信贷支持,加大对小企业的融资支持力度;通过建立商业担保与企业互保制度来完善企业的信用评估体系;大力发展中小金融机构、放宽信贷条件进行体制创新;通过制度保障、政策协调和资本市场创新等措施,为克服中小企业融资瓶颈创造一个良好的融资环境条件。

镇江市政府的政策鼓励在船舶、路面机械、滚动轴承、眼镜、汽摩配件、钻头五金、工程电气、光电子、针织等产业造就了该市在全省乃至全国同行业都具有领先地位的一大批中小企业。2004 年,镇江市出台了《关于进一步加快民营经济发展的若干指导意见》,为贯彻落实该《意见》,各部门连续出台近 30 个配套措施,加大了对全民创业的政策扶持力度,对推动全民创业发挥了积极作用。截至 2009 年 5 月底,全市私营企业和个体工商户累计达 116658 户,比上年底净增 4544 户。其中,全市私营企业累计达 26990 户,比上年底净增 1531 户,增长 6.01%,比上年同期高 1 个百分点;从镇江工商局了解到,2009 年 1—9 月份,全市新开业的私营企业达 3671 家,从业人员 49800 人,注册资本 75.7 亿元,同比分别增长 20.5%、82.3%、64.7%。目前,该市已形成了一个以中小企业为主体的产业群。政府的政策导向对帮助企业解决融资问题的作用可见一斑。

(二)技术支持环境

如何帮助企业从技术层面上实现核心竞争力的提升一直是值得政府重视和思考的问题。构建先进的技术转移体系是国际上政府主体行为对企业技术要素产生影响的典例。

借鉴发达国家的成功经验我们发现:由政府主导完善技术转移体制是促进经济进一步发展的合理手段,而这需要政府充分发挥引导作用,加大对 R&D 经费的投入并大力引导企业的 R&D 经费投入,加强对技术转移服务工作的支持力度,加快技术转移人才队伍培养等。

在技术先驱美国,商务部在技术转移体系中作为政府宏观管理的核心部门存在,其下设的办公室主要担负综合性政策的提出和政府与产业界的联系的任务。此外,联邦实验室是一个由美国政府出资设立,在各地区铺开,与各地企业密切联系的支持地方和企业进行技术转移的主要机构。

德国以科研体系为基础建立技术转移体系,企业直接作为技术转移的核心。德国技术转移的特色在于德国政府除了在高校和科研院根据各地区和经济的需求设立技术转移机构以外,还建立了科技成果和人才情报网络,从而在高校、科研院和企业之间用科技手段搭建了一个沟通和技术的平台。技术转移体系需要政府建立法律体制加以维护①。

（三）知识产权保护

政府对知识产权的保护力度不仅影响企业发展的技术根基而且通过技术因素影响企业自主创新区位创新模式的选择。主要表现为激励功能、保护功能和促进功能。

完善的知识产权保护制度确定了知识产品创造者对自己创造的劳动成果享有一定期限的独占权,化解了知识产品的负外部性,保证了创新主体收获回报,进而吸引创新主体选择自主创新。在美国1770年的宪法中就体现出强烈的知识产权保护意识,为其后来建立起一套严密的知识产权法律保护体系奠定了基础,再配合严厉的侵权惩罚制度,使美国成为名副其实的自主创新强国变成一种必然。而我国虽然建立了知识产权保护体系,同时也颁布了相关的知识产权法,但社会对知识产权的认识度和保护力度都不够到位,“山寨文化”就是一个典型的案例,使企业创新的积极性受到极大挫伤。

（四）政府教育投入

提高企业区位创新能力的根本无疑是为企业的发展输入高质量

① 虽然我国政府也从20世纪90年代起逐渐加大知识产权的保护力度,先后颁布相应的《专利法》、《商标法》和《著作法》并且经过多次修订,力求与时俱进,但始终未出台针对技术转移的《技术转移法》,这个领域的空白需要地方政府通过政策和法律加以填补,才能解决法律漏洞带来的障碍。

的人才。世界各国的人才开发方式可以概括为四种：一是通过教育开发人才资源，二是通过使用开发人才资源，三是通过管理开发人才资源，四是通过政策开发人才资源。每种模式都与政府主体行为关系密切。

“百年大计，教育为本”，完善教育体制是提升群体素质最有效的途径。政府通过完善教育体制、普及知识，保障了企业员工的素质。欧洲企业员工的高素质要归功于其世界领先的教育体制。

高、精、尖的人才需要跨区域调配，政府的人才引进政策在这个过程中发挥了至关重要的作用。黔南是位于贵州省中南部的一个少数民族自治州，其自然资源十分丰富，然而基础教育落后，劳动力素质低，科技人才缺乏，科技创新和制度创新的能力不强等因素成为限制该地企业发展的主要弊病。在这种情况下，州政府于1992年创立了“3·18”科技活动日，即每年的3月18日，对科技人才进行隆重奖励。该政策极大地调动了科技人员建设黔南的积极性与创造性。除此以外，黔南州委州政府还实施了聘请州外高层次人才的“候鸟式借脑工程”，这些高层次人才针对黔南的经济发展中出现的问题进行“会诊”，提出引导企业发展的建议。他们不仅带来了新思想、新观念、新文化，而且在地方和科研院所、高等院校间架起了科技协作的桥梁。这一切都得益于黔南自治州政府因地制宜的人才引进政策。

（五）政府社会管理

一个稳定、安全的社会环境对企业创新支持具有十分重要的作用，政府良好的社会管理能力可以给企业提供一个安全发展的空间。美国底特律汽车城衰败的其中一个原因是该城市的政府社会管理无法给企业提供一个高质量的安全环境。

2009年2月，美国福布斯杂志评选的全美十大最悲惨城市中，底特律赫然名列其中。主要归结于1967年因种族歧视发生的全城骚乱，此次冲突造成40人死亡，三大汽车巨头全部停产停工，使底特律从巅峰跌入低谷，富有的白人（通常都是企业的技术人员和高级管理人员）开始大规模撤离底特律。据统计，在过去50年中，底特律流失了近100万人口。大量的商业随着人口的撤离也发生了撤离现象，失业造成了极高的犯罪率，而这进一步造成了底特律的衰退。底特律的区位创新要素因社会治安问题而遭到严重的恶化。

此外，政府的社会管理功能还在于向所在区位内的居民提供具有保障的幸福。除社会治安之外，在中国，区域人口管理制度、物价（尤其是房价）恶化了区位的创新要素。近年来，出现的“逃离北上广”就是其中的一个例子。2008 年上海市韩正市长考察杭州阿里巴巴之后发出感慨：“为什么上海无法出现这样的企业？”许多学者在分析其中原因之后，指出房价和城市归属感是最大的影响因素。但近年来杭州房价暴涨之后，也出现了类似“逃离北上广”的情况。

第三节 企业区位创新能力评估体系

在理论上，没有哪个企业不知道通过区位创新可以有效地提高企业的核心竞争力。但许多企业尤其是欠发达地区的中小企业对自身的区位创新能力没有清楚的认识以及定性或定量的把握，最终导致其创新活动的失败。所以，引入企业区位创新能力评估体系有助于企业多方位了解自身的创新实力，对其在最初的区位创新模式的选择、中间过程的监督控制、区位创新活动结束后的经验总结产生有利的影响。

一、企业区位创新能力三层评估体系

测度与评价创新能力的主体主要分为面向项目与过程的测度与评估和面向企业或特定对象的测度与评价，包括创新活动、创新成果以及创新活动的影响与被影响因素。企业区位创新能力评估体系属于面向对象的创新能力测度与评价。

围绕企业区位创新中的技术创新，我们参考前人的研究成果。以企业创新能力、网络创新能力、创新环境为三条主线，按照投入、产出的分析思路共分为三级指标构建企业区位创新能力评估体系，如

图 8－2 所示。

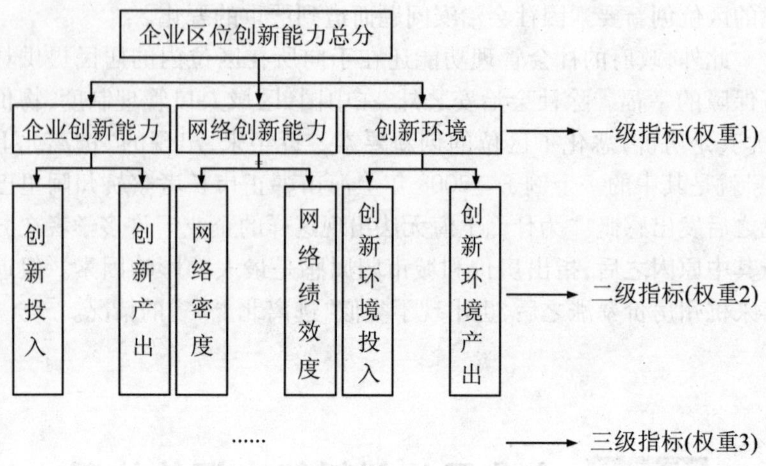

图 8－2　企业区位创新能力三层评估体系

与一般企业创新能力评估体系以企业创新能力为核心,网络创新能力、创新环境为基本支柱所不同的是,区位创新能力评估着眼于区位限定条件的特殊性,强调网络创新能力、创新环境两大要素对企业充分借助外在资源进行创新活动的促进作用。企业创新能力针对的是企业内部创新投入的转换能力,可以遵循传统的评价指标体系,如表 8－1 所示。

表 8－1　企业创新能力评价表

一级指标	二级指标	三级指标	权重 3
企业创新能力（权重 1）	创新投入（权重 2—1）	企业技术改造投资与固定资产净值的比例	
		科技活动经费与 GDP 的比例	
		固定资产投资与 GDP 的比例	
		财政科技拨款占财政支出的比例	
		企业固定资产新度系数	
		企业职工培训率	

续 表

一级指标	二级指标	三级指标	权重 3
企业创新能力（权重 1）	创新产出（权重 2—2）	每万人口拥有发明专利数	
		每万人口拥有实用新型专利数	
		每万人口拥有外观设计专利数	
		商标申请数	
		高技术产业增加值占工业增加值的比例	
		新产品产值率	

区位内各经济体的交流、信息的通达度、交通运输的便利程度、高科技电子设备的应用情况等存在对企业了解科技发展趋势产生重要影响的稳定的各种联系，这些要素总结概括为网络创新能力，主要评价的是区位内经济体的创新支撑能力，表 8－2 给出了对应的指标体系。

表 8－2　网络创新能力评价表

一级指标	二级指标	三级指标	权重 3
网络创新能力（权重 1）	网络密度（权重 2—1）	单位面积企业数	
		主导产业产值占工业产值的比重	
		固定电话、手机、电子邮件和 QQ 普及率	
		单位面积公路里程	
		人均邮电业务总量	
		企业从业人员流动率	
	网络绩效度（权重 2—2）	企业委托开发经费与产品销售收入的比例	
		企业技术引进经费与产品销售收入的比例	
		外商直接投资与 GDP 的比例	
		技术市场投资额与 GDP 的比例	
		企业购买国内技术经费与产品销售收入的比例	
		自营出口企业数	
		商品出口额与 GDP 之比	

创新环境将关注焦点放大到企业所处区位的经济、政治、文化条件，评估对象的范围也随之扩大，而政府由于其特殊地位和掌握的资源，在整个影响企业发展的宏观环境评估中处于重要位置，表8－3给出了企业创新环境的评价指标体系。

表8－3　创新环境评价表

一级指标	二级指标	三级指标	权重3
创新环境（权重1）	创新环境的投入指标（权重2—1）	技改投资总额	
		新批技改项目数	
		每万人口中人才资源数	
		每万人口中科技活动人员	
		人均受教育年限	
		高中普及率	
		每万人口中科技机构从业人员	
		人均科技机构固定资产原价	
	创新环境的产出指标（权重2—2）	人均GDP	
		GDP增长速度	
		人均地方财政收入	
		人均社会消费品零售总额	
		人均金融机构存款总额	
		人均金融机构贷款总额	
		新增企业（含网上企业）	
		新增加的规模以上的企业数	
		第三产业增加值与第一产业增加值之比	
		工业经济效益综合指数	
		劳动生产率	

二、企业区位创新能力量化原则

观察图8-2和表8-1～表8-3可以发现,如何对创新指标的权重进行打分是一件非常重要的工作,对于图8-2中的三级指标权重均可采用百分制进行评价,但如何进行评估却有赖于政府和企业两方面的共同作用:一是企业应当对影响自身创新的元素进行定期更新,可以采用标杆法与行业中最杰出的企业进行比较评分;二是政府要向服务型政府转型,有针对性地通过完善基础设施建设,为企业和科研所等其他机构搭建交流与合作的桥梁,明确法律法规限制等,指导企业进行创新,并不断对所在区位创新元素进行更新。

公平客观地记录区位创新成果是测量与评估企业区位创新能力的根基,它直接影响企业区位创新能力评估结果的可信度和实用性。以下几条原则可以有助于量化企业创新能力。

第一,“行动会计”为理论基础原则。所谓“行动会计”是如何选择企业中每个人的行动,从会计数值计算上考察给企业带来的利益。行动会计具有以人为本、信息相对准确、注重行动研究、有利于自主管理、适应市场竞争等特点,更适合用来对企业创新产出进行计算和测评。该原则适用于企业评估自身的创新能力。

第二,成果之间的非重复性原则。该原则包括禁止“一稿多投”,即同一创新成果不能在不同类型不同渠道重复申报,同一内容的创新成果不同部门之间不能重复申报,同一内容的创新成果部门之间不同人员不能重复申报。非重复性原则主要避免了重复申报造成的“虚假繁荣”对企业区位创新能力评估造成的误差。该原则适用于企业和区位政府进行创新能力和创新结果的评估。

第三,直接效益原则。量化计算的是区位创新给企业带来的直接经济效益,社会效益、关联效益、附加效益、环境效益以及外延效益原则上不计算在内。该原则适用于企业评估自身的创新结果和成绩。

第四,一贯性原则。同类型成果经济效益评价方法必须保持相同、一贯性,不得随意改变。这是企业和区位政府在评估和对比创新绩效时均应该遵循的原则,否则会出现绩效不一致的情况。

第五,算现实不算未来原则。区位创新的成果是已经实现的经济效益,预期未来能够带来的效益不在计量范围内。该原则适用于企业和区位政府进行创新能力和创新结果的评估。

第四节 典型案例分析

本节主要采用国内外两个相关的案例结合上面所提及的理论逻辑进行详细说明。一是以美国硅谷的发展为例,深入探究其区位合作创新模式,以及政府所起到的作用;二是以绍兴纺织产业为对象,分析在"入世"的大背景下的企业主体行为和政府主体行为给区位创新带来的影响。

一、美国硅谷的企业区位创新案例

该案例我们将从硅谷区位发展历程、硅谷产学研相结合的区位创新模式和政府行为对硅谷发展的影响这三方面进行介绍和分析。

(一) 硅谷区位发展历程

不过分地说,硅谷是全球信息产业和高新技术的中心,全球众多知名的电子信息企业,IBM、微软、英特尔和惠普等国际知名 IT 企业都出自于此。硅是信息产业中的重要元素,硅谷(Silicon Valley)一词由此而来。从地理位置来看,硅谷位于美国加利福尼亚州旧金山半岛地区,以斯坦福大学为中心,东至旧金山湾,西至神塔克鲁斯山脉,东南至海岸边。而硅谷科技园区在硅谷之中。这个园区的确切范围没有人认真划分过,这里所描述的是硅谷人公认的硅谷园区的范围,而硅谷正以惊人的速度一天天扩大,也许有一天整个硅谷都会成为科技园区。

一个世纪以前,硅谷地区被称为"心灵之光峡谷"(Valley of Heart's Delight)。位于美国西海岸的加利福尼亚州属于地中海气候类型，州内东部和西部各有南北走向的山脉，阻止了太平洋的湿气东进，致使该州常年日照充足、干旱无雨，十分适合果业发展。硅谷地区曾是个富饶的农业产区，盛产水果，尤以苹果出名。而改变硅谷地区原本的农业发展轨道，使之从盛产苹果转变成为盛产用硅制作的半导体晶片的世界科技之都，不得不提到一个人——硅谷科技园区之父佛莱德·特曼教授。特曼教授当年在斯坦福大学任教期间，看到在硅谷地区没有从斯坦福大学毕业的机电系研究生的就业机会，于是萌生了在硅谷创建一个崭新的无线电工程技术行业的想法。在特曼教授的帮助和指导下，1939 年修莱特和派克德正式注册了惠普公司。今天的惠普公司是世界最大的生产电脑、电子测量仪器和设备的公司之一。1950 年，建立斯坦福创业园区的想法被提了出来，那时斯坦福大学周边约有 8000 多亩可以用于工业建设的土地，斯坦福大学发展迅速，也需要许多经费的支持。这片土地是那勒德·斯坦福留下的遗产，遗嘱中注明禁止出售土地但可以出租。土地长期出租可以吸引工业界来此地安家落户，于是斯坦福工业园就此建立起来。不久特曼教授建议只能将这些土地租给能使斯坦福大学受益的高科技企业，硅谷科技园区的种子从此发芽、成长、壮大起来。

从区位中的经济体角度看，硅谷自 20 世纪 50 年代起步至今，形成了规模庞大，令世人景仰的科技园区。目前硅谷大约有 65000 家公司，真正从事高科技技术开发和研究的公司及与高科技产业相关的公司有 4900 家。在这些公司中，IBM 公司、惠普公司、英特尔公司是其中的佼佼者。硅谷堪称全世界的高科技首都，全球 100 家电子和软件大公司中有 20% 在硅谷中诞生，使世界发生第三次工业革命的电脑和网络就在这里发源。此外，硅谷科技园区中 150 多家上市科技公司的市值总额达 7 万 5 千亿美元，该地区一年的外贸金额约 300 亿美元，比纽约市还要多出 20 多亿。

（二）硅谷产学研相结合区位合作创新模式的形成

特曼教授曾经说："当年在硅谷创建一个科技学者的社区，与世界其他地方相比，真是小得可怜，但今日硅谷模式遍及全世界。"论及硅谷模式的核心，产学研的无间合作当之无愧。硅谷的产学研合作模式简单来说,就是由硅谷特色的教育体系为硅谷的产业发展提供了从创业者到工程师,从投资人到律师的多层次高质量人才,从而使产业获得了最重要的创新产品和成果,并通过市场转化为财富,而产业又将财富反哺给教育和研究机构,并影响教育和研究机构的兴趣偏好和人才培养准则。由此形成的蕴含着创新创业精神文化的良性循环,奠定了硅谷在世界高新技术产业领域的领军地位。

由以上过程可以看出硅谷以大学科技园的形式建立了教学、生产、研究之间的纽带,促进大学和科技园双向的互动发展。一方面以斯坦福大学为主的大学体系可以为硅谷科技园中的高新技术公司提供人力资源和技术支撑来推动硅谷科技园的发展;另一方面,硅谷科技园也可以促进大学自身的发展和大学职能等更好地实现。斯坦福大学科技园与硅谷的合作不仅引导促进了大学人才培养、学科建设,还通过科技成果的转化等途径增加大学收入,完善大学建设。产学研相结合是企业进行区位创新的一种形式。通过与斯坦福大学等高等院校建立起合作关系,企业改变了原本的科技、人才等发展资源的区位环境,科技、人才的力量注入使企业跟上并引领技术发展的潮流,成功地实现了区位创新。

硅谷产学研合作主要有以下两个特点。一是企业在合作中始终占据主导地位。在企业与高校、科研机构的联姻中,企业始终是技术创新的主体,是技术成果转化的终端。企业以市场为导向,着力构建内部科研机构或基地,自主选择科技创新方向和重点,提高企业自身创新能力,引导高校配合企业输送出符合市场要求的人才和科研成果,从而加快产品的更新速度以利于抢占市场。二是中介组织或个人围绕企业创新和孵化发挥重大作用。各种营利或非营利中介服务组织通过信息咨询、创新管理、融资、技术支援、法律援助、人才培养等服务为企业科技创新提供帮助,以及作为孵化器促进中小企业的成长。如联合创新公司为政府、基金会、大学和企业提供以科技为主的咨询服务。

尤其值得一提的是硅谷的风险投资,应该说正是因为有了风险投资,硅谷才创造了今日的神话。高科技产业的发展日新月异,因此高技术企业不能像传统产业一样可以依靠自己营运积累下来的自由资金慢慢做大,使得企业在成立之初,往往急需大量的启动资金,但这时候的企业甚至连用来抵押的资产都没有,因此不可能获得银行等金融机构的青睐。风险投资家充分挖掘了“智力”这一最重要的创新元素,硅谷中的企业家往往可以凭借自身拥有的知识、技术和构想的商业模式获得风险投资的青睐。尽管大多数的企业都会破产,但正是因为有了廉价资金的投入,创新的成本得以大大降低,创新的速度也大大加快。只要少数成功,创业者和投资方都会因为其创业成功而共同分享胜利果实。

在硅谷的产学研相结合的模式中,有两个关键要素。其一是与社会发展紧密联系的教育与科研。历史上,以斯坦福大学为代表的硅谷研究性大学相比其他东部名校,因为远离美国的政治中心和传统学术中心,较难申请到政府对于基础研究的资金支持。这样的历史使斯坦福大学鼓励教授和学生从事和产业直接相关的研究。鼓励开展以应用导向为主的科研不仅仅使学校得以抵御经济周期的影响,增强学校的财政实力和抵御风险的能力,更重要的是,找到了兼顾研究型大学的精英质量和脚踏实地的创新之间的平衡。

硅谷多层次的教育体系提供了产业需要的各类人才。硅谷地区有着全美国最好的社区学院,其山麓学院的半导体技术培训课程在全世界享有盛誉,类似 De Anza 之类的学校同样向硅谷输送了数目可观的实用性人才。硅谷地区学校和产业间还有更紧密的合作培养,硅谷公司多数的工程师并没有硕士学位,不少人在工作中发现自己的专业水平需要提升,斯坦福大学为这些人提供了非常方便的进修计划,他们可以每学期在大学修一两门研究生的课程,这样三到五年就能拿到一个硕士学位。为了方便校外学生,斯坦福大学有很好的远程教育网络。学生不必到课堂上听课,可以在家里电视机前上课,斯坦福几乎所有的课程都通过有线电视向校园和硅谷实时转播。

另一个关键要素是产业对大学的反哺。硅谷的产业在获得来自大学的研究成果和人力资源的同时,也向大学提供了丰厚的回馈。例如思科、Google 的核心技术都是创始人在斯坦福大学期间形成的,属于职务发明，斯坦福大学就通过持有这些公司的股票直至上市从而获得巨大的增值收益。仅仅 Google 上市之后，斯坦福大学就成功套现 2 亿美元。

产业界对于大学的反哺，除了技术转让金、联合研究经费之外，还有大量的直接捐助。例如，斯坦福工业工程系为了探索实践绿色环保的前沿技术，花费 1.2 亿美元打造了一栋节能大楼，J2E2，Yahoo！公司创始人杨致远个人就捐献了 5 千万美元。斯坦福大学每年获得这样的捐助多达数亿美元。此外，硅谷的企业为员工回归大学进修提供各种各样的资助，而越是那些与产业实际密切结合的大学，越是受到这些员工和企业的青睐。这些行为无疑极大地提高了整个硅谷地区的创造力，也影响着硅谷大学的教育取向。

（三）政府行为对硅谷企业区位创新的影响

现在对硅谷的发展原因中有一种误读，认为硅谷基本上是在市场力量的作用下形成的，没有政府的事先计划和规划，也没有政府的财政投资和行政管理，硅谷完全是由市场这只"无形之手"孕育的产物。我们认为这种观点是不符合实际情况的。高科技发展的高速度、高收益、高风险等特色决定了它难以自发地成功进行区位创新，政府的适度介入贯穿硅谷发展的全过程。

在硅谷的孕育和起步阶段，我们发现政府采购为硅谷企业提供了可观的资金支持，其中从第二次世界大战起，美国的军火工业就为加利福尼亚相关工业尤其是半导体和集成电路生产企业的发展奠定了基础。美国历届政府在这里的国防研究投资巨大，其中很大一部分成果又以军转民的形式流入硅谷的民营企业中。通过订单方式，美国国防工业多次向硅谷的一些高技术研究项目提供联邦补贴，用于研究开发。如 1959 年仙童公司获得 1500 万美元合同，为"民兵式"导弹提供晶体管；1963 年又获得为"阿波罗"宇宙飞船导航计算机提供集成电路的合同；1967 年有 70% 的集成电路都是政府收购。在 20 世纪 70 年代风险投资开始兴起之前，联邦资金对硅谷创业和技术进步的推动是无可置疑的。互联网最早也是政府项目，包括网景在内的一些硅谷公司都直接或间接获得了政府投资的研究项目的支持。政府对硅谷的经济支持还包括为大学有价值的科研项目提供资金。

美国联邦政府于 1953 年成立了小企业管理局(Small Business Administration,简称 SBA),主要职能包括保护和培育小企业,使小企业公平得到政府合同中的合理份额;在融资方面支持小企业;在经济危机发生时,对小企业提供援助。这些职能使硅谷中主要依靠自有资本和银行贷款的小企业受益匪浅。

紧接着,美国政府又以法律的形式促进产学研发展。自 1980 年起,美国联邦政府出台一系列法律、法规,旨在促进技术发展和成果转化,通过金融、税收等方面的政策优化企业区位创新的外部环境。特别针对技术研发能力弱、市场竞争压力大的中小企业,出台《小企业创新发展法》、《小企业技术转移法》,并促进中小企业同高校、科研机构及政府资助的研发中心等非营利性科研机构建立合作伙伴关系。

硅谷是世界科技之都,每天都有成批的新想法、新创意、新应用、新技术不断涌现,地区的知识产权保护力度对硅谷高科技产业的发展有着至关重要的作用。美国宪法规定,国家有权利鼓励艺术和科学发展,保护发明专利权。美国在 1790 年就实施了它的第一部专利法。现行的专利法是 1952 年颁布的,期间做过多次修改。对专利侵权人的处罚力度巨大是美国专利法的一个突出特点,一旦判其侵权往往是倾家荡产,并且对侵权者终身的信誉都有影响。只有在这样的保护力度下,硅谷的创新精神才得以延续。政府的有利的人才引进政策也是硅谷成为世界高科技首都、尖端人才汇聚的殿堂的必要条件。

1965 年,美国颁布“优惠制”新移民法,每年专门留出 2.9 万个移民名额给来自国外的高级专门人才。1990 年,布什总统签署新的移民法,重点向投资移民和技术移民倾斜,鼓励各类专业人才移居美国。为了解决随着硅谷崛起,高科技人才奇缺的现状,美国政府实施 H-1B 短期工作签证计划,每年签发 6.5 万个工作签证。这种为期 6 年的临时工作签证,允许有特殊专长的外国人来美国工作。1998

年,美国国会再次通过一项法案,将1999年和2000年的H-1B签证数额从6.5万增至11.5万。2007年,此类签证数额已经增至每年19.5万。

除了联邦政府,圣荷西市政府的作为也对硅谷的迅猛发展起了重要作用。首先,圣荷西市政府合理的公共政策对硅谷的成长起到了积极的引导作用。最为突出的就是圣荷西市政府卓识远见,成功地引导硅谷地区从农业地区向工业地区并最终向高科技工业园区转型。其次,在公共服务角度发挥了细心呵护硅谷成长的"保姆"作用。主要通过完善道路交通等公共基础设施建设,圣荷西市政府为硅谷人的工作生活提供了一个高效便捷的环境。最后,在公共安全角度发挥了精心护卫硅谷成长的"保镖"作用。硅谷汇集了来自世界各地的科技精英,受此影响,硅谷地区是各色人种会集、各种教派齐聚的地方,一旦治安管理方面出现疏漏,将带来极大的负面影响。圣荷西市政府凭借充足的财力支持、人力支持,配合政府是公共安全的第一负责人的责任意识和发动全体市民参与公共安全管理的措施,营造出和谐的社会氛围,为硅谷的生产提供保障。值得注意的是,政府发挥作用并不意味着政府将过多地干预经济运行,圣荷西市政府很好地控制了介入力度,其成功经验值得我们借鉴学习。

二、浙江绍兴棉纺企业区位创新案例

在中国,块状、集群等产业聚集体在国家经济和区域经济中所占的地位越来越重要。东莞的电子产业、苏州的高新技术、浙江义乌的小商品、永康的五金、绍兴的纺织产业都是其中的例子。这些区域的企业区位创新能力对区域经济增长的贡献越来越明显。本节将重点介绍浙江绍兴棉纺企业的区位创新案例。

(一)绍兴纺织的发展历程

浙江绍兴市的纺织产业历史非常悠久,早在隋唐五代,县城柯桥一带就已"时闻机杼声,日出万丈绸"。自改革开放以来,绍兴纺织工业经过30多年的产业创新和发展,尤其是被熟知的五次绍兴"纺织革命"之后,国际和国内的"纺织重镇"的地位由此奠定。

1．20 世纪 80 年代初的“化纤革命”

绍兴纺织业遭遇了计划经济带来的严峻挑战。面对国家对棉织布的控制和“的确良”的走俏,绍兴的企业家在短短几年时间里实现了纺织工业以化纤为主,抓住了市场缝隙中的历史性机遇。

2．1988 年的“市场革命”

流通跟不上生产、销售方式落后令绍兴纺织工业在 1987 年前后出现“增产不增收”的尴尬局面。绍兴纺织企业家积极寻求出路,1988 年 10 月 1 日柯桥轻纺市场(中国轻纺城)应运而生,经过其后的几次翻修扩建,已发展成为亚洲最大的纺织品贸易集散中心。整合形成的集散中心不仅成为绍兴五成以上纺织品的主要销售市场,而且为绍兴纺织业的进一步发展积聚了资金、信息以及技术。

3．1993 年的“体制革命”

经过 1993 年对以股份合作制为主要内容的乡镇企业产权制度的探索以及随后在 1998 年掀起的股份制改造浪潮后,2007 年全市乡镇企业改制比例已经超过 99%。

4．1995 年的“无梭化革命”

在新一轮改革开放大潮中,大量进口面料充斥整个中国轻纺城,而本地面料却少人问津。究其原因主要是国内外纺织企业的技术水平和设备先进程度的差距。这刺激绍兴纺织业发起了一场“无梭化革命”。这次革命使绍兴纺织业的无梭化程度接近 50%。此次革命使绍兴业跟上了世界上发达国家的步伐,历史意义非凡。

5．1998 年的“外贸革命”

1997 年亚洲金融风暴给绍兴纺织业造成了严重的冲击,绍兴纺织产业产能急剧过剩,纺织品出路低是其中最大的一个症结所在。1998 年,在我国政府出台一系列鼓励扩大自营出口的政策的鼓动下,纺织企业瞄准打开国际市场的目标掀起了“外贸革命”。1998—2003 年,“外贸革命”初见成效,全市纺织品自营出口年均增长速度超过 50%。

经过 30 多年企业的不断探索和浙江省各级政府出台的多项产业政策和培育,绍兴纺织企业的创新环境已经有了很大的飞跃。这些表现在以下两个方面。

第一,绍兴纺织企业的创新产出能力明显提高。尤其是,国家级和省级高新技术开发区开始成为绍兴纺织企业创新的典型代表,开发区内一大批企业开始形成了具有自主知识产权的创新成果,并且这些成果大多都转化为了企业的产出和利润。

第二,绍兴纺织企业的创新环境有了质的改善。这与绍兴各级政府不断优化创新智力环境有关。例如自2000年以来,绍兴大型科研仪器设备的投入增长迅速,科研仪器设备水平逐步提高,装备组建了多个国家重点实验室,优良的研发设施和设备为知识创造和技术创新提供了支持。同时,绍兴的大学、科研院所、工程技术中心与研发中心等科研基地的科研力量不断增强,弥补了绍兴纺织产业集群自身创新资源不足的缺陷,较好地支撑了集群创新和企业发展。

（二）绍兴纺织企业区位创新的实践

1. 绍兴纺织企业的自主创新实践

2001年中国加入世贸组织对于绍兴市纺织企业而言绝对是一个利好消息,据1995年世贸成员国达成的《纺织品与服装协议》,针对中国纺织品和服装的有关配额限制将逐步取消,这意味着绍兴纺织企业的出口将有较大幅度的增长空间。绍兴纺织企业通过优化产品结构、提高产品质量,再利用廉价土地和劳动力带来的成本优势迅速进军国际市场。经过10多年的发展,我们总结了绍兴纺织企业在三个方面的创新实践。

(1) 企业品牌经营的自主创新。在国际市场上没有叫得响的品牌一直是绍兴纺织企业最头痛不已的问题,这意味着绍兴许多纺织企业为了出口将不得不贴牌生产,同时无法建立自己的国际销售渠道。当越来越多的价值开始向产业上游(如原材料、科技研发和设计等环节)和下游(物流和金融服务等)转移,处于中间的加工和制造环节开始成为产业链价值增值的低洼。为了改变“做得越多,挣得越少”这种恶性循环的局面,绍兴很多企业开始积极走创品牌与借品牌并举之路,不断提高绍兴纺织品在国内外的知名度。

(2) 纺织技术的创新。一流的设备、二流的技术、三流的产品是绍兴纺织业普遍面对的尴尬局面。为了突破技术瓶颈,绍兴纺织业及时收集世界各国,尤其是发达国家纺织品的各种技术要求,打造和练就打破他国“技术壁垒、绿色壁垒”的设备和技能。迅速树立起生态纺织品(环保、绿色、安全纺织品)的概念,重视国际通行的环保系列(ISO14000)认证工作。除此以外,还通过大力提高印染后整理的工艺水平和技术,缩短与日本、美国等先进企业的差距。绍兴纺织企业的又一顽症是信息收集意识薄弱,只是埋头做自己的事是无法成长为国际企业的。

(3) 市场经营的创新。纺织品具有突出的时尚性、流行性及变化的短周期性。绍兴纺织企业一改传统作风,及时收集国内外各类相关信息,及时生产适销对路的商品;敏锐地察觉主要贸易国市场宏观价格及其动态,了解各国进口纺织品的政策法规以及各国人民对纺织品的偏好,通过详细收集和深入分析,适应以快取胜的现代市场经济体制。绍兴纺织企业通过观念、技术、管理体制、产品质量、品牌意识等方面的自主提升与创新,在区位中通过与其他经济体建立新的关系从而更好地利用区位中的各项资源,在进一步明确自身的定位的同时,创造出符合企业发展新形势的区位条件。

2. 政府在绍兴纺织企业区位创新中的作用

绍兴政府为纺织企业创造了较好的环境支持,应该说绍兴市各级政府的积极作为才成就了现在绍兴纺织产业在国内外市场上的地位。在对过去10多年实践进行总结后,我们认为政府在绍兴纺织企业区位创新关键环节中发挥了以下一些重要作用。

(1) 文化环境的提炼和塑造。绍兴市委政府一直认为优良的文化环境可以鼓舞企业的创新创业精神。最突出的是2005年绍兴政府提出的“胆剑精神”大讨论,提出既具有浓厚历史文化沉淀,又具有时代创新特点的“卧薪尝胆、奋发图强、敢作敢为、创新创业”的越文化,充分发挥文化软实力的作用鼓舞纺织企业勇敢面对时代的考验,积极创新谋求发展。

(2) 品牌创造的软环境建设。没有自己的优质品牌是绍兴纺织企业普遍面对的难题,对面料品牌的认识更是滞后。绍兴政府通过主办、协办等形式引导绍兴纺织企业参与到“中国纺织服装品牌影响力传媒大奖”、“中国国际面料大赛”等利于企业之间交流共享信息、提升企业自身知名度、把握行业发展动向的活动中去，尽最大努力开拓区位的信息渠道，为企业在区位中充分发挥主观能动性进行区位创新创造条件。绍兴政府还对纺织外贸企业的出口政策进行了指导，以便企业能够了解到最新的外贸信息动态和发展趋势。其中最有代表性的就是，绍兴市外经贸局成立“绍兴 WTO 事务咨询中心”，为纺织出口企业介绍 WTO 相关法律法规，提供 WTO 事务咨询、相关培训及贸易争端预警服务。

（3）区位创新的智力环境支持。绍兴目前拥有开设纺织相关专业的普通高校 4 所，即绍兴文理学院、绍兴托普信息职业技术学院、浙江越秀外国语学院、浙江工业职业技术学院，2007 年纺织相关专业毕业学生数近 5000 人；拥有国家级生产力促进中心 1 个，省级高新技术研究开发中心 35 个，省级区域科技创新服务中心 6 个，市级工程技术开发中心 78 个，市级企业科技园 22 个，市级区域科技创新服务中心 19 个，同时在杭州又有多个设有纺织相关专业的高校和纺织研究所。这为集群创新系统的完善和发展提供了坚实的科研基础和人才支撑。

（4）面向产业聚集的服务型政府实践。2002 年以来，纺织集群的升级工作被列入区域经济转变增长方式的重点工程，绍兴政府积极参加全国纺织产业集群工作会议，广泛了解了来自多方的意见和建议，根据绍兴纺织业的实际情况，充分发挥服务型政府的作用。绍兴政府的公共服务制度创新是多层次的、内容广泛的，有的已成为全国的典范。

首先是行政审批制度。1999 年 11 月，绍兴行政审批制度改革拉开了序幕。从 2000 年到 2004 年绍兴进行了四轮审批制度改革。通过行政审批制度的改革，绍兴政府简化了办事程序，对基本建设、技术改造、外商投资、工商注册登记等实行并联审批，对重大项目和重点工程开通审批“绿色通道”。这不仅能为纺织企业区位创新提供良好的条件，还可以降低经济活动中的交易费用，便于纺织企业抓住有价值的商业机会，从而促进生产力的发展。

其次是产业政策支持。例如绍兴市政府为了鼓励创新活动，制定了相关的扶持政策，并对科技经费、税费减免、知识产权保护等七方面做出了明确的规定，对轻纺科技中心进行了重点扶持，帮助解决贴息贷款600万元，划拨土地2000平方等相关政策。另外，通过政府的桥梁作用，很多纺织企业与许多大专院校及科研机构建立了产学合作关系，可以看出当地政府在集群的创新和发展中起着扶持和引导作用。

最后是创新社会保障制度。政府通过完善社会保障体系，间接维护了企业内部生产环境的稳定，使绍兴纺织企业通过内部团结提升实力。其中"基本建立了以养老、医疗、失业、工伤、生育等五项保险为重点的城镇社会保险体系，覆盖面逐步从国有、集体企业扩大到各种不同所有制企业的职工及城镇自由职业者"对绍兴纺织业的职工来说尤为重要。

三、绍兴纺织企业区域创新的特点和问题

产业的聚集显然有助于加速区域内创新要素的流动，有助于创新成果加速向产业转化。但从目前我国很多产业聚集区来看，企业的创新能力并没有太大质的飞跃，大多还停留在量变的环节上。绍兴纺织企业区域创新也存在类似问题。

1. 创新动力不足和创新绩效不高

从目前绍兴的企业来看，绍兴的纺织企业绝大多数停留在模仿创新阶段，创新能力不足，创新方式落后，企业科研水平普遍薄弱，企业科研经费普遍不足，科研力量不集中，资源配置低下。由于技术人员及管理人才的缺乏，加上经费投入的不足，缺乏对关键技术的研究攻关，也缺乏对重大研究价值项目的开发，更关键的是很多企业忽视对基础性和普遍性知识的研究，这就减慢了企业员工对新知识和新技术的吸收过程，降低了创新所带来的效果。

2. 产学研创新互动较低

尽管绍兴纺织产业集群有得天独厚的优势，这为集群创新系统

的完善和发展提供了坚实的科研基础和人才支撑。然而,从总体上说,绍兴目前还没有在产学研之间建立起良好的合作机制,科技成果转化率偏低。纺织类的高新技术产品来源于学、研机构的研究成果很少。在绍兴产业集群内,很多企业所面临的具体问题难以得到解决是因为很多大学和科研机构的研究成果无法转换为生产力。大学和科研机构同企业之间不能产生交集。一方面是企业在生产与管理中所遭遇的瓶颈问题难以得到解决而严重制约和限制企业的发展;另一方面是大学和科研机构不能以“具体实践问题”为导向进行研究,闭门造车,导致很多科研成果无法转换为现实的生产力,只能束之高阁。企业与大学和科研机构之间这种松散的网络关系不仅严重限制了企业的成长,同时又浪费了珍贵而有限的科研资源,造成了产业集群创新系统的低效运行。

3. 纺织产业链协同程度较低

首先,对于企业间的知识流动而言,从纵向互动看,产业链上的互动关系较为微弱,上下游之间缺乏协同性,产业链的连续性和整合性不够,相关行业的协作配套和联合攻关能力没有得到发挥,因此有待整合加固;从横向互动看,竞争互动较强烈,特别是一些集群企业间存在着投资结构类同现象,如近 5 年 80% 的项目投资在无梭织机上,项目撞车、类同情况相当严重,这种恶性竞争在一定程度上削弱了产业集聚所带来的协同优势,从而使整个集群企业网络互动并不具有结网协同创新能力。

第五节 本章小结

企业区位创新战略在很大程度上是企业创新战略的延伸与拓展,同时也是区域经济发展的未来方向,两者的交叉与结合乃至最终融合的过程就是企业区位战略产生与发展的演进过程。随着企业发展与区域经济体系的不断拓展,企业在区位中战略创新行为也必然会不断发生演进。就中国转型的发展态势而言,企业发展已经步入一个追求企业与利益相关者和谐发展的社会资本时期,如何协调企业与所在区位的关系更多的就应该在一个创新的框架下进行,因此本章作为企业区位战略的组成部分,其作用是具有较强涵盖性的。

虽然企业区位创新战略是本书的尾声,但却并不代表企业区位战略的终结,而在于通过创新这个视角将企业区位战略放在一个开发的分析框架中去,将企业区位战略不断推进,来适应外界环境的不断变化以及吸纳更多先进的理论体系。总体而言,以创新的心态看待企业与区位的协调发展将是未来我们努力的方向。

参考文献

[1] Alfred D Chandler. Strategy and Structure Chapters in the History of the American Industrial Enterprise[M]. London: The MIT Press, 1962.

[2] Andrews, Kenneth Richmond. The Concept of Corporate Strategy[M]. Homewood, III., Dow Jones - Irwin, 1965.

[3] Ansoff H I. Corporate Strategy: An Analytic Approach to Business Policy for Growth and Expansion[M]. New York: McGraw - Hill, 1965.

[4] Brown, Stephen. Harold Hotelling and the Principle of Minimum Differentiation[J]. Progress in Human Geography, 1989, 13(4).

[5] Chamberlin, Edward Hastings. The Product as an Economic Variable[J]. Quarterly Journal of Economics, 1953, 67(1).

[6] Coombs, Rod. Core competencies and the Strategic Management of R&D[J]. R & D Management, 1996(4).

[7] Dorothy Leonard - Barton. Core capability and Core Rigidities: A paradox in Managing New Product Development[J]. Strategic Management Journal, 1992.

[8] Dunning J. Multinational Enterprise and the Global Economy [M]. Unpin Hyman Published, 1992.

[9] Durand Thomas. Strategizing for Innovation: Competence Analysis in Assessing Strategic Change[J]. Competence - based strategic management, 1997.

[10] Eaton B C, R G Lipsey. The Principle of Minimum Differentiation Revisited: Some New Developments in the Theory of Spatial Competition[J]. Review of Economic Studies, 1975(42).

[11] Elfring T, Geert Baven. Spinning – off Capabilities: Competence Development in Knowledge – intensive Services[D]. 1996.

[12] Elias G, Carayannis, Jeff Alexander. Is Technological Learning a Firm Core Competence, When, How and Why? A Longitudinal, Multi – industry Study of Firm Technological Learning and Market Performance[J]. Technovation, 2002, 22(10).

[13] Gallon Mark R, Harold M Stillman, David Coates. Putting core competence into practice[D]. 1995.

[14] Heene Aime, Ron Sanchez. Competence – based Strategic Management[M]. Chichester: Wiley, 1997.

[15] Helleloid D, Bernard Simonin. Organizational Learning and a Firm's Core Competence[D]. 1994.

[16] Javidan M. Core Competence: What Does it Mean in Practice [D]. 1998.

[17] Jedrzej, George Frynas. The False Developmental Promise of Corporate Social Responsibility: Evidence From Multinational Oil companies[J]. International Affairs, 2005, 81(3): 581—98.

[18] Julien Levis. Adoption of Corporate Social Responsibility Codes by Multinational Companies[J]. Journal of Asian Economics, 2003, 17(1).

[19] Martin R. The New "Geographical Turn" in Economics: Some Critical Reflections[J]. Cambridge Journal of Economics, 1999 (23): 65—91.

[20] McGee J V, Prusak L. Managing Information Strategically [M]. New York: John Wiley&Sons, 1993.

[21] Meyer Marc H, James M Utterback. The Product Family and the Dynamics of Core Capability[D]. 1993.

[22] Meyer Marc, H Alvin, P Lehneird. The Power of Product Platforms: Building Value and Cost Leadership[D]. 1997.

[23] Michael E Porter. Competitive Strategy: Techniques for Analyzing Industries and Competition [M]. New York: The Free Press, 1980.

[24] Moses, Leon. Location and the Theory of Production [J]. Quarterly Journal of Economics, 1958(72).

[25] Nelson Richard. Recent Evolutionary Theorizing about Economic Change [J]. Journal of Economic Literature, 1995, 33 (1): 48—91.

[26] P Lerner, H W Singer. Some Notes on Duopoly and Spatial Competition[J]. The Journal of Political Economy, 1937, 45(2).

[27] Patel Pari, Keith Pavitt. The Technological Competencies of the World's Largest Firms: Complex and Path - Dependent, But Not Much Variety[D]. 1997.

[28] Prahalad C K, Hamel C. The Core Competence of the Corporation[J]. Harvard Business Review, 1990(5): 79—91.

[29] Prahalad C K. The Role of Core Competence in the Corporation[D]. 1993.

[30] Przybylowicz Edward, P Terrence, W Faulkner Kodak. Applies Strategic Iintent to the Management of Technology[D]. 1993(1).

[31] Sanchez R, A Heene, H Thomas. Dynamics of Competence - based Competition: Theory and Practice in the New Strategic Management [D]. 1996.

[32] Siebert, Horst. The Harmonization Issue in Europe: Prior Agreement or a Competitive Process in: The completion of the internal market, Horst Siebert (Hrsg.) [M]. Institut fuser Weltwirtschaft, Kiel, 1990: 62—68.

[33] Smith, David M. A Theoretical Framework for Geographical Studies of Industrial Location[J]. Economic Geography, 1966(42).

[34] Susan Aaranson. Corporate Strategy and Inadequate Governance: The Pitfalls of CSR[J]. Businness&Development Discussion Papers, 2009(11).

[35] Susan Ariel Aaronson and James Reeves, Corporate Responsibility in the Global Village: the Role of Public Policy[M]. Washington, DC: NPA, 2001.

[36] Tiebout C. A Pure Theory of Local Expenditures[J]. Journal of Political Economy, 1956(64): 416—42.

[37] Walter Isard. The Contributions of Predoehl to Location Theory and RegionalScience[J]. Jahrbuch fuer Sozialwissenschaft, 1963, 14(3).

[38] Winterscheid B C. Building Capability from Within: The Insiders'View of Core Competence[D]. 1994.

[39] 阿尔弗雷德·韦伯(Alfred Weber). 工业区位理论(英译本,1929)[M]. 北京:商务印书馆,1997.

[40] 埃德加·M. 胡佛(Edgar M Hoover). 区域经济学导论[M]. 北京:商务印书馆,1990.

[41] 安永钎. 中国企业国际竞争力的比较优势模型与中国企业国际化的区位战略[J]. 燕山大学学报(哲学社会科学版),2004(1).

[42] 奥古斯特·廖施(August Losch). 经济空间秩序——经济财货与地理间的关系[M]. 王守礼,译. 北京:商务印书馆,1995.

[43] 白重恩,杜颖娟,陶志刚. 地方保护主义及产业地区集中度的决定因素和变动趋势[J]. 经济研究,2004(4).

[44] 保罗·克鲁格曼(Paul Krugman). 地理与贸易[M]. 北京:北京大学出版社,中国人民大学出版社,2000.

[45] 蔡宁,吴结兵. 企业集群的竞争优势:资源的结构性整合[J]. 中国工业经济,2002(7).

[46] 蔡玉胜. 地方政府竞争:地区经济差距变动研究的一个新视角[J]. 求索, 2005(6).

[47] 曹洪军,王乙伊. 国外产业集群的发展模式及其启示[J].

宏观经济研究,2004(10).

[48] 陈剑锋,唐振鹏.国外产业集群研究综述[J].外国经济与管理,2002(8).

[49] 陈娟,王文平,顾慧君.区域创新的多维核心网络模型及仿真分析[A].第八届中国管理科学学术年会论文集,2006.

[50] 陈立敏.企业能力、产业竞争力、比较优势与政府作用——也论中国激光视盘播放机工业的发展启示[J].财贸经济,2006(3).

[51] 陈慰萱.政府执行力:构成要素、影响因素与提升路径[J].当代世界与社会主义,2009(4).

[52] 陈晓红.我国中小企业经营模式及政策扶持[J].经济理论与经济管理,2001(10).

[53] 陈永志.政府行为与产业国际竞争力——基于中国省际面板数据的实证分析[J].求索,2010(3).

[54] 陈振汉,厉以宁.工业区位理论[M].北京:人民出版社,1982.

[55] 川金仁淑.二战后日美对外直接投资战略比较[J].现代日本经济,2000(3).

[56] 戴维·M.史密斯.市场力量、文化因素和区位过程[J].国际社会科学杂志(中文版),1998(1).

[57] 单于广.区域经济发展战略走势与趋向[J].时代潮,2003(6).

[58] 邓国华.企业竞争力统计评价指标体系研究[J].统计与决策,2005(19).

[59] 董平,陆玉麒.双核型空间结构模式及其在世界地理研究中的应用[J].世界地理研究(沪),2000(1).

[60] 冯涛.地方政府竞争视角下的中国经济增长[J].学术交流,2009(9).

[61] 冯兴元,刘会荪.论我国地方市场分割与地方保护[J].国家行政学院学报,2002(4).

[62] 冯兴元.德国地方储蓄银行的运作经验——如何规范政

府与国有银行的关系[J]. 德国研究,2001(1).

[63] 冯兴元. 解决区域发展不平衡问题——欧盟和德国的经验[J]. 中国农村经济,1999(6).

[64] 冯兴元. 论辖区政府间的制度竞争[J]. 国家行政学院学报,2001(6).

[65] 冯兴元. 市场化——地方模式的演进道路[J]. 中国农村观察,2001(1).

[66] 冯兴元. 中国辖区政府间竞争理论分析框架[R]. 北京天则经济研究所,2001.

[67] 冯宗宪. 经济空间场理论与应用[M]. 陕西:陕西人民出版社,2000.

[68] 符正平. 论企业集群的产生条件与形成机制[J]. 中国工业经济,2002(10).

[69] 盖翊中. 区位因素与高科技产业空间集聚的相关模型[J]. 财贸经济,2005(6).

[70] 广州市经济研究院《促进我国中小企业发展政策研究》课题组. 国际化经营:我国中小企业生存和发展的必然选择[J]. 宏观经济研究,2001(11).

[71] 郭峰. 东道国吸引 FDI 激励政策的效应分析[J]. 商业经济,2004(1).

[72] 郭建中. 论我国对外直接投资的区位选择[J]. 北京工商大学学报,2002(7).

[73] 韩英美. 适应性企业战略研究[D],大连海事大学,2010.

[74] 郝云宏,王淑贤. 我国地方政府行为研究[J]. 财经研究,1999(7).

[75] 何梦笔. 我国辖区竞争、地方公共品的融资与政府的作用项目分析框架[J]. 陈凌译,天则内部文稿系列,1999.

[76] 何梦笔. 政府竞争:大国体制转型理论的分析范式[J]. 天则内部文稿系列,2001(1).

[77] 何翔舟. 比较优势、竞争优势与竞争力[J]. 商业研究,

2005(2).

[78] 贺灿飞,魏后凯. 信息成本、集聚经济与中国外商投资区位[J]. 中国工业经济,2001(9).

[79] 洪名勇,施国庆. 地区竞争与地方政府制度创新竞争[J]. 学海,2005(5).

[80] 胡家勇. 市场经济中的政府职能——研讨会述评[J]. 经济研究,2005(8).

[81] 胡向婷,张璐. 地方保护主义对地区产业结构的影响——理论与实证分析[J]. 经济研究,2005(2).

[82] 黄皓骥,马骧,王梦月. 企业对外直接投资的区位选择——以华为、海尔国际化战略的差异为例[J]. 时代经贸,2009(6).

[83] 吉小燕. 基于循环经济的区域产业结构优化[D],河海大学,2006.

[84] 江世银. 区域产业结构调整与主导产业结构研究[M]. 上海:上海人民出版社,2004.

[85] 江小涓."十五"我国对外投资趋势研究:全球背景、投资规模与重点选择[J]. 管理世界,2001(1).

[86] 江心英. 国际直接投资区位选择综合动因假说[J]. 国际贸易问题,2004(6).

[87] 金碚. 资源环境管制与工业竞争力关系的理论研究[J]. 中国工业经济,2009(3).

[88] 金燕虹. 苏南产业集群发展的路径选择[J]. 生产力研究,2005(1).

[89] 李具恒. FDI 的区位选择与中国区域经济发展——兼论中国西部地区的对策选择[J]. 中国软科学,2004(6)

[90] 李军杰,钟君. 中国地方政府经济行为分析——基于公共选择视角[J]. 中国工业经济,2004(4).

[91] 李军杰,周卫峰. 基于政府间竞争的地方政府经济行为分析——以"铁本事件"为例[J]. 经济社会体制比较,2005(1).

[92] 李军杰,周卫峰. 中国地方政府主导辖区经济增长的均衡

模型[J]. 当代经济科学,2005(2).

[93] 李军杰. 经济转型中的地方政府经济行为变异分析[J]. 中国工业经济,2005(1).

[94] 李军鹏. 公共政府论学术研究[J]. 学术研究,2001(1).

[95] 李军鹏. 论新制度经济学中的政区竞争理论[J]. 唯实,2001(4).

[96] 李明生. 试论区域经济发展战略[J]. 经济科学,1991(6).

[97] 李宁. 我国对外直接投资的区位选择[J]. 北方经济,2006(7).

[98] 李庆云. 发达国家中小企业税收政策对我国的启示,生产力研究[J]. 2009(17).

[99] 李蔚. 地方政府竞争行为对区域经济发展的外部性分析[J]. 商业时代,2010(12).

[100] 李小建,张晓平,彭宝玉. 经济活动全球化对中国区域经济发展的影响[J]. 地理研究,2000(3).

[101] 李小建. 外商直接投资对中国沿海地区经济发展的影响[J]. 地理学报,1999(5).

[102] 李小建. 外商直接投资区域变化与中西部地区引资困境[J]. 经济地理,2004(3).

[103] 李小建. 香港对大陆投资的区位变化与公司空间行为[J]. 地理学报,1996(3).

[104] 李小建. 中国区域经济研究的新思考[J]. 经济学动态,2009(3).

[105] 李小健. 20世纪经济地理学发展及研究特点[J]. 人文地理,1998(4).

[106] 李雪欣. 中国企业对外直接投资动因新解[J]. 中国流通经济,2002(6).

[107] 李优树,张毅. 对外直接投资区位选择与竞争战略模式[J]. 西南民族大学学报,2003(12).

[108] 李钟文. 硅谷优势——创新与创业精神的栖息地[M].

北京:人民出版社,2000.

[109] 梁文. 高技术企业的区位因素分析[J]. 科学学与科学技术管理,2003(5).

[110] 林金忠. 聚集经济与国有企业规模结构优化[J]. 财经研究,2001(4).

[111] 林巧燕. 发达国家促进对外直接投资的政策借鉴[J]. 科学与科学技术管理,2003(1).

[112] 林思达. 浙江省中小企业集群发展的主流模式研究[J]. 技术经济与管理研究,2001(6).

[113] 林毅夫,刘培林. 地方保护和市场分割:从发展战略的角度考察[R]. 北京大学中国经济研究中心内部讨论稿,NO. C2004015.

[114] 林毅夫. 后发国家究竟是优势还是劣势[J]. 经济前沿,2002(10).

[115] 刘定平. 区域经济发展水平与中小企业发达程度的关系测度[J]. 数量经济技术经济研究,2004(5).

[116] 刘静. 我国企业区位选择与区域布局问题探讨,当代经济研究[J]. 2010(7).

[117] 刘军国,郭文玲. 非正式交流与知识经济[J]. 生产力研究,2001(1).

[118] 刘乃全. 区域经济理论的新发展[J]. 外国经济与管理(沪),2000(9).

[119] 刘培林. 地方保护和市场分割的损失[J]. 中国工业经济,2005(4).

[120] 刘友金. 集群式创新的企业入群行为及其约束条件研究[J]. 生产力研究,2003(2).

[121] 刘再兴. 区域经济理论与方法[M]. 北京:中国物价出版社,1996.

[122] 陆大道. 区位论及区域研究方法[M]. 北京:科学出版社,2000.

[123] 陆建新. 区位政策环境差异对 FDI 决策的影响[J].上海

经济研究,2002(9).

[124] 陆玉麒. 区域发展中的空间结构研究[M]. 南京:南京师范大学出版社,1998.

[125] 罗必良. 中小企业的生存空间及其政策含义[J]. 经济理论与经济管理, 2001(4).

[126] 马淑琴. 区域经济竞争力提升的新支点[J]. 经济问题,2003(11).

[127] 迈克尔·波特(Michal E. Porter). 国家竞争优势[M]. 北京:华夏出版社,2002.

[128] 孟庆红. 区域优势的经济学分析[M]. 成都:西南财经大学出版社,2000.

[129] 苗长虹,樊杰,张文忠. 经济地理学区域研究的新视角——论"新区域主义"的兴起[J]. 经济地理,2002(6).

[130] 苗长虹. 论社区政府对我国农村工业化的推动[J]. 浙江社会科学,1997(4).

[131] 聂名华. 论中国境外投资的区位选择[J]. 投资研究,1999(12).

[132] 宁军明. 美、日、德中小企业政策比较[J]. 世界经济研究,2001(1).

[133] 彭中文. 美、日、德制造业国际化经营比较及启示[J]. 经济纵横,2005(2).

[134] 强健. 区域政府选择行为对产业集聚的影响研究[J]. 江苏社会科学,2010(2).

[135] 青木昌彦. 比较制度分析[M]. 周黎安,译. 上海:上海远东出版社,2001.

[136] 邱成利. 制度创新与产业集聚的关系研究[J]. 中国软科学,2001(9).

[137] 权小妍,董大海,刘瑞明. 权变的战略导向观:战略管理研究的新视角[J]. 大连理工大学学报(社会科学版),2005(1).

[138] 萨乌什金. 经济地理学历史、理论、方法和实践[M]. 毛

汉英,张成宣,等译. 北京:商务印书馆,1987.

[139] 石柱鲜,吕有晨. 论企业对外直接投资对韩国产业结构的影响[J]. 世界经济,1999(10).

[140] 史东明. 我国中小企业集群的效率改进[J]. 中国工业经济,2003(2).

[141] 宋维佳. 区位选择视角的我国企业对外直接投资研究[J]. 东北财经大学学报,2008(2).

[142] 苏文忠. 税率对外国直接投资区位选择影响的分析[J]. 经济观测,2002(7).

[143] 苏志欣,刘宏,郭科. 企业核心竞争力的评价模型[J]. 统计与决策,2006(7).

[144] 苏重基. 市场取向:现代企业区位抉择的最终约束[J]. 经济体制改革,2001(4).

[145] 苏重基. 市场取向:现代企业区位抉择的最终约束——兼谈西部大开发战略重点的区位考虑[J]. 经济体制改革,2001(4).

[146] 苏重基. 我国现代企业区位选择亟待解决的问题[J]. 现代财经·天津财经学院学报,2001(2).

[147] 孙海鸣,刘乃全. 区域经济理论的历史回顾及其在20世纪中叶的发展[J]. 外国经济与管理,2000(8).

[148] 孙健含. 地方政府无序竞争的弊端及对策分析[J]. 浙江统计,2005(9).

[149] 覃成林. 高新技术产业布局特征分析[J]. 人文地理,2003(5).

[150] 谭晶荣,周英豪. 影响FDI区位选择的因素分析[J]. 商业研究,2005(20).

[151] 唐春宇. 基于浙江企业逆向型对外直接投资区位选择的探讨[J]. 经济师,2007(9).

[152] 唐子来. 西方城市空间结构研究的理论和方法[J]. 城市规划汇刊,1997(6).

[153] 田伟. 考虑地方政府因素的企业决策模型——基于企业

微观视角的中国宏观经济现象解读[J]. 管理世界,2007(5).

[154] 田祖海,高明. 跨国并购的区域集中化与我国区域经济发展[J]. 商业时代,2006(24).

[155] 汪斌. 国际区域产业结构分析导论——一个一般理论及其对中国的应用分析[M]. 上海:上海三联书店,上海人民出版社,2001.

[156] 汪深德. 我国企业对外直接投资动因与市场选择[J]. 中州学刊,1996(1).

[157] 汪伟全. 地方政府竞争模式选择:制度竞争胜于资源竞争[J]. 现代经济探讨,2010(4).

[158] 王国成,黄涛,葛新权. 经济行为的异质性和实验经济学的发展[J]. 全国首届实验经济学发展研讨会述评,2005(10).

[159] 王慧英,季任钧. 中小企业集群与小城镇经济发展[J]. 小城镇建设,2005(3).

[160] 王慧英,季任钧. 基于区域经济角度的中小企业集群研究[J]. 改革与战略,2005(4).

[161] 王慧英,季任钧. 中小企业集群与推进我国小城镇经济发展的路径选择[J]. 人文地理,2006(3).

[162] 王缉慈,童昕. 简论我国地方企业集群的研究意义[J]. 经济地理,2001(5).

[163] 王缉慈,等. 创新的空间—企业集群与区域发展[M]. 北京:北京大学出版社,2001.

[164] 王健,鲍静,刘小康,王佃利. “复合行政”的提出——解决当代中国区域经济一体化与行政区划冲突的新思路[J]. 中国行政管理,2004(3).

[165] 王前强. 地方政府竞争与中国的经济转轨[J]. 学术论坛,2005(4).

[166] 王守安,等. 西方工业区位理论与方法[M]. 长春:吉林省社会科学经济研究所,1982.

[167] 王习农. 跨国并购中的企业与政府[M],北京:中国经济出版社,2004.

[168] 王晓津. 欧盟中小企业政策评介[J]. 国际贸易问题,2001(6).

[169] 王瑶. 论企业核心竞争力的识别与构建[J]. 经济师,2005(3).

[170] 王业强,魏后凯. 产业特征、空间竞争与制造业地理集中——来自中国的经验证据[J]. 管理世界,2007(4).

[171] 王铮,孙枫,王瑛,吴慧娟,刘丽. 知识型产业区位的实证分析[J]. 科研管理,1999(3).

[172] 王宗荣,崔玮,苗建军. 论城市政府竞争、制度创新与知识溢出[J]. 经济问题,2010(3).

[173] 韦凯文,李彦. 中、日、韩三国对外直接投资之主体定位比较研究[J]. 四川师范大学学报,2004(5).

[174] 魏后凯,贺灿飞,王新. 中国外商投资区位决策与公共政策[M]. 北京:商务印书馆,2002.

[175] 魏后凯. 中国制造业集中与市场结构分析[J]. 管理世界,2002(4).

[176] 魏后凯. 中国制造业集中状况及其国际比较[J]. 中国工业经济,2002(1).

[177] 文明. 日本型政府企业关系模式对中国经济转型的启示[J]. 社会科学研究,1999(4).

[178] 沃尔特·克里斯塔勒(W Christaller). 德国南部中心地原理[M]. 常正义,王中兴,译. 北京:商务印书馆,1998.

[179] 吴健. 我国中小企业跨国直接投资区位战略选择[J]. 企业经济,2003(10).

[180] 谢发平. 当代西方国家政府对中小企业发展的支持及其启示[J]. 经济评论,2000(5).

[181] 谢绵陛. 我国企业对外直接投资的区位选择战略[J]. 对外经济贸易大学学报,2005(1).

[182] 谢晓波. 地方政府竞争与区域经济协调发展的博弈分析[J]. 社会科学战线,2004(4).

［183］谢晓波. 经济转型中的地方政府竞争与区域经济协调发展［J］. 浙江社会科学,2004(2).

［184］熊洁敏. 我国对外直接投资区位选择优化［J］. 国际商务财会,2007(4).

［185］徐梅. 当代西方区域经济理论评析［J］. 经济评论,2002(3).

［186］徐现祥,李郇. 市场一体化与区域协调发展［J］. 经济研究,2005(12).

［187］薛莉. 我国奶业国际竞争力的政府行为因素分析［J］. 中国畜牧杂志,2009(16).

［188］杨柳. 论企业核心竞争力转移［J］. 商业时代,2003(7).

［189］杨勤业,吴绍洪,陆人道. 区域发展中地理势能的初步研究［J］. 经济地理,2003(4).

［190］杨瑞龙,刘刚. 企业的异质性假设和企业竞争优势的内生性分析［J］. 中国工业经济,2002(1).

［191］杨瑞龙,刘刚. 双重成本约束下的最优企业所有权安排——企业共同治理的经济学分析［J］. 经济学(季刊),2002(2).

［192］杨瑞龙,杨其静. 阶梯式的渐进制度变迁模型——再论地方政府在我国制度变迁中的作用［J］. 经济研究,2000(3).

［193］杨吾扬,梁进社. 高等经济地理学［M］. 北京:北京大学出版社,1997.

［194］杨先明. 发展阶段与国际直接投资［M］. 北京:商务印书馆,2000.

［195］杨晓明,田澎,高园. FDI 区位选择因素研究——对我国三大经济圈及中西部地区的实证研究［J］. 财经研究,2005(11).

［196］姚先国,谢晓波. 长三角经济一体化中的地方政府竞争行为分析［J］. 中共浙江省委党校学报,2004(3).

［197］衣长军. 民营企业对外直接投资区位选择创新战略研究［J］. 中国集体经济,2008(6).

［198］约翰·冯·杜能(Johann Heinrich von Thunen). 孤立国同农业和国民经济的关系［M］. 吴衡康,译. 北京:商务印书馆,1986.

[199] 曾凡银,冯宗宪. 经济空间场理论评述[J]. 理论建设,2001(1).

[200] 张宝仁. 现代韩国经济[M]. 吉林:吉林大学出版社,2000.

[201] 张朝孝,蒲勇健. 中国中小企业的生存环境[J]. 商业研究,2002(9).

[202] 张光辉. 商务成本、区位选择、集聚的自我强化研究[J]. 生产力研究,2010(3).

[203] 张航,刘娟. 用现代工业发展的动态观点看韦伯的工业区位理论[J]. 西安教育学院学报,2000(3).

[204] 张慧霞,杨卫周. 区域经济增长方式研究[J]. 生产力研究,1999(1).

[205] 张可云. 区域大战与区域经济关系[M]. 北京:民主与建设出版社,2001.

[206] 张启宇. 我国企业对外投资优势、效应与存在问题[J]. 国际技术经济研究,2005(2).

[207] 张仁寿,李红. 温州模式研究[M]. 北京:中国社会科学出版社,1990.

[208] 张如庆. 我国对外直接投资区域选择分析[J]. 国际贸易问题,2005(3).

[209] 张为付. 中国企业对外直接投资的区位选择和路径安排[J]. 国际贸易问题,2006(7).

[210] 张文兵. 政府行为与产业国际竞争力:一个分析框架[J]. 商业经济与管理,2006(5).

[211] 张文忠,张军涛. 经济学和地理学对区位论发展轨迹的影响[J]. 地理科学进展,1999(1).

[212] 张文忠. 美日政府技术创新支持政策的比较及对我国的启示[J]. 学术交流,2009(10).

[213] 张文忠. 区位政策与区域经济发展[J]. 地理科学进展,1998(1).

［214］ 张文忠. 日资和韩资企业在华投资的区位行为和模式研究［J］. 经济地理,1999(5).

［215］ 张文忠. 新经济地理学的研究视角探析［J］. 地理科学进展,2003(1).

［216］ 张希田. 基于竞争战略视角的城郊型经济可持续发展研究［D］. 天津大学,2005.

［217］ 张晓芬. 跨国公司在华"集聚效应"的影响及对策分析［J］. 经济与管理研究,2005(2).

［218］ 张旭昆,魏伟忠. 政区竞争与厂商区位选择［J］. 商业经济与管理,2006(2).

［219］ 张燕. 西方区域经济理论综述［J］. 当代财经,2003(12).

［220］ 张友树. 区域经济发展战略的演进［J］. 财经科学,1996(6).

［221］ 张元智,马鸣萧. 企业规模、规模经济与产业集群［J］. 中国工业经济,2004(6).

［222］ 赵祥. 地方政府竞争与 FDI 区位分布——基于我国省级面板数据的实证研究［J］. 经济学家,2009(8).

［223］ 钟懿辉. 我国企业 FDI 的区位选择探析［J］. 经济与管理研究,2006(10).

［224］ 周起业,等. 区域经济学［M］. 北京:中国人民大学出版社,1989.

［225］ 周业安. 地方政府竞争与经济增长［J］. 中国人民大学学报,2003(1).

［226］ 朱华晟. 关于中小企业集群化的几点思考［J］. 改革与战略,2000(2).

［227］ 朱慧,董雪兵. 地方政府竞争与区域对外开放——基于我国省级面板数据的实证研究,浙江社会科学,2010(4).

［228］ 朱杏珍. 产业群生命周期及其策略研究［J］. 生产力研究, 2005(10).

［229］ 庄彤宇. 我国区域经济发展理论选择［J］. 合作经济与科技,2005(23).

后 记

完成此书的时候，还没有来得及掩卷回味期间的辛苦，脑海里就跳跃出"革命尚未成功，同志仍需努力"的革命箴言，此时才真正意识到要确立一个理论分析的新框架，本书仅仅只能算是一个开端，更为漫长和艰辛的努力还在后面。"企业区位战略论"的提出与真正确立需要理论和实践的双重检验，而本书的完成仅仅就其基本构想与大家做一个简要的介绍，做抛砖引玉之用意。

将企业区位纳入战略管理的分析框架，甚至上升为企业战略的一个独立视角，最初源自2005年国家自然基金的申报，面对地方政府竞争而引发的企业战略演进，将区位的成长和企业的发展联系起来，就成为当年自然基金申报的主题思想，但从当年评审意见的反馈以及与学术同行的交流中，我们发现提出企业区位战略、区域治理结构等一系列新的学术名词是具有很大风险的，同行往往认为企业区位战略与企业选址应该是等同的行为，如果是这样的话，重新"杜撰"一个概念，确立一个研究框架就失去了现实意义，甚至有哗众取宠、无病呻吟之嫌，基金申请失败也成了情理之中的事情。

基金申请的失败，并没有让我们对这个问题失去兴趣。由于地方政府理性行为的存在而引发的企业战略决策的演进确实是一个客观事实，但是如何定义和描述这个问题就成了一个首先要解决的关键问题。围绕这个思路，我当年指导的博士研究生曲亮开始尝试将这个问题放在一个更为宽泛的背景下进行探讨，通过解析地方政府和企业战略行为之间的互动，思考中国经济转型的微观机理。较为欣慰的是，他的研究将企业区位战略的概念向前加以推进，从地方政府的视角较为形象地描述了这种战略的基本表现,这也更加坚定了我对于企业区位战略确实存在的信念,并开始着手构建企业区位战略的一般分析框架。

纷杂的行政事务让我无暇对企业区位战略进行集中深入的研究,但是对此问题的思考却没有中断,这使得原本会对研究产生巨大障碍的行政工作却为该研究带来了意外的收获。在为工商管理学院引进高层次师资力量的过程中,浙江大学毕业的吴波博士不仅作为青年学者的优秀一员加入浙江工商大学,充实了我们的研究团队,更用其企业迁移的研究思路和成果进一步推进了我对于企业区位战略的思考。作为浙江经济的特征,以块状经济为代表的产业集群雏形在经过一段时期的发展后,必然迎来区位内部资源的整合,而企业迁移就成为一个突出的表现。此时,我深刻地意识到企业迁移正是企业区位战略的重要组成部分,也是企业区位战略决策的必然结果之一;通过企业迁移问题的切入,必然能够从一个新的视角对企业区位战略进行更为细致的解读。事实证明也确实如此。

伴随着“组织·战略·创新”研究团队力量的不断加强,越来越多的年轻博士投入到企业区位战略的研究中来,相关的成果也不断涌现,其基本观点也逐渐被学界所接受,这是最令我感到欣慰的。作为浙江省首批重点人文社科基地,我校的企业管理学科受到了浙江省的重点资助,而“企业区位战略决策研究”也正式立项为基地首批重点资助的重大课题,这些都激励我们要将这个研究不断推进。

全书的完成还要特别感谢我妻子王淑贤教授给我在生活和工作中的无私支持,以及我的儿子和女儿给我带来的家庭温馨,这些都是我坚持不懈研究的最终动力。感谢吴波博士、肖迪博士和包兴博士作为团队成员给予的大力支持,感谢陈敏、任国良硕士对我的大力帮助。最后感谢浙江工商大学出版社的郦晶编辑为本书出版所做出的辛勤努力。

郝云宏

2010 年 10 月

图书在版编目(CIP)数据

企业区位战略决策论/郝云宏等著.—杭州：浙江工商大学出版社,2010.12

ISBN 978-7-81140-262-9

Ⅰ.①企… Ⅱ.①郝… Ⅲ.①区位经济学②企业管理-经济发展战略 Ⅳ.①F207②F270

中国版本图书馆CIP数据核字(2010)第244973号

企业区位战略决策论

郝云宏等 著

责任编辑 郦 晶
封面设计 刘 韵
责任印制 汪 俊
出版发行 浙江工商大学出版社
(杭州市教工路198号 邮政编码310012)
(E-mail:zjgsupress@163.com)
(网址:http://www.zjgsupress.com)
电话:0571-88904980,88831806(传真)
排 版 杭州兴邦电子印务有限公司
印 刷 杭州杭新印务有限公司
开 本 880mm×1230mm 1/32
印 张 7.75
字 数 214千字
版 印 次 2010年12月第1版 2010年12月第1次印刷
书 号 ISBN 978-7-81140-262-9
定 价 23.00元

浙江工商大学出版社营销部邮购电话 0571-88804227